KB190888

하나님의 용사 2

안홍기 지음

하나로 선
사상과문학사

"하나님의 사건 속에 묻힌 사람"
안홍기 목사님을 생각하면 떠오르는 이미지입니다.

안 목사님을 만나 교제하기 시작한 지가 벌써 35년이 됩니다.
첫 인상은 역시 주일 예배를 마치고 쏟아져 나오는 교인 속을 가르며 칼을 들고 '죽인다' 소리치며 난동을 부리는 불량배를 간단하게 제압하던 모습입니다.

그 후 술에 취해서 찾아온 그에게 "10년만 예수님을 절실하게 믿어보자 그리고 손해 난 일이 있으면 나에게 청구하면 갚아 주겠다."고 한 말이 안 목사님과 나를 하나로 묶어지게 된 계기가 되었습니다.

그 후, 사업을 잘해서 그 교회에서 십일조를 제일 많이 하는 사업가가 되었다는 소식을 들었을 때, 저는 그제야 한숨을 쉬게 되었습니다. 배상하지 않아도 되게 되었기 때문입니다.

그런데 갑자기 신학교를 가겠다고 해서 내심 반대했던 적이 있었습니다. 도저히 목사 될 사람이 아니었기 때문입니다.

목사가 되고 중국 선교사로 가겠다고 해서, 그때야 비로소 하나님이 쓰실 곳이 있구나 하고 생각하게 되었고 축복해 주었습니다.

그리고 중국 선교 현장에도 가보았습니다. 모두 숨죽여 살아야 하는 곳에서, 떳떳하게 목사 칼라(클러지웨어)를 하고 다니던 목사, 목사 같지 않은 진짜 목사가 있다고 그 나라 공안들이 말했다는 현장을 직접 보고 놀라움을 금치 못했습니다. 이분의 사역은 우리가 상상할 수 없는 세계이기 때문이었습니다.

안홍기 목사님은 늘 사건을 만드는 분입니다. 아니 그의 주변에 사건이 일어나는 사람입니다. 그 곁에 있어 보면 계속 뭔가 사건이 일어납니다. 그런데 그것이 사람의 일이 아니라 하나님의 일이었습니다. 남의 나라 공영방송(Beijing-TV)의 '예능경연대회'에 나가 우승을 해서 "낮엔 해처럼 밤엔 달처럼"을 우리말로 노래하여 그 나라 전체에 퍼져 나갔다니, 그 이야기만 들으면 그 배짱에 감탄이 절로 납니다. 선교하던 중에 한동안 소식이 끊어져서 궁금했던 적이 있었는데, 후에 들으니 아이티 지진 소식을 듣고 불쌍히 여기는 마음이 불타올라 맨 먼저 달려갔다고 했습니다.

가장 놀라게 했넌 일은 서울에 '조폭 교회'를 세운다는 이야기였습니다. 이제야 제자리를 찾아가는구나! 생각했습니다. 그런데 한 교회에 머물지 않고, 이제는 '담 안의 감방교회' 운동을 하게 되고 세상에서 버려진 사람들을 통하여 세워진 감방교회가 200개나 된다니 놀랄 수밖에 없습니다. 200개 넘는 곳에 주보와 그날 설교문을 인쇄하여 보낸다니 그 일도 상상하기 힘든 일입니다. 그리고 찾아오는 사람들, 편지로 도움을 청하는 사람들, 그래서 그가 드렸다는 기도가 마음을 울렸습니다.

"아니, 하나님 하나님께서 저를 너무 과대평가하신 것이 아니신가요? 이런 일들까지 제가 어떻게 감당하겠습니까? 저 사람들만 불쌍히 여기지 마시고 저도 좀 불쌍히 여겨 주세요."
이분이 이처럼 글을 맛있고 멋있게 쓰는 줄은 미처 몰랐습니다. 글이 단순하고 순수하면서 힘이 있습니다. 생동감이 넘칩니다. 자신이 하나님과 함께 살아온 이야기이기 때문일 것입니다. "하나님의 용사" 이야기는 계속될 것입니다. 무슨 일이 앞으로 벌어질지 아무도 모릅니다. 오직 이 분을 인도하시고 사용하시는 하나님만이 아실 것입니다.

이 책이 인생의 방향을 잃고 헤매고 있거나, 삶의 의미를 느끼지 못하는 젊은이들, 그리고 청소년들에게 더 권하고 싶습니다. 인생의 의미를 돈이나 명예로 계산하는 분들에게도 권하고 싶습니다. 오막살이 하나 지어 놓고 영구한 집 인양 안식을 꿈꾸는 이 땅의 모든 사람에게 권하고 싶습니다.

한국 교회를 깨우는 책이 되었으면 하는 마음 간절합니다.

안홍기 목사를 통하여 지금까지 일해오신 하나님을 찬양합니다.

이 연 길(말씀목회 공동체 대표)

안홍기 목사님께서 "하나님의 용사"를 출간한 뒤 〈다니엘 기도회〉에서 두렵고 떨리는 마음으로 하나님의 살아계심을 전한 감동이 항상 가슴에 남아 있습니다. 복음에 사로잡힌바, 주먹 세계의 복음 전도자가 되어, 글로벌 찬양의 교회를 설립하게 된 이야기는 많은 이들에게 영적 도전과 은혜를 안겨 주었습니다.

이 책은 그 후로도 계속된 하나님의 신실하신 인도하심의 여정을 기록하고 있습니다. 특히 감옥에 있는 죄수들과 함께 편지를 주고받으며 그들에게 그리스도의 복음과 사랑을 전하는 '감방교회' 이야기를 읽는 내내 눈시울이 붉어졌습니다.

오직 주의 사랑에 매여 천하보다 귀한 한 영혼을 사랑하지 않고서는 경험할 수 없는 생생한 복음의 현장이 담겨 있기 때문입니다.

바라기는 이 책을 통해 한국 교회와 그리스도인들이 잃어버린 구령의 열정을 회복하기를 소망합니다.

　더불어 그리스도의 선명한 복음에 사로잡혀 하나님의 용사로 살아가는 모든 주님의 자녀들에게 예수님의 한량없는 은혜와 축복이 더해지기를 진심으로 기도합니다.

김 은 호(오륜교회 담임)

제가 안홍기 목사님이 이번에 출간하고자 하는 책, "하나님의 용
사" (제2권)의 추천서를 쓰기 위해서 원고를 한참 읽어가는 동안
에 지금부터 6년 전에 낯모르는 젊은이가 안홍기 목사에 대한 신
상을 묻는 상담 편지를 보내와 그에게 보내준 답장이 이 책에 인용
되어 있는 것을 보고 다시 읽게 되었습니다.

이 동훈 씨
제게 주신 말씀이 다 사실이라 믿고 이 답변을 드립니다.
안홍기 목사님은 제가 가장 사랑하고 믿는 제자입니다.
그는 중국, 미국, 아이티 등에서 선교 활동을 성공적으
로 하셨고, 지금은 한국에서 특수 목회를 성공적으로
하고 있습니다. 하나님께서 그동안 귀하게 쓰셨고, 앞

으로도 귀하게 쓰시리라 믿습니다. 청빈하고, 성격이 올곧아서 불의를 참지 못하는 정직하고 믿음이 가는 사람입니다. 의리라면 끝내주는 목사이며, 특히 신학 공부를 제대로 하신 분이어서 설교가 훌륭합니다. 음악도 재능이 있어서 클래식은 물론이고, 복음성가 찬양을 잘하고 잘 지도하십니다. 보디빌딩을 해서 미스터 코리아로 뽑힌 사람입니다. 이런 분 밑에서 신앙생활을 하면 확실히 신앙 훈련을 받을 수 있을 것입니다. 무엇 때문에 저에게 이런 상담을 원하는지 잘 모르겠으나 이 분이라면 제가 보증하고 적극 추천합니다.

2015년 3월 17일
손 석 태(철학박사, 명예신학박사, 개신대학원대학교 명예총장)

이 책에 실린 이 글이 안 목사님을 소개하는데 간결하지만 아주 적절하다고 생각되어 그대로 옮겨 봤습니다. 여기에 사족을 더 붙일 필요가 없다고 생각됩니다.

그러나 나는 이 책을 읽어 갈수록 안 목사님의 목회가 특별한 의미가 있는 사역, 그가 말하는 대로 하나님의 "거룩한 모략"이요 "하나님의 신비"라는 것을 깊이 느꼈습니다. 하나님을 가리켜 이사야 9:6에 "위대한 모사"라고 지칭하고 있는데, "모사"라는 말은

"섭리"라는 말입니다. 하나님은 위대한 섭리자입니다. 하나님께서는 그의 오묘하고 거룩한 섭리 가운데 조폭 우두머리, 인간 안홍기를 그의 종으로 예비하시고 불러, 조폭들의 구원자로 쓰시고 계신 것입니다. 무고한 사람들의 목숨을 빼앗고 회개한 이후, 이제 자신의 목숨을 주를 위해 내놓을 날을 기다리고 있는 사형수들, 떼를 지어 세상을 괴롭히며 주먹을 휘두르고 자기들의 욕심을 채우던 조직 깡패들에게, 인생의 후반전을 주지시키고, 성경을 가르치고, 새로운 소망을 심어, 구치소의 전도 왕으로 길러내고, 또 이들을 통하여 전국적으로 200개 이상의 감방 성경공부 모임 및 감방 교회를 세워, 대한민국의 감방에서 찬송가가 울려 퍼지는 기적을 만들어낸 사실은 전 세계 어느 곳에서도 그 유례를 찾아 볼 수 없는 새로운 교도소 목회이며, 사도 바울의 사도행전 역사에 버금가는 새롭고 놀라운 하나님의 구원 사역이라고 생각됩니다. 이 책은 단순한 한 목사의 구치소 전도 이야기가 아닙니다. 하나님의 놀라운 복음 사역의 비밀과 구원의 역사가 어떤 것인가를 보여주는 산 역사입니다. 전 세계의 구치소 복음사역의 새로운 모델을 제시하고 있다고 할 수 있습니다. 아마도 그래서 Netflix에서 거의 3년에 걸친 기획으로 안홍기 목사의 구치소 목회에 대한 Documentary를 제작하고 있다고 생각됩니다.

이 책은 우리들에게 선지자로서의 우리 목회자들의 삶이 어떤 것이어야 하는가를 보여줄 뿐만 아니라 우리들에게는 말만 들었지 전혀 생소한 구치소나 교도소가 어떤 곳인가를 마치 영화를 보고 현장을 견학하는 것 같이 생생하게 그리고 있습니다. 그래서 독자들은 전혀 경험해보지 못한 새로운 세계를 책으로나마 알 수 있습니다. 뿐만 아니라 구치소에 갇혀 있는 한 사람, 한 사람을 마치 어미가 자식을 품에 안고 기르듯이 관심을 갖고 돌보는 안 목사의 모습은 단순한 인간의 정을 초월한 거룩한 복음의 사랑이 어떤 것인가를 보여줍니다. 특히 목회자들에게는 목회라는 것이 사람을 살리는 것이라는 성경의 진리를 가슴 깊이 새기게 하는 책입니다. 또한 기독교인이 아닌 사람들도 이 책을 읽으면 우리가 인생을 얼마나 진지하게 살아야 할 것인가 하는 각오를 새롭게 하는 책이라고 생각됩니다. 우리 모두에게 우리의 삶을 되돌아보게 하는 살아 있는 사람들의 살리는 이야기입니다. 한번 읽기 시작하면 손을 떼기가 힘든 재미있는 삶의 이야기입니다. 꼭 읽어보시기를 권합니다.

손 석 태
(철학박사, 개신대학원대학교 명예총장)

오래 전에 "하나님의 용사" 1권을 발행하여 폭발적인 관심 속에 오직 자신의 삶을 하나님의 용사로 살아오신 "안홍기" 목사님의 사역을 알게 되었다. 기독교 TV인 CTS에 출연한 안 목사님의 간증을 유튜브를 통해서 듣고 많은 감동과 은혜를 받았다. 안 목사님을 처음 뵈었을 때 운동을 통해서 단련된 모습이 범상치 않은 모습이었고 또한 널리 알려진 찬양 사역자라는 사실도 알게 되었다.

안 목사님은 좀 늦게 신학교를 졸업하고 목사가 되셨으며 남다른 사명을 가지고 중국에 가서는 여러 제약 속에서도 오직 주님의 능력만 믿고 다른 선교사들이 하지 못하는 사역을 하셨으며 특히 체육관을 통하여 주님의 제자 삼는 사역을 성공적으로 해 오신 것을 알 수 있었다.

체육관도 주로 근육을 키우는 것이어서 일반적으로 사람들이 무서워하는 경향이 있지만 안 목사님 자신이 보디빌딩 대회에서 우승을 하신 분이라 강한 자에게 강하신 분이시기에 그 누구도 할 수 없는 일을 하시면서 그런 체육인들을 전도하여 목회 사역을 하셨다. 더욱 놀라운 일은 육체(근육)파이면서도 찬양에 특별한 달란트를 받으셔서 찬양을 통하여 주님의 복음을 전하시는데 매우 큰 역할을 감당하시고 또한 "아이티"에 가셔서 찬양의 교회를 설립하여 성과를 거두셨다는 사실에 감격하지 않을 수 없다.

구약성경 특히 역대기하 5장, 6장, 7장에 보면 솔로몬 성전 봉헌식을 하면서 각종 악기(제금, 비파, 수금)를 총동원하여 나팔 부는 제사장 120명이 합세하여 일제히 소리 내어 여호와를 찬송하며 감사하는 범국민적 대 축제를 7일간 열었고, 번제와 기도와 찬양이 울려 퍼질 때 여호와의 전에 구름이 가득했고 여호와의 영광이 하나님의 전에 가득했음을 보게 된다(대하 5:11~14).

안 목사님은 성경말씀대로의 삶을 살면서 국내에서 매우 어렵고 힘들어 다른 사역자들이 하지 않는 재소자들이나, 출소하여 정착하지 못한 형제들을 위하여 "글로벌 찬양의 교회"를 세워 특별한 교회사역을 하고 계신다.

이 사역은 "깨진 독에 물 붓는 일"이라는 것을 잘 알면서도 힘든 사역에 앞장서 계신 목사님이시기에 책의 제목처럼 "하나님의 용사"임을 알 수 있다.

"소외된 자, 갇힌 자, 고단한 자의 목회자요 친구"인 것이다.

이번에 출판되는 "하나님의 용사" 제 2권은 한 사역자의 특별한 사역을 진솔하게 기록한 숨겨진 역사의 표출이라 하겠다.

이 책을 읽게 되면 그 내용에 심취되고 감동되어 단숨에 밤을 지

새워서라도 읽게 된다는 것이다. 은혜가 메말라가는 현대에 은혜 속에 푹 빠져 들어가지 않을 수 없다는 사실이다.

이 책을 통하여 은혜 받을 뿐만 아니라 가까운 이웃들에게 전도하는 데에도 큰 역할을 하게 될 것을 믿어 의심치 않는다.

이처럼 귀한 책을 본 출판사에서 발간하게 되어 중심으로 감사드리며 주께 영광을 돌리면서 모든 분들에게 일독을 주저 없이 권하는 바이다.

박 영 률
국가발전 기독연구원 원장
하나로 선 사상과 문학사 대표
교육학 박사(Ed.D), 철학 박사(Ph.D)

"목사님, 이곳에서는 사형수가 가족과의 면회가 이루어지면 그다음 날이 사형집행일입니다. 저 또한 가족과의 면회를 끝내고 방에 들어와서, 함께 있는 동료들과 가족들과의 마지막 면회의 기쁨을 함께 나눈 후 5년여 세월의 흔적을 지우기 시작했습니다.

버릴 것은 버리고 줄 것은 주고....

밤에는, 함께 기도하는 형제 7명과 함께 마지막 기도회를 갖고 난 후 작별 인사를 나누었습니다."

윗글은 중국 청도 간수소(구치소)에서 사형집행을 앞두고 내게 보내온 한 형제의 서신이다.

하나님은 우리를 이 세상에 창조하신 한 사람 한 사람에게 사명을 주셨다. 우리가 알건 모르건 이것은 분명한 사실일 것이다. 그러니 우리가 하나님의 사녀로서 아버지 하나님께서 우리에게 주신 사명을 알고 실천할 때 가장 의미 있는 삶을 살게 될 것이다. 반면 그것을 모르고 목적 없이 살아가는 남의 삶을 마냥 부러워하거나, 아니면 어떤 의식조차 없이 무의미하게 살다가 죽는 그런 사람도 적지 않다.

그러나 분명한 것은 하나님은 우리 각자에 대해 거룩한 음모를 갖고 계신다. 그 하나님의 거룩한 음모가 무엇인지, 내가 해야 할 하나님의 거룩한 음모가 무엇인지 알려달라고 기도해야 하는 것이다.

내가 처음 중국에 발을 들여놓은 것이 2000년이고, 그 후 13년 동안 중국에서 사역했다. 2000년 10월, 중국의 천진에 도착한 것이 처음 중국 땅을 밟은 것인데, 그 후 2년여 동안 30회 정도 중국에 오가면서 선교를 위한 준비를 하다가 마침내 2002년 10월에 목사 안수를 받고, 2개월 후인 2002년 12월 15일에 중국의 북경에서 "북경 찬양의 교회"를 설립하여 2013년 1월까지 섬겼다. 그런데 이상하게도 한국에서 목회를 하게 될 것이라는 생각을 해본 적이 없다. 나는 그저 중국에서의 사역이 끝나더라도 또 다른 나라에 가서 사역하는 것이 내 사명이라 생각하며 지냈다.

그런데 뜻밖에 명동의 한 조폭 형제로부터 자기들도 예수를 믿고 싶으니 도와 달라는 간절한 부탁을 받고, 결국 중국 사역을 접고 귀국하게 되었다.

그러니 이런 동기로 한국에서 사역하게 되는 것이 믿어지지 않았고 마치 꿈만 같았다. 마침내 한국에서의 사역을 결정하고 난 후에, 어느 형제의 차를 타고 강남의 테헤란로를 달리면서 선루프를 열어 고개를 내밀고 소리를 질렀다.

"야~~나도 이제 한국에서 사역한다."

다른 사람들이 내 고함치는 소리를 들었다면 미쳤다고 하겠지만, 나는 내가 한국에서 사역하게 된다는 것이 너무나 기쁘고 그만큼 믿어지지 않았다. 그러나 그것은 또 다른 하나님의 거룩한 음모의 시작이었다는 사실을 까마득히 모르고 기뻐서 소리를 지른 것이다. 그날의 테헤란로는 맑고 쾌청했지만, 반드시 그런 날이 계속된다는 법은 없는 것이다.

하나님의 거룩한 음모는 바로 교정사역이었다.

모든 일이 처음에는 장난처럼 시작된다. 맨 처음에는 아무것도 아닌 것처럼, 그리고 시간이 지나고 진도가 나가면 좀 더 깊숙이, 그리고 마침내 돌이킬 수 없을 만큼 모든 것을 다 걸고 집중하게 만드신다. 그것이 나의 교정 사역이었다.

물론 조폭 교회를 만들어서 인터넷에 그 주간 검색어 1위를 차지하기도 했지만 그 이후, 하나님의 계획은 나를 통해서 하나님의 일을 대신하게 하는 것이었다. 아무나 할 수 없는 사역, 바로 갇힌 자를 돌아보는 사역이었다.

안중현 형제가 구속되고 그 형제가 모범적으로 생활하면서 시작된 '감방 교회'였다.

2013년 9월 경 부터 시작된 서울구치소 면회를 통해서 안중현 형제가 소개해 주는 한 영혼, 한 영혼에게 복음을 전하고, 영접 기도를 해 주고, 그래서 예배를 드리도록 돕기 위해 설교문과 주보를 우편으로 보내주고, 그것을 받아 본 형제들이 삼삼오오 모여서 신사동 '글로벌 찬양의 교회'의 예배 시간인 주일 오후 2시에 맞춰 각자의 감방에서 함께 예배를 드리면서 감방교회가 시작되었고, 그런 결과로 나는 법무부 장관으로부터 교정위원으로 위촉받고 오늘까지 7년을 감당해 오고 있다.

그동안 안중현 형제의 감방 한 곳에서 시작된 감방교회가 민들레 홀씨처럼 퍼져서, 현재는 전국에 200여 개로 늘어나게 되었다. 분명한 하나님의 역사라고 생각한다. 그래서 수많은 형제와 자매들과 교제를 하게 되었고, 또한 몇 명은 아들과 딸을 삼기도 했다.

그동안 수많은 형제자매가 구속되었다가 출소하기도 했고, 출소했다가 다시 구속된 형제자매들도 적지 않다. 출소한 후에 사회에 적응하지 못해 죽은 형제도 있고, 자살한 자매도 있다. 그러므로 교정 사역 7년 동안은 일반적인 사역의 몇 배에 해당하는 기가 막힌 사연들이 수도 없이 많았던 것이다.

　나는 우리 형제자매들과 얘기할 때 자칭 "우리는 일 당 백이라"고 말한다. 물론 그만큼 우리가 가지고 있는 능력이나, 배짱이나, 의리를 가리키는 말이다. 그런데 정말 일 당 백이었다. 한번 속을 썩이기 시작하면 정말 일반인 백 명이 속을 썩일 만큼 정나미 떨어지게 하고, 골치 아프고 진절머리나도록 한다.

　단언컨대 보통 평범한 목사는 엄두도 내지 못할 만큼, 생각지도 못할 사건 사고가 끊이지를 않았다.

　그런데 나만 이런 일을 겪었겠는가?

　2천 년 전에 예수님도 3년 동안 동고동락했던 제자들과, 자주 만나고 교제한 사람들 중에도, 오늘날 우리 형제자매들 같은 사람들이 있었다고 성경은 이야기 하고 있다. 그럼에도 불구하고 예수님은 우리에게 천국과 지옥을 이야기 하시면서,

　"갇힌 자를 돌아보았느냐?" 만일 그러지 않았다면 "갇힌 자를 돌아보라"고 말씀하셨다. 그리고 승천하신 후에는 우리에게 이 일을 맡겨 주신 것이다. 그러므로 우리는 이 일을 "주께서 우리에게 부탁하신 일 중의 하나니라"고 말씀하시고 이 일이 얼마나 중하고 귀한 일인지 "천사도 흠모할만한 일이라"고 말씀하신 것을 기억하고 있다. 이 말씀의 진정한 의미는 "네 이웃을 내 몸과 같이 사랑하라"고 하신 말씀에 순종해 진정으로 실천하라는 말씀인 것이다.

그러므로 이 책은 내가 걸어온 외국에서의 선교 과정과 귀국, 그 후 7년 동안 '감방 사역'을 시작하며 형제자매들과 함께 하나님의 거룩한 음모에 따라 울고, 웃고, 가슴을 치고, 기뻐하고, 감사하고, 환호했던 일들을 솔직하게 적어 본 것이다.

물론 그동안의 모든 일을 다 언급한 것은 아니다. 여러 가지 정치적, 사회적 민감한 사정이 있어서 다 쓸 수 없는 내용도 있다.

요즈음 사역자들은 "영적인 아젠다"가 없는 시대라고 말한다. 그래서 나는 감히 "영적인 아젠다"를 한국 교회와 성도들에게 제시하고 싶다.

예수님께서는 사역과 구원의 우선순위를 분명히 하셨다. 병든 자, 가난한 자, 옥에 갇힌 자, 죄인 중의 죄인들에게 사역의 촛점을 맞추고 사회에서 소외된 자, 즉 전도의 사각지대에 놓인 사람들에게 '머리 둘 곳도 없이' 다가가셨다.

그러나 작금의 우리 사회 대부분의 교회는, 외형의 확대와 교세의 확장에 치중하고 자연스럽게 사회적 강자들에게 손을 내밀며 거기에 사역의 우선순위를 두고 있는 것이다.

그러다 보니 사회적인 약자와 영적으로 피폐해 있는 영혼들은 교회에 접근할 기회를 놓치고, 사회의 어두운 곳으로 내몰리는 것이다. "영적인 아젠다가 없다"라고 한탄할 일이 아니라 우리 사역자들은 예수님께서 분명히 제시하신 사역과 구원의 우선순위에 따라 "영적인 아젠다"를 세워나가야 할 것이다. 이것이 오늘날 한국 교회에 주어진 사명이고 명령이라 생각한다.

밝은 곳에 있는 사람들에게 손을 내밀기에 앞서, 어두운 곳에 있는 사람들에게 먼저 손을 내미는 것이 예수님의 뜻에 따르는 것이라 생각한다.

왜 출소자들의 재범률이 높은지를 심각하게 생각해 볼 필요가 있다. 출소 후 그들은 사회로부터 다시 버림받고 사회에 설 자리를 잃어버리는 것이다. 이런 어두운 곳에 먼저 손을 내밀어 그들을 주님께 인도하는 것이 중요하다.

그들이 주님의 은혜에 사로잡혀 악의 고리에서 빠져나와 삶의 목표를 분명히 하고, 정상적인 사회의 구성원으로 당당하게 설 수 있어야 사회가 밝아지고 안전해진다.

할 수만 있다면 한국 교회가 우리와 같이 교정사역을 시도해 보았으면 좋겠다는 생각이다. 특별히 요즈음 어디에 가서, 누구에게 전도하느냐? 하는 분들은, 교정기관을 찾아가면 마음껏 전도할 수 있다는 사실을 알게 될 것이다. 그리고 전국 54개의 교정기관은 분명히 주님이 제자들에게 말씀하신 "깊은 곳"이며 배의 "오른쪽"이라는 사실을 알게 될 것이다.

그러면 수많은 애물단지가 보물단지로 변화되어 하나님의 용사로 여기저기서 하나님께 승전보를 올려 드리는 모습을 실제로 보고, 듣고, 만나게 될 것이다. 그러므로 우리 주님께서 우리를 착하

고 충성된 종이라고 인정해 주실 것이며, 마침내 천국에서 해같이
빛나는 존재들이 될 것이라 믿는다.

2021년 8월 **안 홍 기**

차례

1부 · 다시 북경으로

2부 · 글로벌 찬양의 교회

3부 · I LOVE MY FATHER

다윗의 아들 솔로몬의 왕위가
견고하여 가며 그의 하나님 여호와께서
그와 함께 하사
심히 창대하게 하시니라
(역대하 1장 1절)

1부

다 시
북경으로

chapter 1

다시 북경으로

2011년 12월 8일, 아이티에서 2년 만에 북경에 다시 돌아와 보니 몇 명을 제외하고 대부분의 교인들이 '북경 찬양의 교회'를 떠나 다른 교회로 가버렸다. 내가 1년을 약속하고 안식년을 계기로 떠난 후에 그곳 아이티의 상황 상 막 시작한 사역을 포기하고 돌아올 수 없어서 1년을 더 머무르는 바람에 교인들이 떠나고 말았던 것이다. 그러나 한편으로는 북경에는 나를 기다리는 교인들이 있다는 것이다. 2009년 12월 16일 북경을 떠날 때, 단 한 명만 남아 있어도 돌아오리라 마음속으로 다짐했던 나는 도미니카와 아이티 겸임 대사인 강성주 대사의 제법 근사한 제안을 뿌리치고 다시 북경으로 복귀한 것이다.

당시 강성주 대사의 제안은 곧 아이티 대통령 선거가 끝나니 나를 아이티 대통령 경호원들의 무술 교관으로 추천해 주겠다는 것이었다. 외교부에서 보증을 서 주기까지 한다면서 제안한 사항은 거절하기 힘든 것이었다. 그래서 하나님의 음성에 귀를 기울이고 있을 때 북경에서 한 통의 메일이 도착했다. 문형기 집사의 메일이었다.

"목사님, 이렇게 나만 남기고 가버리시면 어떻게 합니까? 목사님, 메일이라도 한 통 주세요. 그새 나를 잊으셨습니까?"

그분은 사적으로 나의 고향 선배이며, 학교로도 5년 선배인데 북경에서 우연찮게 만나 그 사실을 알게 되었다. 내가 힘들 때면 건강을 지켜야 한다면서 가끔 식사를 대접하던 분이었는데 외롭게 북경 찬양의 교회를 지키고 계셨던 것이다. 그러니 어쩌겠는가?

하나님은 환경과 상황을 통해서 말씀하시고 깨닫게 하시는 분이시다. 하나님의 인도하심으로 믿고 다시 북경으로 복귀하기로 결심한 끝에 '아이티 찬양의 교회'를 당시 LA의 '선한 청지기' 교회의 평신도 선교사로 헌신하신 권오준 선교사께 인계했다. 중고차지만 구입한 지 얼마 되지 않는 일본 미스비시의 SUV를 비롯하여 보증금, 집기 일체를 물려 드리고 나는 달랑 책과 헌 옷가지를 가지고 다시 북경으로 돌아왔다.

2002년 12월 15일 북경시 조양구 주선교의 국빈호텔 회의실에서 북경의 열 번째 한인교회인 '북경 찬양의 교회'를 시작할 때는 형님과 아내, 두 딸과 함께였지만 이제 다시 돌아온 북경에는 아내가 큰 딸아이의 출산으로 LA에 갔기에 나 혼자 돌아오게 되었다.

그렇게 다시 시작한 북경에서의 제2의 사역은 맨 처음 아무것도 모르고 시작할 때와는 많이 달랐다. 의욕이 꺾였다는 것이 제일 큰 문제였다. 다시 불을 붙인다는 것이 아주 많이 힘들었다. 그러나 시작한 이상 포기할 일이 아니었다. 단 한 명이지만 문형기 집사는 맨 앞자리에 앉아서 컴퓨터로 프로젝트를 담당하면서 닭똥 같은 눈물을 흘리면서 예배드리지 않는가? 그 많던 교인들이 다 어디로 가고 이렇게 달랑 둘이서 예배를 드리게 되니 그분도 나도 눈물 없이는 예배를 드릴 수가 없었던 것이다.

그렇게 한 주, 한 주 지내다 보니 주변에서 이전에 다른 교회를 다니다가 쉬고(?)있던 분들이 내가 돌아왔다는 소식을 듣고 모이기 시작했다. 물론 대부분이 인생의 산전수전, 공중전, 수중 전까지 경험한 역전의 용사(?)들이다. 한국에서 살 수 없었기에 중국으로 건너와서 겪고 있는 그들의 애환을 들으며, 예배를 인도하며 신앙을 지도하면서 동고동락을 하였다.

2년간 헤어져 있다가 다시 만났으니 반가움이 컸다. 사실 나는 생김새와는 다르게 그래도 정이 많다는 소리를 듣고 살았었다. 그러니 그분들은 그동안 내가 많이 그리웠다고 털어놓았다.

"요즈음 어떤 목사가 우리 같은 꼴통들을 챙겨줍니까? 슬슬 피하면서 사람 취급도 하려 하지 않지요. 그런데 목사님은 달라요. 비록 거칠기는 하시지만 호탕하시잖아요. 그래서 어렵고 힘들 때는 많이 기다렸고, 많이 보고 싶었어요."

예배가 끝나고 남자들끼리 김치에 라면이라도 끓여 먹으면서라도 다시 함께 예배드리는 것이 좋다고 입을 모았다. 내가 기타를 치며 찬양을 하면 주먹으로 눈물을 닦으면서 큰 소리로 따라 부른다. 한국에 갈 수도 없고 이 척박한 나라에서 외롭게 살아야 하는 그들을 이해하고 가슴으로 받아 주어야 하는 것이 나의 사역이었다.

오른팔이 없는 외팔이 화가 기산 고만식 선생도 있었고, 코미디언 심형래가 감독한 "우뢰매"에서 인민군 대좌로 나왔던 입담 좋은 동인당 약장수 박중길 집사도 있었고, 그래도 그룹 회장을 하다가 실패하고 와신상담하는 문형기 집사도 있었다.
그런 분들이 하나둘 주일날 오전 11시면 모여들었다.

chapter 2

한중 수교 20주년

당시 2012년은 '한중 수교 20주년'인 해로써 한중교류 행사가 유난히 많았다.

그렇기에 '북경교회협의회'에서는 비록 북경을 떠나 외국에서의 사역으로 2년의 공백기는 있지만, 교회협의회원들 중에 중국 정부와 우리 대사관은 물론 한국교민단체들과 유난히 관계가 좋았던 나를 "북경 교회협의회 회장"으로 추대하여 특수한 상황에 대응하도록 해 주었다.

결국 하나님께서는 나를 그 해 1년을 아주 바쁘게 만들어 주셨다. 대사관과 총영사관 그리고 재중 한국인 여러 단체와 중국 정부의 여러 기관 이곳저곳을 다니면서 한인교회들이 중국의 특수

한 분위기에 의해 침체되지 않도록 좋은 관계를 형성하는 데 쓰임 받게 하셨다. 지금 생각해도 그런 특수한 상황과 형편에서 특별하게 쓰임을 받은 것은 참으로 감사한 일이다.

지금 와서 생각해 보니, 하나님께서 내게 특별히 배려한 해이기도 하다. 그동안 중국 사역을 정리하고 한국에서 새로운 사역을 시작하는 나에게 중국 정부와 한국 공관 그리고 한인 단체들이 거창한 송별식을 1년 동안 해 준 것으로 여겨질 만큼 많은 행사에 참여하면서 그야말로 융숭한 대접을 받게 하셨던 것이다.

그러던 중에 총영사관에서 전화가 왔다. 경찰 영사인 맹훈재 영사(현 상해총영사관의 경찰영사)에게서 온 전화였다. 이분은 경찰대학교 출신으로 당시 계급은 경정이었다. 이분은 정말 보안관이라 해도 지나침이 없을 정도로 교민들을 위해서는 그야말로 즉각 출동하는 모범을 보이는 분이다.

"목사님, 만나 뵙고 상의드릴 일이 있습니다. 시간을 내주시지요"

만나보니 교민들이 날로 증가하여 자연히 사건사고가 많이 발생하게 되는데 교민들의 안전을 위하여 교민안전협의회를 구성하자는 것이다. 우선 북경에서부터 한국인회를 비롯한 교민 단체들의 대표를 회원으로 구성하여 총영사관과 핫라인을 구축하여 교민들이 사건 사고에 신속하게 대처할 수 있게 하자는 제안이었다. 나는 두말할 것 없이 찬성하였고 당시의 내가 북경 교회협의회 회장이었으므로 기독교는 물론 천주교, 불교, 원불교의 대표도 이에 함께 하자고 제안하여 급속히 "북경 교민안전협의회"가 구성되기에 이르렀다.

최영삼 총영사(현 외교부 대변인)의 적극적인 찬성과 협조로 경찰의 이상정 경무관(현재 주 수단대사), 맹훈재 경찰영사(현재 총경), 그리고 북경 한국인회 회장, 한국인 상회, 유학생 대표 그리고 각 종단의 대표들이 모여서 2012년 10월 10일 제 1회 북경 교민안전협의회의 설립회의를 갖게 되었다. 그리하여 각 종단의 대표인 내가 교민안전협의회 회장으로 이상정 경무관이 부회장을 맡기로 정하였다.

그 후, 이것을 계기로 대한민국 대사관 총영사관이 있는 도시에는 교민안전협의회를 구성하게 되었다. 그리고 지금까지 잘 운영되고 있어서 교민들의 범죄율 감소는 물론 안전사고에 대한 적극적인 홍보로 사고도 많이 줄었다.

현재는 내가 한국에 귀국한 후로는 북경 총영사관의 총영사가 회장을 맡고 나는 아직까지도 종단 대표의 자격으로 격월로 갖는 회의에 참석하러 북경에 오가고 있는 것이다.

그동안 안식년으로 미국과 아이티에 가기 전과 안식년을 마치고 2년 만에 복귀한 북경은 물론 왕징(望京)에도 많은 변화가 있었다. 개척 초기부터 코치들에게 보디빌딩 교육을 시키면서 내 전도의 터전으로 삼았던 "왕징건신구락부(望京健身俱樂部)"는 전문식당가로 변했다. 그러나 운동을 해야만 하는 나는 어쩔 수 없이 집에서 운동할 수밖에 없었다. 다리를 책상에 올리고 하루에 2천 번씩 푸시업(PUSH UP)을 했다. 덤벨로 보조 운동을 했다. 그러나 혼자 지내는 형편이기에 식사가 문제였다. 원래 요리에 문외한인 나는 손수 해 먹을 수 있는 것이 없었기에 시장에 가서 고구마를 사 와 신문지에 물을 약간 묻혀 전자레인지에 구워 군고구마를 만들어 먹는 것이 주식이나 다름이 없었다. 그렇게 홀로 외롭게 지내던 2012년 4월 어느 날, 운동하고 난 후 나른한 오후에 한국에서 온 한 통의 전화가 070 전화기를 울렸다.

따르릉, 따르릉!

chapter 3

명동파

오후에 나른해서 졸고 있는데 울린 전화의 목소리는 아주 저음
의 묵직한 소리였다. 그 목소리의 주인공은 나를 찾고 있었다.

"안홍기 목사님이십니까?" "예, 그렇습니다."

"안녕하십니까? 저는 곽성훈이라고 합니다."

"아, 그렇습니까? 저와 만난 적이 없으시지요?"

"예, 그렇습니다. CTS-TV에서 시 낭송작가인 한솔아 작가님의
소개로 목사님께 전화드리게 되었습니다. 통화 괜찮으신지요?"

"아, 그러시군요. 반갑습니다. 무슨 일인지 말씀하십시오."

그렇게 대화는 시작되었다. 사연을 들어보니 그는 당시 명동에
서 잘 나가는 건달이라고 했다. 명동 그 비싼 땅에 고층 건물을 건

축하는데 시행 시공을 해서 돈을 많이 벌고, 그 최고층에 명동 씨너스라는 극장을 세 개 층이나 운영했던 사람이었다. 그런 그가 내게 전화를 건 것은 다름이 아니었다.

내가 아이티 선교 당시 CBS기독교 방송국〈수호천사 사랑의 달란트를 나눕시다〉라는 프로그램에서 내 사역 모습을 촬영해 간 일이 있었다. 촬영 팀은 '샘 의료선교단체'의 아이티 봉사활동을 담을 예정이었다. 그들은 게스트 하우스 겸 교회인 우리 센터에 머물렀고 나는 자연스럽게 그들에게 재난 현장과 현재의 실정, 도움이 필요한 곳을 정확히 짚어 주었다.

그런데 내가 활동하는 사역을 지켜보던 담당 PD인 정지훈씨가 "정작 방송에 나가야 할 분은 안 목사님이시다."라면서 방송 주제와 방향을 대폭 수정하여 얼떨결에 내가 출연하게 된 것이다.

그 후로 CBS의 〈새롭게 하소서〉, CTS 기독교 TV의 〈내가 매일 기쁘게〉라는 프로그램에 "땅 끝 만능선교사"라는 제목으로 출연하게 되었다. 그런데 당시 CTS TV의 시 낭송 성우였던 한솔아 집사가 내 간증에 깊은 인상을 받았다면서 북경 찬양의 교회 다음 카페에 찾아와 이메일로 인사를 주고받았던 적이 있었다. 그리고 얼마 후에 한솔아 집사에게서 연락이 왔다. 한솔아 집사가 다니는 교회에 명동조직폭력배 출신 곽성훈이라는 형제가 간증집회를 했다는 것이다. 그래서 곽성훈 형제에게 꼭 소개해 줄 목사님이 있다 하며 나를 소개해 주었다. 그러니 전화가 오면 잘 들어보고 도와

주면 좋겠다는 말을 덧붙였다.

그런 연유로 그 주인공이 내게 전화 한 것이다.

"목사님, 저의 변화된 모습을 보고 나도 네가 만난 하나님을 만나고 싶고, 알고 싶고, 신앙생활 잘 할 수 있도록 이끌어 달라는 조폭 형제들이 더러 있습니다. 사실 제가 제 앞가림하기도 벅찬데 형님, 동생들까지 돌봐주고 양육할 형편이 되지 못해 안타깝습니다. 그래서 주변 목사님들께 도움을 청해 보았지만, 우리를 감당할 수 없다고 생각해서인지 눈도 제대로 맞추지 못하고 맙니다. 제가 한솔아 집사님께 소개받기로 목사님은 우리 조폭들을 신앙으로 지도해 주실 수 있는 분이라 하기에 전화 드렸으니 목사님 꼭 좀 도와주십시오."

누가 도와달라고 하면 오지랖 넓은 나는 앞뒤 가리지 않고 달려가는 성격인지라 결국 참지 못하고 한국으로 달려간 것이다.

2016년 6월 나에게 도움을 간청한 곽성훈 형제를 만나러 일시 귀국했다. 2009년도에 중국 청도에서 마약 20kg을 소지했다가 부하들과 함께 잡혀서 사형선고를 받은 장병선 형제의 탄원서를 양승태 대법원장에게 제출하고 난 후에 곽성훈 형제를 만났다. 나도 한 덩치 한다고 생각하는데 곽성훈 형제는 키도 덩치도 나보다 좋았다. 그러나 얼굴에는 순진한 웃음이 가득했다. 우리는 몇 마디에 오랜 시간 깊게 사귄 친구처럼 마음이 맞았고 시간 가는 줄 모를 만큼 대화의 물꼬가 트였다. 그런 한 편으로 조직 폭력배라는 이유만으로, 우락부락한 생김새만으로 교회에서조차 기피하는 현실이 안타까웠다.

"목사님, 저희들을 좀 도와주십시오. 몇 분 목사님들을 만나 봤지만 기대하기 힘들었습니다."

"이런 사역은 형제들과 동고동락하면서 양육하고, 교육하고, 교화해야 실효를 거둘 수 있어요. 예수님도 제자들과 함께 사셨지 않습니까? 그러려면 교회를 이루어야 하는데 나는 지금 북경에 섬기는 교회도 있고, 또 북경 교회협의회 회장을 맡고 있어서 곤란합니다."

"목사님, 그럼 한국에 오셔서 교회를 세우시고 우리를 도와 주시면 되잖습니까?"

"그러려면 우선 기도해 봅니다. 나도 십여 년을 사역한 사역지와 몇 분 되지 않는 교인들이지만 그들을 그리 쉽게 떠날 수 없기도 하고 더욱이 북경 교회협의회 회장 임기가 아직 6개월이나 남았거든요."

"그렇다면 기다리겠습니다. 기다리고말고요. 그렇게 해 주십시오. 형님, 아니 목사님..."

이번에도 사고를 치고 말았다. 물론 즉흥적인 결정이라기보다는 이미 충분히 경험한 바이다. 북경에서 재소자와 조폭들과 연루된 교인들과 함께 하면서 이들을 위한 목회가 필요함을 느끼고 있던 차였기에 전혀 거부감이 없었다.

그렇지 않아도 내 주변에서는 조폭형제들을 위한 교회를 만들자는 제안을 하는 것을 그냥 웃고 넘긴 적이 있었기에 내 마음 속에서는 어느덧 "하나님 이런 교회도 필요한 것이 아닌가요?"라고 하나님의 결재를 기대하는 나를 발견한 것이다.

사실 예수님도 터프하게 살아온 베드로를 불렀고, 그들의 발을 씻기며 진정한 섬김을 보임으로 그들이 변화되어 사람을 낚는 어부가 되고 "내 양을 먹이라"는 주님의 명령대로 주님의 양을 먹이는 사도가 되게 하신 내용이 떠올랐다.

그런 생각을 하면서 정말 6개월 동안 한 달에 한 번씩 귀국해 조폭 형제들을 만나 어떻게 교회를 설립해야 하는지를 함께 검토했다.

그러는 중에도 이들 동료 중에서 3명이나 자살을 했고, 5명이나 구속이 되어 구치소에 수감되는 상황이 벌어지고 만 것이다. 사회는 점점 맑아지고 투명해지니 자기들의 설 자리가 점점 줄어들고 또 자기 성격대로 살지 못하게 되니 그것을 이겨내지 못하고 자살을 하게 되는 것이다,

영적으로 약한 그들이 사탄의 제 1의 공격 목표가 되는 것이다. 이런 현실을 보고 겪고 나니 더 이상 미룰 수 없다는 생각이 들어 영구 귀국하여 서울에 그야말로 조폭교회를 설립해서 이들을 도와야겠다는 생각으로 굳어지고 있었다.

우리 사회 대부분의 교회는 아주 정상적이고 사회적으로 재력과 지위가 있는 1등 시민들이 자기 교회에 출석하는 것을 기대한다. 그러니 교회의 모든 방향과 초점이 모두 이런 사람들에게 맞추어져 있는 것이다. 그러나 예수님은 정반대로 병든 자, 가난한 자, 옥에 갇힌 자, 죄인 중의 죄인들에게 사역의 초점을 맞추고 사회에서 소외된 자, 즉 전도의 사각지대에 놓인 사람들에게 다가가셔서 오죽하면 바리새인들로부터 "세리와 죄인의 친구"라고 조롱을 당하기도 했고, 결국은 그로 인해 십자가에서 죽임을 당하게 된 것임에도, 교회는 예수님께서 걸어가고 살아가신 그 길과는 동떨어진 방향과 목표와 목적으로 나아가고 있는 것이다.

그 후에 나를 설득하여 영구귀국하게 하고 조폭형제들을 위한 교회를 설립하도록 설득한 곽성훈 형제는 어떻게 되었을까? 독자들은 궁금할 것이다.

여기에 대한 자세한 대답은 하나님의 용사 3권이나 4권에서 자세히 하려고 생각하고 있었는데 성격이 급한 독자들이 궁금해서 나머지 글을 읽는데 지장을 초래할 것 같아서 간략하게 알려 드린다.

곽성훈 형제는 안타깝게도 글로벌 찬양의 교회를 설립하고 난지 3년 쯤 되었을 때 그의 개인사정으로 교회에 출석하지 못하게 되었다. 그 후, 그가 어렵게 지내고 있다는 이야기를 여러 경로를 통해서 전해 듣게 되었다.

대부분이 조직 생활을 하던 형제들은 자신이 어렵게 되면 두문불출 하는 경향이 있어서 나는 그가 다시 내 앞에 환한 웃음을 머금고 나타나 주기를 기다리기로 했다.

물론 계속 그의 소식을 들으면서 일단 최악의 상황이 되거나 나에게 S.O.S를 보낸다면 달려갈 생각을 하면서 기다렸던 것이다. 그리고 어렵다는 싸인을 보내올 때면 가끔 만나서 생태탕을 먹고, 차도 마시면서 그가 다시 교회로 돌아와서 함께 예배드릴 수 있는 날을 기대하면서 말이다.

그렇게 세월이 흘렀다. 2016년 글로벌 찬양의 교회 창립 3주년 감사 예배에 그가 나타났다. 어김없이 모래내 꼴통 정윤홍 형제를 대동하고 나타난 것이다. 창립 3주년이 되었으니 새로운 얼굴도 적지 않아서 광고 시간에 교회 설립 경과를 보고 하면서 곽성훈 형제를 앞으로 불러내어 소개를 했다.

"여러분, 여기 나온 형제가 바로 북경에서 사역 잘하고 있는 저를 한국으로 불러들여 조폭교회를 설립하도록 제안한 곽성훈 형제입니다."

예배드리던 많은 형제자매들이 박수를 치면서 밝게 웃었다.

그렇게 은혜롭게 예배가 끝나고 모두 둘러 앉아 다과를 즐기는 시간에 내 옆에 앉았던 그가 나에게 뜻밖의 이야기를 하였다.

"목사님, 저도 목사님의 후계자가 되기 위해 신학교에 가야겠습니다. 그러나 목사가 되려는 것보다 목사님처럼 소외된 형제자매들을 돕는 사역을 하기 위해서 가는 것이니 너무 큰 기대는 하지 마십시오."

그렇게 이야기를 한 곽성훈 형제는 방배동에 있는 백석 대학교에 편입을 했다. 여기서도 모래내 꼴통과 함께 입학해서 함께 졸업했다.

그리고 난 후에 그는 백석신학대학교 졸업을 한 달 앞둔 2017년 1월 17일에 이름도 아주 멋진 "Jesus Blood Army"라는 교정선교회를 백석대학교 신학생 5명과 탈북자 김광호, 모래내 꼴통 정유홍, 보컬 트레이너 찬양사역자 이완수, 김효숙, 온누리 교회 강영임, 오륜교회 이효숙권사와 함께 만들므로 나의 교정사역에 강력한 라이벌로 등장하게 된 것이다.

그런데 이렇게 축하할 일을 나에게 미안한 마음이 있었는지 알리지 않아서 한참동안 모르고 지내다가 거의 1년이 훨씬 지난 뒤에야 알게 되었다. 그러나 결국 2020년 1월 14일 "Jesus Blood Army" 창립 3주년 감사예배에 나를 초대해서 맨 첫 번째 축사를 부탁하여, 그날 축사를 통해서 마음껏 축복해 주었다.

그날, 창립 3주년 경과보고를 통해서 알게 된 일들은 그동안 춘천 소년원, 구치소, 교도소, 법무부 보호관찰 대상자들을 돌보고, 한·정·협이란 단체와 함께 탈북수용자들을 전담하는 사역을 하고 있었던 것이다. 그러다가 탈북자들을 돌보고 섬겼던 형제가 선교회에서 알게 된 형제를 살해하고 자신도 자살하는 엄청난 사건이 발생하기도 했다. 자살한 사람은 자식처럼 키웠던 탈북자였고, 살해당한 사람은 친동생처럼 여겼던 귀한 형제였는데 그런 비극을 맞게 되어 선교회를 포기하고 싶을 정도로 힘든 상황이었지만 그때 내가 "성훈 형제, 이 사역은 목숨 내 놓고 해야 하는 사역이고, 엉뚱한 모함도 당하고, 수없는 배반을 당하게 될 것이지만 하나님께서 가장 기뻐하는 사역이니 각오 단단히 하고 시작하라"는 말이 떠올랐단다.

그가 그동안 교정 사역을 하면서 얼마나 많은 고생을 하였는지 알게 되는 시간이었다.

그는 그동안 자유를 찾아 남한에 와서 실정법을 모르고 죄를 짓고 교도소에 수감된 160여 명의 탈북 수용자 형제자매들을 돕고 있었던 것이다. 탈북 한 그들이 연고자가 있을 리 없으므로 그들에게는 곽성훈 전도사는 정말 보호자나 다름없는 존재였던 것이다.

물론 그도 나처럼 범죄자들을 돕는다는 이유로 주변 사람들로부터 원활한 지원은 꿈같은 이야기였다. 그러던 중에도 항상 하나님께서 엘리야에게 보낸 천사 같은 존재는 있기 마련이다. 그를 형제를 죽인 사람을 죽이려 했던 복수의 화신에서 하나님의 일을 대신하는 사역자라는 은혜의 자리로 끝까지 포기하지 않고 인도해 준 "스토리 셋"의 이임주 대표("블랙가스펠"이란 영화의 제작자)와 나에게 예배 장소를 제공해 주고 있는 "권홍 헤어아카데미" 권기홍 원장과 같이 그에게는 "The Cross Church"의 박호중 목사가 있었다.

또한 "G & M"의 빌 황 대표는 초기 미국이민자 부모와 함께 미국에 건너가서 목사 아버지와 어머니가 멕시코 갱들을 전도하고 교도소 사역에 평생을 헌신하는 모습을 보면서 장성한 후에 미국 금융계의 큰 손이 되어 "드라마 바이블"을 제작하고 마침내 "Jesus Blood Army"에 든든한 재정적인 후원자가 되어 주었다. 뿐만 아니라, 현재 부산구치소 김영식 소장의 적극적인 추천으로 곽성훈 전도사는 PFI(Prison Fellowship International-국제교도협회)의 한국 총괄이사로 임명 받아 그 임무를 성실히 수행하는 품위 있는 교정사역자가 된 것이다.

그러고 보면,
나는 글로벌 찬양의 교회를 통한 교정선교 6년 만인 2019년 10월에 해외 한국인 재소자를 돕는 "대한민국 외교부 해외 동포 안전국 소관"의 NGO인 "사단법인 세컨하프"를 설립하여 약 2천 5백여 명 정도의 해외 한국인 재소자와 불법체류자들을 돕게 되었고, 곽성훈 형제는 "PFI(국제교도협회)"의 한국 총괄이사를 맡고 있으니 이제 우리의 사역은 한국을 넘어 세계로, 그야말로 온 누리로 지경을 넓힌 것이다.
할렐루야!

chapter 4

저승사자

이런 생각에 골몰하며 차근차근 조폭교회 설립을 준비하던 중 동아일보 사회부의 한상진 기자가 내게 만나자는 연락을 해 왔다. 중국 청도 간수소의 사형수 장병선 형제의 구명을 위해 대법원에 탄원하는 목사가 있다는 소식을 들은 것이다.

한상진 기자는 마약사건 전문 기자로서 중국 사회마저 떠들썩하게 한 장병선 형제의 사건이 있기 전부터 계속해서 장병선 형제를 밀착 취재하던 중이었다. 끈질기다 못해 징그러울 정도로 집념이 강한 그에게 잘못 걸리면 지위고하를 막론하고 들통이 나고 만다. 그런 그의 소문이 나서 별명이 '저승사자'이다. 더구나 당시에 사회를 떠들썩하게 했던 "인육캡슐 사건", "간첩 원정화 사건"등

굵직굵직한 사건을 특종 보도한 프로 근성이 강한 사람이었다. 그런 그가 들어도 호기심을 가질 만한 소문의 주인공인 내 얘기를 그냥 흘려버리기에는 너무나 매력적인 내용이었던 것이다.

그는 나를 만나자마자 민완기자답게 자기가 취재하고자 하는 내용을 육하원칙에 의거해 질문했고, 나는 그의 날카로운 질문에도 당황하지 않고 차분하게 설명해 나갔다. 내가 지금까지 행했던 아주 특수한 사역과 마침내 조폭교회 설립의 동기와 이유까지 설명해 나가자 그는 점점 내 얘기에 몰입하기 시작했다. 그는 결국 내 얘기를 다 듣고 나자 무릎을 치면서 이런 내용을 기사화해야 하지 않겠느냐며 기사화 하는데 협조해 달라고 졸라대기 시작했다.

결국 나와 조폭교회 이야기는 2012년 7월 9일 먼저 '주간동아'에 기사화 되었다. 그리고 이 기사 내용에 반응과 관심이 폭등하자 아예 7월 14일 동아일보 사회면에 "거친 놈들을 순한 양으로"라는 당돌한 제목으로 기사화되기에 이르렀다. 물론 내 의도와는 많이 다르게 표현된 점도 있었지만 일반인들에게는 조폭이라는 단어만으로도 거부감이 적지 않은데 그것도 모자라 '조폭전용교회'라 하였으니 동아일보에는 물론 한상진 기자의 개인 메일이 다운될 정도로 엄청난 파장이 일었다. 결과적으로 소위 악플이 1만 5천 개나 달리게 되었고 그만큼 크나큰 사회적인 관심사가 되고 말았다.

그러나 한번 방향이 정해지면 절대로 뒤를 돌아보지 않는 성격
의 나는 조폭 교회 설립을 정조준하고 앞으로 나아가고 있었다.

chapter 5

영구 귀국

2013년 1월 7일에 '북경교회협의회'에 회장직을 사임하고 그다음
날인 1월 8일 아주 특수한 신분(?)의 중국인들의 환송을 받으며
중국 사역을 마치고 영구 귀국했다. 이들이 그동안 나로 인해 중국
정부와 자기 자신들이 많은 도움을 받았다면서 2001년 3월부터
2013년 1월 초까지 약 12년간의 중국 사역을 마치고 떠나는 나를
위해 자기들이 공항까지 직접 배웅하겠다고 자청하여 거절할 수
없었던 것이다.

12년간의 중국 사역을 뒤돌아보면서 정말로 감사한 것은 다른
사역자들은 이름도 바꾸고, 자기의 신분이 목사라는 것을 숨기고
선생, 사장, 회장이라면서 위장하고도 불안해서 안절부절했던 것

과는 반대로 나는 당당하게 '클러지 웨어'를 입고, 내 신분이 목사라는 명함까지 만들어 중국 정부의 어떤 신분의 사람들일지라도 만나는 사람마다 전달했고, 승합차에 떳떳하게 "북경 찬양의 교회"라고 교회 이름을 붙이고 운행하게 했다.

2005년 구정에는 중국의 공영 방송인 B-TV(BEIJING-TV) 방송국의 "외국인 예능대회" 제 10회 특별방송에 출연하여 "長江之歌(양자강의 노래)"라는 중국의 대표적인 가곡을 불러서 6,800대 1의 경쟁을 뚫고 당당히 우승장을 받았고, 마침내 그 방송국과 전속계약까지 체결할 수 있었다. 내친김에 나는 그 프로그램에서 한국어로 복음성가인 "낮엔 해처럼 밤엔 달처럼"을 불렀다. 마침내 중국 전역에 이 복음성가가 소개되어 듣는 한국인과 조선족들을 경악케 했다.

목사 신분임에도 불구하고 한 번도 내 입장이나 신변의 위험 때문에 거짓말하지 않고 당당하게 목사임을 밝혔다.

더 나아가 북경 수도 공항에서 노란 피켓을 들고 소위 "공항전도"를 7년간이나 감당했을 정도로 당당하게 사역을 했다는 것은 하나님께서 눈동자처럼 지켜 주신 결과이니 정말 감사하고 감사한 일이었다.

그렇게 12년 동안 내 인생의 황금기를 북경에서 '북경 찬양의 교회'를 섬기면서 누구보다도 아니 어떤 사역자보다도 여러 가지 전무후무한 기록과 기발한 사연을 남겨 놓고 북경을 떠나게 된 것이다.

그런 사연 많은 북경과 교회를 떠나면서도 한편으로는 목회 10년 만에 세 번째로 개척할 한국의 서울 그리고 강남의 "글로벌 찬양의 교회" 설립에 대한 생각으로 가득했다.

여호와 앞 곧 회막 앞에 있는
놋 제단에 솔로몬이 이르러
그 위에 천 마리 희생으로
번제를 드렸더라
(역대하 1장 6절)

2부

글로벌 찬양의 교회

chapter 6

글로벌 찬양의 교회

2013년 1월 8일 귀국하자마자 하루도 쉬지 않고 예배드릴 장소를 물색하기 시작했다. 그때 나는 이미 중국과 아이티에서 사역하는 동안 예배 장소를 34회나 옮겨가면서 예배를 드리고 교회를 이루었기 때문에 예배 장소를 물색하고 옮기는 일에는 일가견이 있는 사람이었다.

생각해 보면 그렇게 환경적으로 만만치 않은 북경에서 1주일 만에 적지 않은 교인들과 함께 예배드릴 장소를 옮겨야 할 정도로 급박한 상황도 있었다. 그러나 단 한 번도 예배를 빠뜨리지 않고 드릴 수 있었던 것은 오로지 우리의 예배를 받으시기 원하시는 하나님의 은혜라고 생각할 수밖에 없었다.

그런 경험을 했기에 처음부터 교회 개척단계에서 임대료가 조금 저렴한 건물의 지하를 얻어 실내장식을 한 다음 많은 지인들에게 집기를 부담케 하는 패턴의 개척은 애초부터 생각하지 않았다. 비록 건물 어느 곳에 교회라고 글씨 한자 써 붙이지 않아도 좋으니 예배를 예배답게 드릴 공간을 찾으려 노력했다.

　중국에서 영구 귀국하기 전에 강남역과 신 논현역 중간에 있는 심수봉 집사의 건물에 "모리아"라는 예배 공간이 있는데 이곳을 임대하여 예배드리는 'Heart Church"가 있었다.

　2012년 12월 초에 이 교회의 주일 예배에 초청을 받아 설교하러 간 적이 있었다. 평소 예배에는 심수봉 집사가 참여했었는데 내가 설교하는 주일에는 지방에 행사가 있어서 참여하지 못했다. 이 예배 장소는 엄청난 금액을 들여 라이브 카페로 만들었기에 이곳을 예배 장소로 사용하면 좋겠다는 생각을 했다. 마침 하트 교회가 12월까지 예배드리고 다른 장소로 이전을 해야 하는 상황이었기에 이 장소를 나에게 추천해 준 것이다. 심수봉 집사를 만났다. 심수봉 집사가 상경하여 예배에 참여하러 왔더니 성도들이 모여서 어떤 동영상을 보더란다. 그 동영상은 그 전 주일에 내가 찬양하고 설교한 것이었다. 그래서 함께 보게 되었는데 내가 찬양을 하는 모습을 보고, 듣고 은혜를 받았다면서 식사 대접을 하겠다고 해서 만난 것이다.

　서로 간증을 하면서 내 생각을 말씀드리고 임대하겠다는 의사를 전했다. 심수봉 집사의 표정에는 거의 동의하는 것으로 보였다.

심수봉 집사는 "하나님은 정말 재미있는 분이세요"라면서 눈물까지 흘리면서 내가 걸어온 길을 들어 주었다.

그래서 내심 기대하고 있었으나 가족 중에서 누군가 찬성하지 않은 것 같았다. 그 이유는 분명치 않으나 생각해 보면, 우리 교회의 구성원들이 결코 평범한 사람들이 아니라는 것 때문이었다고 짐작해 본다.

그러던 중에 회의공간을 시간당으로 임대해 주는 기업들이 있다는 사실을 알게 되었다. 여러 곳을 답사하고 찾아보던 중에 강남역 11번 출구 바로 옆에 다양한 평수의 회의장소를 임대해 주는 곳을 찾아 시간당으로 임대해 "글로벌 찬양의 교회" 예배 장소로 정하게 되었다.

그러니 **교회를 개척하는데 적지 않은 임대 보증금이 필요치 않게 되었고, 음향시설을 갖추려 경제적인 부담을 갖지 않아도 되었으며, 실내 장식과 집기를 구비하는데 전혀 무리하지 않아도 되었던 것이다.**

교회 개척으로 인해 가족은 물론 일가친척들, 지인들에게 경제적인 부담을 주지 않아도 되었고 도리어 그분들이 기쁘게 기도로 동참할 수 있도록 한 것이다.

다만 우리 교회 예배의 특성상 찬양을 활성화하기 위해서는 가장 훌륭한 건반이 필요했는데 매형과 누님, 그리고 형님이 준비해 주셨다. 성능 좋은 프로젝트는 예배 장소에서 유료로 빌려 썼다. 그리고 북경 찬양의 교회를 개척설립 할 때도 그랬던 것처럼 그 건물에서 가장 큰 회의실을 얻어 오후 2시부터 4시까지 임대해 사용하기로 했다.

마침내 2013년 2월 17일 오후 2시에 "글로벌 찬양의 교회"는 역사적인 첫 예배를 드렸다. 그 첫 예배에 108여 명이 참석했다. 생각보다 많은 인원이 참석한 것에 대해 나는 하나님께 감사드렸다.

첫 예배에서 내가 설교했고 나의 신학대학원 은사이시며 나를 지극히 사랑해 주시는 "개신대학원대학교" 손석태 총장님께서 축사를 해 주셨다.

또한 내가 오늘이 있기까지 바른길로 인도해 주신 장로회 신학대학교의 석좌교수이신 이연길 목사님과 손석태 총장님께서 협동목사를 자청해 주셨다.

그동안 기도하면서 내게 격려와 위로와 사랑하기를 게을리 하지 않았던 지인들이 고된 중국 사역을 마치고 이제 한국에서 새롭고 특별한 목회를 시작하는 나를 향해 예배 참석을 통해 축하해 주고 격려해 주고 기도해 주고 헌금해 준 것이다.

그러니 개척하는데 경제적인 능력이 없어서 개척하지 못하고 기도만 하고 전전긍긍하는 목회자들에게 교회 개척에 관한 전혀 새로운 비결을 이렇게 알려 드리고 싶다.

　지금이라도 과감하게 지금까지 누구나 천편일률적으로 행하던 교회 개척의 패턴을 버리고 새로운 패턴으로 나와 같은 방법을 사용한다면 경제적으로 넉넉지 않아도 많은 부담 없이 개척할 수 있는 교회 개척 방법이라고 제시해 본다.

　더욱이 요즈음은 코로나19로 인해 주일에 교회에 모여서 함께 예배드리는 것을 정부도 자제를 부탁하고, 혹시 전염이 될까 염려하여 예배에 참여하는 것을 꺼려하는 교인과 교회가 많아지고 있다. 결과적으로 헌금은 형편없이 줄어들어 적지 않은 금액을 융자받아 매 주일 헌금으로 이자 감당하기에 허덕거리던 교회나 재정이 부족하여 임대료에 평소 부담을 느끼던 교회는 직격탄을 맞은 것이다.

　그러니 결과적으로 우리 글로벌 찬양의 교회는 강남 압구정동에서 임대료 한 푼 드리지 않고, 전기료나 수도료 한 푼 부담 없는 상황에서 예배드리는 것이 얼마나 감사한지 모른다.

　"하나님 정말 많이 많이 감사합니다."

chapter 7

5839

"주백"은 안중현(가명) 형제의 조폭시절의 별명이다. 아마도 '주태
백이'란 말을 줄인 것이 아닌가 생각한다. 그는 곽성훈 형제의 친
구이며 말할 것도 없이 글로벌 찬양의 교회의 창립멤버로 첫 예배
부터 착실히 예배드린 예배자 중의 한 사람이었다.

그리고 그는 소위 청량리 588번지 일대를 나와바리로 정하고 활
약하는 조폭들의 중간 보스다. 그는 그 나이 또래의 전국구 조폭
들에게도 야물다고 인정받는 건달 중의 한 사람이었다. 그처럼 유
별난 형제들과 함께 시작한 글로벌 찬양의 교회의 예배는 의외로
진지하게 예배드리는 형제들의 눈물을 주님께서 예물로 받으시는
예배였다.

그렇게 몇 개월이 지난 후, 언제부터인가 주백 형제와 주백 형제의 직계 동생인 공달(병규) 형제가 예배에 빠지는 횟수가 잦아지기 시작했다. 그러면서 전화로 연신 "목사님 죄송합니다."라고 하는 것이다. 이럴 때 직감적으로 느껴지는 생각이 있었다. 이들이 예배에 나오고 싶지만 그렇게 할 수 없는 이유가 있을 것이라는 생각이었다.

그들이 예배에 나오기 꺼려지는 이유는 무엇이겠는가?

바로 그들이 예배에 참석하면 이를 알고 경찰들이 체포하러 오지 않을까? 하는 걱정 때문이라는 생각이 들었다.

그래서 그들을 만나보니 상봉동 어느 모텔에서 지내고 있었다. 그리고는 내 생각이 틀림이 없다는 것을 알게 되었고 그런 그들이 걱정되었다. 나를 만나고 글로벌 찬양의 교회를 시작하기 전에 저질렀던 사건으로 결국 기소 중지가 되어 있는 상태였다. 그러니 언제 들이닥칠지 모르는 경찰들이 두려워 예배에 나오고 싶어도 나오지 못하고 주변을 배회하고 있었다.

그렇게 두 주가 지났을까? 9월 초 어느 날, 곽성훈 형제가 전화로 전해주는 소식이 있었다.

"목사님, 중현이가 결국 체포되어 서울구치소에 수감되었습니다."

역시 도피는 한계가 있는 것이었다. 아무리 대단한 사람도 언제까지 계속해서 도피에 성공할 수는 없는 것이다. 그러니 홍길동처럼 요리조리 수사망을 피해 보지만 결국 체포되고 구속되어 구치소에 수감되고 마는 것이다.

중현 형제도 그 수순에서 벗어나지 못하고 인덕원 근처의 서울 구치소에 구속 수감된 것이다. 그들은 글로벌 찬양의 교회를 설립하고 형제자매 중에 첫 번째 구속된 형제가 되었다.

그런 상황이니 나는 당연히 안중현 형제와 공달 형제를 접견하러 가야 했다. 처음 가는 서울구치소이기에 이리저리 서울구치소의 위치를 물어 찾아갔다.

7호선 중화역을 출발해 이수역에서 4호선으로 갈아타고 한참을 달려서 인덕원역에 도착해 2번 출구로 나가면 바로 노란색 미니버스가 있는데 그것을 타고 4 정거장만 가면 서울 구치소가 있다는 것이다.

그래서 중화역에서 7호선을 타고 출발했다. 45분 정도 타고 가다가 이수역에서 내려 한참 가파른 계단을 올라가 4호선으로 갈아타야 했다. 그리고 25분 정도 간 후에 인덕원역에서 내려 2번 출구 쪽으로 나가 노란색 마을버스를 타고 네 정거장을 가서 서울 구치소 앞 정류장에 내렸다.

그리고 길 건너 오르막길을 약 200미터 정도 오르면 널따란 주차장이 있고, 그곳이 바로 서울구치소 즉 옛날 서대문 형무소가 있는 곳이다. 그래서 그곳까지 걸린 시간을 계산해 보니 전철을 갈아타고 이곳까지 소요된 시간이 1시간 40분이나 걸렸다. 그렇게 도착한 곳이 서울구치소였고, 민원봉사실에 가서 안중현 형제 접견 신청을 했다.

안중현 형제의 수번은 5839였다.

교정당국에서는 죄의 유형과 수용자들의 죄질을 보고 몇 가지로 구분하여 관리한다. 마약 관련범들은 수번의 첫 글자가 5로 시작한다. 그리고 수의에 붙인 수번표도 푸른색이다.

제일 무거운 형을 받은 사형수는 수번이나 거실을 표시하는 표찰이 붉은 색이다. 일반 수용자는 수번표가 하얀색이다. 요시찰이라 구분하여 불리는 수용자들 중에 조폭들은 족보가 있고 없고를 떠나 죄명과 죄질에 관계없이 없이 노란색 표찰을 붙이고 생활한다.

안중현 형제를 접견실에서 만난 것은 접견 신청서를 써내고 대략 1시간 정도 후였다. 그러니 중화역에서 그곳까지 도착해서 접견 신청을 하고 접견할 때까지 걸리는 시간은 최소한 2시간 40분 정도가 소요되는 것이다.

이윽고 안중현 형제가 푸른빛이 나는 관복(재소자들에게 관에서 지급하는 수인복이다)을 입고 나왔다. 그는 나를 보자마자 눈물을 흘렸다. 독하다고 소문이 났지만 사실 중현 형제는 눈물이 많은 형제이기에 유난히 많이 울었다. 한참 울고 난 중현 형제는 계속해서 "목사님 죄송합니다."라고 했다. 나는 이제 그 정도 했으면 되었으니 "죄송하다고 하지 말라"고 그를 달랬다. 그리고 그에게 단호하게 말했다.

"중현 형제, 이번 일을 마지막으로 구속 수감되는 일이 다시는 없어야 할 것이며 이제부터 깡패 생활, 건달 생활을 접고 예수님만 의지하겠다고 약속해줘."

내가 말을 마치자마자 기다렸다는 듯이 중현 형제는 "목사님, 반드시 그렇게 하겠습니다. 감사합니다."라고 울먹이며 대답했다.

그렇게 대답하는 안중현 형제를 위해 눈물로 기도해 주었다. 그가 다시 죄를 짓지 않고 자유를 누리며 살 수 있는 유일한 길은 주님의 인도함을 따르는 것이다. 그러니 더욱 간절한 기도가 필요했던 것이다.

그러니 나는 매일 매일 중현 형제를 만나러 서울구치소에 갔다. 그러나 내가 앞으로 이렇게 전국의 여러 교도소와 구치소를 다니면서 형제자매들에게 살아계신 하나님의 복음을 전하게 될 줄은 전혀 예상치 못했다. 순전히 거룩한 음모를 계획하시고 한 걸음씩 인도하신 하나님의 은혜다.

chapter 8

감방교회

그렇게 몇 번 접견을 한 후에 중현 형제가 내게 요청하는 것이
있었다.

자기들이 삼삼오오 모여서 성경을 읽고, 예배드릴 수 있도록 설
교문과 주보를 보내 달라는 것이다. 그의 말을 듣고 희망을 갖게
되었다. 그가 정말 이제부터는 참다운 신앙인으로 살 것이기에 기
대를 해보는 것이다. 그런데 그렇게 말하고 기대하는 것이 섣부른
기대는 결코 아니었다. 수용된 형제들에게 들려오는 소리에 의하
면 그동안 중현 형제가 누구에게도 인정받을 만큼 변화된 수감생
활을 잘 한다는 것이다.

온몸에 도깨비 문신이 있는 중현 형제가 어느 감방이든지 들어가면 서열이 바뀌는 것이 보통이다. 족보 있는 건달이기도 하지만 인상도 한 인상히는 중현 형제가 감방의 상좌가 되는 것은 당연한 일이다. 그런데 그가 언제부터인가 말단 신입이나 하는 일을 자청해서 한다는 것이다.

그러니 얼마나 대견한 일인가? 식기를 닦는 일을 자원했고, 화장실 청소를 도맡아 한다고 했다. 그러니 같은 방 수용자들은 정말 어리둥절할 수밖에 없는 일이다. 그게 얼마나 갈까? 생각하고 있는 그들 앞에서 중현 형제는 신앙인의 자세를 잃어버리지 않았다고 한다.

재소자들에게 비록 같은 푸른색 죄수복을 입었지만 "예수님 같은 사람이라"고 칭찬과 존경을 받고 있었던 것이다.

그리하여 서울구치소에 글로벌 찬양의 교회의 지교회인 제 1호 감방교회가 설립되게 된 것이다.

그러던 어느 날 접견하는 중에 중현 형제가 신중하게 부탁을 해왔다.

"목사님, 옆방의 형제 한 사람이 목사님께 영접기도를 받고 싶다 합니다." 그래서 적당한 시간에 접견해서 그 형제에게 영접기도를 해 주었다.

그리고 얼마 지나지 않아서 그 형제가 같은 방의 다른 형제들과 함께 예배를 드리고 싶다는 소식이 전해왔다. 새로운 감방교회 탄생의 희망을 갖고, 그 형제에게도 주보와 설교문을 보내주었다. 그런데 거기에 그치지 않고 계속 들불처럼 퍼져 나가는 기적 같은 일이 일어났다.

서울구치소에서 수감자들이 예배를 드리고 있다는 믿어지지 않는 기쁜 소식이 계속 들려오고 있었다. 청량리 588 깡패가 감방에서 예배를 드리니 주변의 다른 방에서도 삼삼오오 모여서 예배를 드리게 된 것이다.

이 얼마나 감사한 일인가? 이 얼마나 놀라운 은혜인가?

그 후로도 줄곧 중현 형제는 서울구치소의 전도 왕이 되었고, 감방교회는 계속해서 민들레 홀씨처럼 퍼지고 늘어만 갔다. 이렇게 시작된 감방교회는 7년이 지난 현재 전국에 200개소로 확대되었다. 할렐루야!

chapter 9

순교

사랑하는 안홍기 목사님께.....

목사님께 이렇게 글을 적으려면 먼저 눈물부터 납니다.

강하게 살고 있는데... 흐트러짐 없이 살고 있는데....
아픔조차 웃음을 감추고 살고 있는데 목사님만 대하면
마음이 무너지듯이 서럽기도 하고, 아픔도 살아나고, 두
려움도 느껴집니다. 버티고 선 미래가 두렵고, 어쩔 수
없는 운명을 안은 현재가 두렵고, 온몸의 영과 육을 할
퀴고 가버린 과거가 두렵습니다.

이 모든 것을 믿음으로 잊기도 하고, 버리기도 하며
이겨내기도 하는데....

목사님만 대하면 이렇게 가슴 깊은 곳에서부터 눈물이
납니다.

가슴 저미도록 그립던 꿈속에서조차 만나지 못했던 가
족을 만났습니다.

세 치에 불과한 짧은 혀로, 끝 모르는 기나긴 그리움을
어찌 다 말로 할 수 있겠습니까? 그토록 애타게 바랐던
만남이었건만 말 한마디 위로해 주지 못했습니다.

잘 살기 바랐는데... 잘 살아주길 바랐는데.... 그렇게
긴 세월 동안 기도했는데 말입니다.

우리 아들이 그토록 훌륭하게 자라주는 기도의 응답
을 눈으로 보여 주셔서 감사했습니다. 단지 내가 애석한
것은 그렇게 자라는 동안 애들을 보아주지 못했던 것이
었는데 이 모든 게 하나님의 은혜이기에 그저 감사합니
다. 감사합니다. 라는 말밖에는 할 수 없었습니다.

저와 가족 간에 처한 환경에는 인간적인 계획과 배려,
계산이 따르지 않은 관계이다 보니 이 모든 것을 하나님
만 바라볼 수밖에 없기에, 기도밖에 할 수 없기에 준혁
엄마와 애들과 함께 기도했습니다.

아쉬운 것은 준혁 엄마와 애들에게 세월이 할퀴고 간

제 얼굴만 보여 준 것 같아 마음 깊이 스며들어 있는 믿음을 보여 주지 못한 것 같아서 아쉬웠습니다. 준혁이는 들어올 때부터 나갈 때까지 말 한마디 없이 앉아 있었고 아례는 이 못난 아빠를 보는 순간부터 나갈 때까지 울고만 있었습니다.

준혁 엄마는 원래부터 다정한 표현에 서툰 사람이었기에 그러려니 했지만, 막내 준기가 아빠의 짧은 머리와 옷 그리고 주위에 서 있는 경찰들을 보면서 가슴에 상처나 주지 않았는지 자못 두려웠습니다.

지금은 만남의 기쁨보다 앞으로 보지 못할 아쉬움이 더 크게 자리하고 있습니다. 목사님, 이렇게 만남의 자리를 끝내면서 잘 가라. 잘 살아라. 인간적인 안녕조차 하지 못했습니다. 가는 뒷모습만 바라보며 그제서야 참았던 눈물이 났습니다.

여호와 아버지 하나님 감사합니다. 이 죄인은 육신의 가족들을 고통 속으로 빠트렸지만, 하늘에 계신 여호와 하나님 아버지께서는 우리 가족들을 눈동자같이 지켜 주시고 보호해 주시고 믿음 안에서 강건하게 살아갈 수 있도록 해 주셔서 감사합니다. 기도했고 또한 기도하겠습니다.

죽음 그리고 새 삶

목사님, 이곳에서는 사형수가 가족과의 면회가 이루어지면 그 다음 날이 사형집행 날입니다. 저 또한 면회를 끝내고 방에 들어와서 함께 있는 동료들과 가족들과 면회한 기쁨을 함께한 후 5년여의 세월의 흔적을 지우기 시작했습니다.

버릴 것은 버리고 줄 것은 주고....밤에는 함께 기도하는 형제 7명과 함께 마지막 기도회를 갖고 난 후 작별인사를 나누었습니다.

예수 믿는 사람은 죽음이 끝이 아니고 시작이라면서 천국에서 꼭 다시 만나자고 약속하는 시간을 가졌습니다. '장루이'라는 중국 형제는 저에게 부탁이 있다면서 "엄마가 암으로 돌아가셨는데 죽기 전에 예수를 믿었기에 분명 지금 천국에 계실 텐데 엄마 이름을 가르쳐 주면서 천국에서 꼭 만나서 자기에 대해 걱정 말고 편안히 계시라고, 이제 두 번 다시 엄마 걱정하는 짓은 하지 않을 테니 믿고 지켜만 봐 주시라고.... 이제 믿음도 갖고 열심히 살 테니 이후에 꼭 천국에서 뵙겠다고" 전해 달라는 부탁이었습니다.

밤 10시 취침 시간 후 잠을 잘 수가 없었습니다. 엎드려 기도하는데 하나님의 부르심에 너무나도 부족한 게 많다는 게 두려움으로 다가왔습니다. 지금까지 회개했다는 게 다 거짓 같고, 거짓말하는 위선자 같고 무엇 하나 하나님 앞에서 상 주심에 대한 기대는 고사하고 오로지 죄밖에는 생각나는 것이 없었습니다. 죽음이 내일인데 몇 시간 후에 죽는데......두려움만 앞서고 엎드려 기도했지만, 기도도 제대로 되지 않고 눈물도 나지 않고 가슴만 답답했습니다. 지쳐서 자리에 누우면 부족한 게 또 느껴져서 누워 있을 수가 없어서 또 엎드려 기도하면 또 가슴이 꽉 막혀 "잘못했습니다." 이 말 밖에는 나오지 않기에 머리를 두 손으로 감싸고 몸부림치기 시작했습니다. 만약 머리카락이 길었으면 다 뽑혔을 정도로 머리카락을 쥐어뜯으며 기도했습니다.

그런데 새벽 4시 넘어서자 마음 깊숙한 곳에서부터 주님의 음성이 들리는 것 같았습니다.

"병선아 걱정하지 말라. 그냥 평상시처럼 찬송하며 갈 길을 가라."

이 말씀 한마디가 가슴에서부터 온몸으로 퍼져 나가면서 불안한 마음이 서서히 사라지고 안정과 평안이 깃들기 시작했습니다."

"그래, 주님께서 함께 해 주시는데 찬송 부르며 끝까지 가야지....."

"가는 길 그 길까지는 만나는 모든 사람에게 웃으며 찬송 부르는 모습을 보여 줘야지"하며 각오를 다지고 기도하는데 갑자기 사도행전 16장 31절 말씀이 떠오르기에 중국어 성경책에서 이 말씀을 찾아서 작은 종이에 적었습니다.

"주 예수를 믿으라. 그리하면 너와 네 집이 구원을 받으리라."

이 말씀을 한눈에 볼 수 있도록 종이쪽지에 적었습니다. 죽는 그 순간까지 만나는 사람 모두에게 보여 주리라. 생각하며.....

아침에 일어나서는 씻고 옷 갈아입고 우선 방에 있는 중국 형제들 한 사람 한 사람에게 보여주며 큰 소리로 읽어 달라고 부탁했습니다.

아침 8시 30분 전후로 담당 교도관이 데리러 오기에 8시 문 앞자리에 앉아서 찬송을 부르며 쪽지를 손에 쥐고 대기하고 있었는데 8시 30분이 지나도 40분이 지나고 9시 아침 점검까지도 어느 누구도 데리러 오는 사람이 없었습니다. 방에 있는 동료들은 한 사람, 한 사람씩 나의 눈을 보며 눈짓으로 안심하라는 말을 건네고 있었지만.....

그렇게 죽음을 기다리며 오늘은 낙원에 있으리라. 오

늘은 주님을 뵈오리라 기대했건만 지금 이 순간까지 살아 있습니다.

목사님, 주님께서 부르심에 합당한 몸이 될 때까지 유예기간을 주시는 줄로 믿고 새 삶으로 새롭게 출발하듯이, 새로운 게 하나도 없는 이곳 환경이지만 새로운 삶을 만들어 갑니다. 이게 거듭난 삶인지 모르겠지만......

"글로벌 찬양의 교회에서 파송한 평신도 선교사 장병선"
아멘, 감사합니다. 주님께서 저의 목숨을 연장해 주신 뜻이 여기에 있기에 목사님의 편지를 받고 하루 종일 아멘으로 기도했습니다.
목사님, 감사합니다. 이곳에 사는 목적이 있기에, 이제 어떤 어려움도 육체적인 고통도 이겨낼 수 있는 목적과 소명이 있기에 믿음만 가지고서 하루하루 살아가겠습니다.
목사님, 저는 이곳에서 기도 응답을 매일 매일 받고 있습니다.
지금 이곳에 7명의 형제가 예수님을 영접했습니다. 매일 저녁 5시 30분에는 이 형제들 한 사람 한 사람과 함께 하면서 기도하고 있습니다. 또한, 월. 수. 금....일주일에 3일간은 오후 3시 30분부터 4시까지 다과를 차려 놓고 성경공부를 하고 있습니다.
이곳 간수소에서 저에 대한 특별한 배려로 조선족 형

제 한 분을 보내 주셔서 생활에 불편함이 없이 잘 지내고 있었는데 이 형제가 믿지 않는 형제이다 보니 성경공부 시간에 통역에 어려움이 있었는데 이 형제가 교도소로 넘어갈 시기가 되어서 하나님께 기도했습니다.

이번에 오는 조선족 형제는 꼭 믿는 형제로 보내주시기를 쉬지 않고 기도했는데 앞에 있던 형제가 교도소로 넘어간 이후 이틀 만에 조선족 형제가 왔는데 할렐루야, 감사합니다. 세례교인이었습니다.

한국에도 자주 가며 여의도 순복음 교회 3층에 있는 외국인 전용 예배당에서 예배를 드리곤 했다고 합니다. 차후 출소 후 한국에 가면 목사님을 찾아뵙는다고 합니다. 언제나 주님께서는 기도에 응답해 주셔서 얼마나 감사한지 이 형제 때문에 중국 형제들과 막힘없이 성경공부를 할 수 있어서 은혜의 시간을 갖고 있습니다. 저 또한 이 형제 덕분에 일주일에 3차례 성경공부를 준비하기 위해 더 열심히 성경을 읽고 말씀 준비하며 보람찬 하루하루를 보내고 있습니다.

또한 목사님께서 보내주시는 영치금으로 이곳에 있는 형제들 중 몇 사람을 도우며 함께 생활하고 있습니다.

목사님께서 보내주신 성경책 200권 문제로 이곳 관리자들이 몇 차례 회의했는데 어떤 관리자가 나서서 성경책을 각방에 배부할 수는 없고 필요한 분이 계시면 한 권씩 갖고 갈 수 있게 배려한다는데 이 또한 시간이 좀 걸릴 것이라고 하기에 쉬지 않고 기도하며 면담도 자주 하고 있습니다.

성경책 200권 때문에 제가 종교 활동이 너무 강한, 요주의 인물이라고 해서 쉬지 않고 기도하고 있습니다. 같은 방에 있는 형제들 중 돈 없는 형제를 돕고 솔선수범하며 지내고 있다고 보고했지만, 목사님께서 따로 보내주신 책은 아직 받지 못했기에 이곳 관리자를 통해 책을 찾아 주겠다는 확답을 받았습니다.

다음에 책을 보내주실 때면 내 이름으로 보내지 마시고 이곳 담당 교도관과 장치진 경관 앞으로 보내주시면 불편 없이 받아 볼 수 있겠습니다.

'웨스트 민스터 대요리 문답집'과 설교 공부에 도움이 되는 책을 보내주시면 고맙겠습니다.
7월 23일 영사 면담 때 목사님께 보내는 편지를 전해주는 과정에서 압수당해 폐기되었습니다. 편지조차 마음 편하게 보낼 수 없는 환경이지만 또 이렇게 편지를 씁니다. 항상 마지막 편지라고 적지만 또 다음에 편지를 보낼 수 있기를 바라는 마음으로 삽니다.

　목사님, 감사합니다. 또한, 김 집사님께도 감사하다고
전해 주십시오. 김 집사님께는 따로 편지를 드리지 못해
도 제 마음을 잘 아시리라 봅니다.
　김 집사님에 대한 고마움과 저희 가정에 대한 배려, 하
나님께 감사기도만 드리고 있습니다. 그리고 고철민 형
제가 교도소로 넘어갔습니다. 그곳에서 훈련기간만 끝나
면 목사님께 전화한다고 했습니다.
　이곳 교도소는 외국인교도소이기에 한국 형제들이 많
이 생활하고 있습니다. 목사님께서 많이 도와주시기 바
랍니다.
　목사님, 사역자 분들은 개인의 삶보다 타인을 위한 이
타적인 삶을 산다고 하는데 그 중에 하나님의 용사이신
목사님을 제 삶의 스승으로 모시고 사는 저는 그 자체가
축복이고 은혜라고 가슴에 담고 삽니다.
　목사님 건강하셔야 합니다. 목사님께서 주신 선교사로
서의 소명, 죽음을 각오하는 믿음으로 지켜 나가겠습니
다. 사랑합니다.

2012년 8월 2일　장병선 올림

chapter 10

사랑하는 장병선 선교사님께!

이제 완연한 여름입니다.

지난번 잠깐 다녀온 북경은 한국보다 많이 더웠습니다.
청도는 바닷가이므로 어떤지 모르겠습니다.

그동안 안녕하셨습니까?

지난번 박정현 집사님과 가족들이 선교사님을 뵙고 온
후에 청도 총영사관에서 선교사님과 고철민 형제의 편지
를 사진으로 찍어서 보내 주셨습니다. 그래서 두 분의 편
지를 한꺼번에 받아 읽어 보았습니다.

그동안 고생이 얼마나 많으셨는지 편지에 쓰인 글씨 한 자

한 자에 땀과 피가 배어있는 것처럼 느끼면서 읽었습니다.

그냥 써도 저는 글씨가 엉망인데, 손목에 쇠고랑을 차고 팔목과 팔목을 좁게 연결해 놓은 상태에서 어떻게 글씨를 쓸 수 있으셨습니까? 그럼에도 불구하고 저보다 필체가 훨씬 좋으십니다.

정말 꿈속에서 그리던 박 집사님과 자녀들을 만나시니 얼마나 기쁘셨습니까? 가족들과 꿈이 아니라 현실에서 만날 수 있게 되었다는 소식을 듣고 정말 정말 감사했습니다.

중국 법이 강화되어 가족 면회조차 어렵다고 총영사관에서 말씀해 주셨는데, 그래도 계속 시도해 보겠다고 하셔서 그나마 희망을 걸었더니 결국 가족들을 만나 보게 되셨습니다.

그러므로 계속해서 기도드리면 하나님께서 들으시고 이루어주신다는 사실을 다시 한 번 깨닫게 되었습니다.

박 집사님과 통화를 하게 되었는데 장병선 선교사님의 모습이 얼마나 의연한지 놀랐다고 하시면서 자랑스러워하셨습니다.

정말 대단하십니다. 어쩌면 믿음이 그렇게 올곧으십니까? 저도 선교사님의 믿음이 부럽습니다.

하나님께서 선교사님을 사랑하셔서 계속해서 은혜를 베풀어 주십니다. 그 지옥 같은 곳에서도 전도하시니 그것이 하나님의 마음을 흡족하게 하셔서 가족들도 볼 수 있도록 은혜를 베풀어 주신 것으로 믿습니다.

날마다 더욱 전도에 최선을 다하시어 하나님께서 감동하실 정도로 열매를 풍성히 맺으시기 부탁드리면서 기대합니다.

지난번에 말씀해 주신대로 중국어 성경 200권을 5월 초에 선교사님께 책자를 보내드리는 주소로 보냈다고 연락을 받았습니다. 그런데 잘 받아 주지 않는다고 4월 말경에 몇 번이나 연락이 왔는데 계속해서 추진해 보라고 했습니다.

결국, 5월 3일경에 책이 들어가게 되었다고 연락이 왔습니다. 그렇다면 받아 보셨을 것인데 정말 받아 보셨는지요?

저희들이 얼마나 기뻐했는지 모릅니다. 지금까지 수많은 선교사가 그 오랜 세월 동안 피땀 흘리며 선교했어도 중국의 공공 기관에 성경을 들여놓지 못했고 상상조차도 하지 못하였는데 결국 선교사님을 통해서 이런 놀라운 역사가 이루어졌다고 생각하니 하나님께서 선교사님을 얼마나 대견하게 생각하실지 부럽기조차 합니다.

정말 잘하셨습니다. 정말 장하십니다.

그렇지만 지금 현실적으로 겪어내시는 육체적, 정신적, 영적인 고통은 이루 말로 다 할 수 없으시겠지요?

저는 한국에서 하루도 빠지지 않고 서울구치소와 교도소에 전도하러 가지만 한국의 교도소나 구치소와 어찌 비교할 수 있으며, 그 고통을 어찌 짐작이나 할 수 있겠습니까?

저는 거의 10개월을 거의 매일 빠지지 않고 교도소와 구치소에 수감 된 우리 형제들과 전도된 형제들을 면회하였더니 하나님께서 기쁘게 보셨는지 서울 교도소의 사회복귀과장을 만나게 해 주셨습니다.

서울구치소는 전국에서 제일 큰 교도소여서 이곳에서 과장이면 지방의 소장에 해당되는 분이신데 전국 교정 기독선교회의 회장을 맡은 분이기도 합니다. 그런데 이분이 저의 진정성을 인정하면서 제게 다음 주부터 교도소 안에서 성경공부를 인도하도록 위촉해 주셨습니다. 우선 기결수 8명이 성경공부를 신청해 다음 주부터 시작하려 하고 있습니다.

그리고 구치소에 수감되어 있는 사형수 한 분을 소개해 주시면서 계속해서 상담할 수 있도록 배려해 주셨습니다.

그러면 9월에 법무부 장관으로부터 교정위원으로 위촉이 가능하게 되어 앞으로 저의 사역에 큰 도움이 될 것으로 생각됩니다.

많은 기대를 하면서 하루하루 형제들을 접견하고 대화하고 상담하고 기도해 주고 있습니다. 물론 아침 8시 30분에 출발해 거의 두 시간 걸려 서울구치소, 교도소에 도착해서 면회하고 다시 두 시간을 오고 가는 긴 시간이지만 수감되어 있는 형제들을 만나면 제가 도리어 은혜를 받게 되어 되려 감사드리지 않을 수 없습니다.

맨 처음 청량리 부두목 우리 안중현 형제와 부하인 이병규 형제가 저를 만나기 전에 죄로 구속수감 되었는데 이 두 형제가 같은 방 동료들에게 깡패식 인사를 하지 않고, 도리어 깡패의 삶을 살지 않겠다고 선언했답니다. 화장실 옆에서 잠을 자면서 식기도 닦고 청소도 하면서 낮아진 모범을 보이자 함께 한 다른 수감자들이 감동되어 서로 예수를 믿겠다고 하는 놀라운 열매가 맺혀졌습니다. 이제는 전국에 19명이 전도되어 서울 글로벌 찬양의 교회의 예배시간인 주일 오후 2시 30분에 감방에서 같이 예배를 드리는데 이 예배처소가 전국에 12개나 되는 역사가 있었습니다. (2021년 1월 현재 전국 200개소가 됩니다.)

그러므로 글로벌 찬양의 교회는 중국 청도 간수소에서, 그리고 한국의 서울구치소와 교도소 그리고 안양, 원주, 전주 등지의 수감자들에게 하나님을 찬양케 하는 놀라운 역사가 일어나게 된 것입니다.

사랑하는 장병선 선교사님!

우리 글로벌 찬양의 교회 최초의 평신도 선교사이심을 아멘으로 화답해 주시기 바랍니다.

글로벌 찬양의 교회는 비록 1년 4개월 된 막 돌이 지난 교회이지만 겸손하게 진실하게 예수는 그리스도라고 온 세계에 전하는 교회가 된 것입니다.

이런 것들이 다 선교사님처럼 죽음의 공포를 믿음으로 이겨내신 분이 이루어낸 놀라운 역사입니다.

정말 장병선 선교사님은 우리들의 자랑이십니다.

이 시대에 하나님의 용사이십니다.

제 책도 받아 보셨는지요? 성경책을 받으셨는지가 많이 궁금합니다. 계속해서 기도드리겠습니다.

선교사님의 승리를 위해서 기도드리겠습니다. 참으로 견디기 힘드시겠지만, 끝까지 하나님을 의지하며 이겨내시기 바랍니다. 저도 열심히 주의 일을 하겠습니다.

가족들도 염려하지 마십시오.

하나님께서 진정한 아버지가 되시오니 오죽 잘 돌보아 주시겠습니까?

박정현 집사님과는 제가 매일같이 카톡으로 교제하고 있으니 절대 염려하지 마십시오. 그리고 어려운 일이 있으면 우리 글로벌 찬양의 교회가 도울 것이니 더욱 안심하시고 하나님께 온전히 맡기시고 선교와 전도에 더욱 매진 하시기 부탁드립니다.

고철민 형제도 너무 염려하지 마십시오.

나중에 이감하더라도 재중 대한민국 총영사관을 통해 편지로 교제하고 격려하고 위로해 드리려 하니 염려하지 마십시오.

제 설교문도 두 부씩 복사에서 하나는 당연히 선교사 님, 그리고 다른 하나는 고철민 형제께 전달이 되도록 노력해 볼 것이니 염려 마시기 바랍니다.

장병선 선교사님!

모든 것을 이겨내심을 다시 한번 축하드리고 격려해 드리고 싶습니다. 그 올곧은 믿음과 결단이 말할 수 없는 어려움에서 이기게 하시는 주의 크신 은혜이십니다.

하나님은 우리의 피난처가 되시고 환란 중에 우리의 힘과 도움이시라.

언제나 주의 크신 은혜가 눈동자처럼 장병선 선교사님을 지켜 주시기 바랍니다. 한국에 있는 박 집사님을 비롯하여 두 아들과 외딸을 축복해 주실 것을 기도드립니다. 하나님께서 장병선 집사님보다 더욱 안전하게 편안하게 지켜 주시고 보호해 주실 것을 믿으시기 바랍니다.

다시 연락도 드리고 편지도 보내고 소식도 전해 드리겠습니다. 몸은 비록 이렇게 멀리 떨어져 있지만, 마음과 영혼으로 만납시다.

언제나 변함없이 사랑합니다. 장병선 선교사님!

안녕히 평안히 계십시오.

사랑합니다.

서울에서

글로벌 찬양의 교회 안홍기 목사

chapter 11

사형집행

이 편지를 쓰고 난 후, 정확히 2년 3일 후에 장병선 선교사는 중국 청도 간수소에서 사형 당했다.

그가 사형당하기 3일 전에 중국 심양에서 이미 두 사람의 한국인이 마약과 관련해 사형 집행되었다는 소식이 신문에 보도 되었다. 그리고 뉴스에도 계속해서 중국에서 한국인 사형에 관한 내용이 보도되고 있었다. 며칠 후에는 청도 간수소의 장 모씨에 대해 사형을 집행할 것이라는 내용을 중국 산동성 중급 법원으로부터 전달받았다는 것이다. 그러니 결국 장병선 선교사에게 사형집행의 순서가 온 것이다.

한참 마음 아파하고 있는데 장병선 선교사의 부인 박정현 집사에게서 연락이 왔다.

"목사님, 외교부에서 전화가 왔는데 준혁이 아빠를 사형시킨다고 중국 정부에서 연락이 왔다면서 저에게 오라 하네요."

나는 그 전화를 받고 결국 올 것이 왔다고 생각하면서 대답했다.

"집사님, 그러면 비슷한 시간에 청도 공항에 도착해서 만나시지요."

그렇게 약속을 하고 상해에 있는 김영태 집사에게 전화했다. 그분도 나와 약속을 하고 청도 공항에서 만나기로 했다. 2015년 8월 4일 나는 중국 청도 공항에 도착했다. 때맞춰 미리 도착했던 김영태 집사가 마중 나와 있었다. 그는 청도에서 오래 살았기에 청도의 지리에 익숙했고, 나를 홀리데이 인 호텔로 인도했다. 김영태 형제의 이야기는 하나님의 용사 1권 '아론과 훌'편에 자세히 기록되어 있기에 다시 설명을 할 필요가 없을 것이다.

호텔에 도착해서 한국의 "신동아"의 한상진 기자에게 전화했다.

그는 몇 년 동안이나 장병선 선교사의 기사를 보도할 만큼 장병선 선교사의 사건에 관심을 가진 기자이기도 하고, 2012년 7월 14일 동아일보에 "조폭 전용교회 설립"이라는 기사로 이 세상에 나를 소개한 장본인이기도 하다.

내가 한상진 기자에게 장병선 선교사가 며칠 내에 사형을 당할 것이라고 알려주자 자기가 곧 청도로 오겠다고 했다. 역시 그는 프로정신을 가진 기자임이 분명하였다. 그에게 이 사건은 특종 중의 특종인 것이다. 한국인 마약 사범이 중국 청도 간수소의 사형집행 현장을 취재한다는 것은 그에게 절호의 기회인 것이다.

나와 김영태 집사는 오전에 청도에 도착했고, 그는 그날 저녁에 도착했다. 발 빠르게 움직인 것이다.

그런데 박정현 집사에게서 전화가 왔다. 비행기 표를 살 형편이 되지 않는다는 것이다. 그때 그동안에도 계속해서 장병선 선교사의 영치금을 보내주었던 김영태 집사가 그녀에게 경비를 보냈다. 다음 날 아침 청도 공항에 나가 그녀를 마중 나가기로 하고 나와 김영태 집사 그리고 한상진 기자 세 명이 함께 저녁을 먹고 여러 가지 이야기를 나누었다.

물론 우리 모두 언제 집행될지 모르는 장병선 선교사의 이야기를 하면서 불안해하고 있었고, 내일 도착할 박정현 집사를 어떻게 위로해 줄까 걱정하면서 그날 밤 잠을 설쳤다.

그런데 아침에 부산에서 전화가 왔다. 박정현 집사가 비행기 출발 시간에 늦었다는 것이다. 공항으로 가는데 차가 막혀서 도저히 예약된 비행기를 타지 못하겠다는 것이다. 그러니 정말 어이가 없었다. 어쩌면 그렇게 준비를 하지 못했는가 하면서 우리 세 사람이 이구동성으로 성토하게 되었다. 참으로 안타까운 일이다. 남편이 언제 사형을 당하게 될지 모르는 상황에서 비행기 출발시간에 늦어 올 수 없다니 말이다.

그렇게 안절부절못하고 있는 사이에 전화가 왔다. 박정현 집사였다. 비록 비행기 출발 시간엔 늦었지만 항공사에 사정 이야기를 하였더니 곧바로 이륙하지 않고 기다려 줄 테니 최대한 빨리 오라 하여 겨우 비행기에 탑승했다는 것이다. 우리는 가슴을 쓸어내리면서 그녀를 마중하러 청도공항으로 달렸다.

마침내 초췌한 모습의 박정현 집사를 만났다. 어떤 말로 그녀를 위로할 수 있겠는가? 나는 그녀의 어깨를 가만히 다독여 주었다. 이럴 때 목사라는 위치가 참으로 어렵게 느껴진다. 내 능력의 한계를 절감하는 순간이기 때문이다. 우리 주님처럼 능력이 있어서 이런 위기를 넘기게 해 줄 수 있거나, 그렇지 않으면, 주님처럼 특별한 위로를 해 줄 수 있는 능력이 있다면 얼마나 좋겠는가 하는 생각을 하게 된다. 견딜 수 없는 슬픔을 당한 사람에게 진정한 위로를 통해서 그 슬픔을 이기게 하고, 도리어 새 힘을 줄 수 있다면 얼마나 좋겠는가 말이다. 그러나 나는 역시 그런 능력이 없음을 생각하면서 우울한 생각만 들었다. 그러나 얼굴에 그런 내 마음의 상태를 노출할 수 없기에 더욱 힘이 드는 것이다.

그러나 박정현 집사는 놀라울 정도로 냉정하게 평정심을 유지하고 있었다.

8월 5일 정오에 청도 총영사관의 곽영주 경찰 영사의 안내로, 나와 박정현 집사는 청도 간수소로 향했다. 나는 오래전부터 북경 총영사관에 몇 번이나 당부하고 당부한 사실이 있었다.

"만일 장병선씨가 사형 집행당한다면 내가 그와 함께 마지막 예배를 드리고 그 영혼을 위해서 기도하게 해 주십시오."

그런 사정이 있었기 때문에 북경 총영사관에서도 내 요청을 긍정적으로 생각하고, 청도 총영사관에 전달했다는 것이다. 그래서 가능하리라 생각하고 청도 간수소로 달려간 것이다.

아마도 그날 박정현 집사가 장병선 선교사를 접견한다면 대부분 그 다음 날, 아침에 사형이 집행될 것이기에 그날 박정현 집사와 장병선 선교사를 만난다면 그게 살아서 만나는 마지막 만남이 되는 것이다.

한참을 달려서 청도 간수소에 도착했다. 청도 간수소는 건립된 지 얼마 되지 않아서 겉으로 보기엔 깨끗해 보였다.

도착한 청도 간수소에서 곽영사가 공문을 보이면서 접견 수속을 밟았다. 그리고 그들에게 내가 누구이고 무슨 일을 하고 싶은지에 대해서 설명해 주었다. 그런데 그들이 곽영사를 대하는 모습과 태도에서 내가 요청한 사실이 무시당하고 있다는 생각을 하게 되었다. 역시나 그들을 만나고 돌아온 곽영주 영사의 입에서 청도 간수소에서 가족과 담당경찰 영사 이외에는 접견을 불허하는 게 원칙이라면서 불허하기에 어쩔 수 없이 나는 그들과 만날 수 없다는 것이다.

나는 곽영사에게 항의했다. 오래전부터 정식 절차를 통해 수도 없이 사형집행 할 때 예배를 드릴 수 있도록 해 달라고 하였고, 도착해서도 그렇게 될 것이라고 하더니 그동안 무엇을 했느냐고 항의했다.

청도 총영사관에 부임한 지 불과 3개월도 되지 않는 상황에서 한국인 사형집행이라는 큰 사건을 접하게 된 곽영사는 정말 운이 없는 사람이었다.

키도 크고 선한 얼굴을 한 곽영사는 유족이나 나에게는 본의 아니게 죄인이나 다름없는 것이다. 우리의 말 한마디 한 마디에 당황해 하면서 어찌할 수 없는 자신의 현실에 쩔쩔매는 모습이 역력했다. 물론 그의 책임이 아닌 것을 우리도 잘 알지만, 우선은 이 상황에서 우리를 대하는 당사자는 곽영사일 수밖에 없기에 어쩔 수 없는 서로의 입장이었던 것이다.

8월 6일 9시에 청도 총영사관을 방문했다.

나와 박정현 집사, 그리고 한상진 기자가 함께 간 것이다. 청도 총영사관에서는 비상이 걸렸다. 우리도 문제지만 함께 동행한 한상진 기자는 저승사자란 별명이 붙을 정도로 한번 물면 놓지 않는 꼴통 기자였던 것이다. 그러니 총영사관 측에서 얼마나 곤혹스러웠겠는가? 인터뷰실에서 기다리고 있는데 총영사가 왔다.

나와 박정현 집사에게 인사를 하는데 참 이상한 것은 바로 옆에서 말을 하는데도 잘 들리지 않을 정도로 작은 소리로 말을 하는 것이다. 내가 총영사에게 물었다. 언제, 어떤 방법으로, 사형을 집행하는지? 그리고 시신을 우리가 확인할 수 있는지? 그리고 우리에게 시신은 언제 인도해 주는지? 이 질문 모두의 대답은

"중국 정부가 대답을 해 주지 않아서 말씀드릴 수 없습니다."였다 참으로 답답한 일이다.

아무리 장병선 선교사가 범죄자라고 해도, 그래도 대한민국 국민인데 중국 정부는 유족에게조차 아무런 정보를 주지 않고, 또 그런다고 청도 총영사관에서는 중국 정부의 대변인처럼 그들의 이야기를 그대로 전한단 말인가?

결국, 총영사는 아무런 말도 해 주지 않고 다른 일정이 있어서 먼저 나간다면서 대신 부총영사와 담담 영사가 수행할 것이라며 황급히 자리를 떴다. 그러니 자연히 화풀이는 아무 죄도 없는 곽영사에게 하게 되는 것이다.

분하고 답답해서 아무리 총영사관에게 항의를 해도 소용없는 일이기에 중국 정부에서 소식이 오면 전해 주겠다는 말을 듣고 호텔로 향했다. 그렇게 달리고 있는 차 안으로 한국에서 연락이 왔다. "인터넷에 한국인 장병선 씨의 사형이 집행되었다"는 내용이 떴다는 것이다. 그래서 곽영사에게 전화를 하려는데 전화가 왔다.

"아침 6시에 사형이 집행되었다는 것이고 유해는 3개월 후에 찾아갈 수 있다."는 것이다.

정말 어이가 없었다. 도대체 어떻게 이럴 수가 있다는 말인가? 우리 정부의 무력함이 너무나 안타까웠다. 그러나 그 화풀이를 곽영사에게만 할 수 있는 일은 아니었나. 현 상황에서 가장 현실적인 대책을 세워야 했다. 그래서 곽영사에게 당부했다.

"부인 박정현 집사가 뭐가 좋다고 3개월 후에 남편 유해 찾으러 이 지긋지긋한 중국에 다시 오겠습니까? 그러니 내일이라도 유해를 찾아서 갈 수 있도록 조치나 해 주십시오."

곽영사는 최선을 다해 보겠다고 하면서 우선 호텔에서 기다리라고 했다.

오후 3시쯤 되어 전화가 왔다. 산동성 청도 고등 법원에서 만나자는 것이다. 산동성 청도 고등법원이 우리에게 내민 서류는 우리에게 인도적 차원(?)에서 내일 오전 8시에 유해를 인도하겠다는 서류에 서명을 하고, 유품은 3개월 후에 청도 총영사관으로 보낼 테니 동의하라는 내용이었다. 서명을 하고 박정현 집사와 함께 호텔에 와서 귀국행 비행기를 예약하고 한 가지 제안을 했다.

"박집사님, 지금 출석하는 교회의 목사님과 내가 전화를 할 수 있도록 해 주십시오. 장병선 집사가 저지른 죄 때문에 사형 당했지만 그 전에 그가 회개하고 6년 동안 간수소에서 31명의 중국인 사형수에게 복음을 전했고, 성경 책 200권을 반입하여 그 어떤 선교사도 감당할 수 없는 훌륭한 업적을 남겼으니 우리가 귀국하면 교회에서 "장병선 선교사 천국 환송 예배"로 드리고 자녀들이 아버지를 부끄럽게 생각하지 않도록 선처 해주기를 부탁드리려 합니다."

박정현 집사가 출석하는 교회의 목사님과 연결을 해 주어 내 의도를 정확히 전했다. 목사님은 혼자 결정할 일이 아니니 당회를 소집해서 결정하고 그 결과를 연락해 주기로 하였다. 그리고 한참 후에 연락이 왔는데 내 제안을 받아들이기로 했다는 것이다. 감사하다고 말하고 유해를 인수하러 지정된 장소에 갔다. 인수증을 제시하고 어두컴컴한 곳으로 들어갔다. 그런데 유해가 아니고 유골이었다. 그러니 중국 정부는 사형수의 유족들은 아랑곳하지 않고 자기들 규정과 법대로 한마디 설명도 없이 절차에 따라 집행해 버리는 것이었다.

더 놀라운 것은 받아 본 유골은 매끄럽게 분쇄한 것이 아닌 절구에 넣고 망치로 깬 정도의 뼈조각 유골이었다. 그 모습을 보고 참으로 참담한 생각이 들었다. 유족들을 두 번 죽이는 것이다.

박정현 집사는 시신을 보지도 못했으니 그 유골이 장병선 선교사의 것이라 믿을 수도 없고, 항간에 떠도는 장기 적출이라도 하지 않았는지 의심을 지울 수가 없다고 했다. 우리 정부가 몇 번이나 공식 루트를 통해서 이 부분은 강조했으나 중국 정부는 아랑곳하지 않고 자기들 법(?)대로 집행해 버렸다.

이때의 모든 상황을 한상진 기자는 신동아 9월호에 자세히 기사화했다. 그러나 나는 한상진 기자에게 신신당부했다. "제발 우리

정부나 외교부를 너무 혹독하게 비판하는 내용은 자제해 달라"고
부탁했다.

내가 유골을 들고 공항에서 출국 수속을 밟았다. 공항 검색대에
서 우리의 유골에 대해 당연히 문제를 제시했다. 곽영사가 산동성
고등 법원의 서류를 보여 주자 한참 만에 통과시켜 주었다. 그렇게
해서 슬픔에 어찌할 바 모르는 박정현 집사와 함께 부산행 비행기
에 몸을 실었다. 장병선 선교사의 유해는 내가 운구했다. 그렇게라도
마지막 예배를 함께 드리지 못한 아쉬움을 대신할 수밖에 없었다.

오후 3시쯤 부산에 도착했다. 우리가 도착한 부산도 장병선 선
교사의 죽음을 애도하는지 비가 많이 내렸다. 대기하고 있는 차를
타고 억수로 쏟아지는 빗길을 달려 "장병선 선교사 천국 환송 예
배" 장소로 향했다.

교회 측에서 몇몇 성도들을 불러 모았고 장병선 선교사의 친인
척들이 모여서 함께 예배를 드렸다.

내가 교회 앞에서 그동안의 경과를 말씀드렸다. 여기저기서 울
음소리가 들려왔다. 자녀들에게 부끄럽지 않은 아버지로 인식되기
를 바라면서 예배를 드렸다.

지금도 그때 내 생각과 제안이 너무나 옳았고 잘했다는 생각을
한다. 나는 장병선 선교사의 죽음을 선교사의 순교로 승화시킬 수
있었음을 하나님께 감사드린다.

공항을 떠날 때 곽영주 영사가 내게 이야기를 하였다.

"목사님, 장병선씨가 사형집행 전날 부인 박정현 씨와의 접견을 마친 후 몇 걸음 걸어가다가 갑자기 돌아서더니 "영사님, 이 말씀을 안 목사님께 꼭 전해 주세요."라고 하더라는 것이다.

그 내용이 무엇이냐 물으니 곽영사가 대답을 했다.

"목사님, 걱정하지 마세요. 목사님께서 이곳에 와 계시다는 소식을 들었으니 죽어도 겁나지 않아요. 하늘 가는 밝은 길이 내 앞에 있으니…… 찬송을 부르면서 하나님께 갈 것이니 슬퍼하거나 걱정하지 마세요. 목사님 감사합니다. 먼저 가서 기다릴 테니 이전에 약속한 대로 천국의 남쪽 가운데 문 앞에서 만나시지요."

그는 인생 전반전에는 세상을 발칵 뒤집어 놓은 마약사범이요, 사형수였지만 인생 후반전에는 그 어느 선교사도 감당할 수 없었던 중국인 사형수를 31명이나 주님께 인도한 훌륭한 선교사로 순교했던 것이다. 할렐루야.

chapter 12
NO. 3

　안중현 형제가 특별히 부탁하는 형제가 있었다. 미아리 식구 중에 넘버 3인 최철성 형제였다. 최철성 형제는 만난 처음부터 호탕하게 웃으면서 나를 대했다. 중현 형제를 통해서 나에 대해 충분히 이야기를 들었다는 것이다.

　최철성 형제는 대화중에 계속 밝은 모습으로 긍정적인 마인드를 가진 사람처럼 보였다. 수감자로는 보기 드물 정도로 접견시간 내내 우리는 호탕하게 웃으며 대응했으며, 그의 시원시원한 대답은 접견 후에도 여운이 남을 정도로 깊은 인상을 주었다. 철성 형제 역시 그 나이 또래의 전국구 조폭들 중에서 야물다고 인정받는 그런 형제였다. 이 형제는 자기가 트럼펫을 좀 불 줄 아는데 출소하기만 하면 우리 교회에 나와서 트럼펫을 불며 함께 찬양하겠다고 포부를 밝혔다.

그러니 나는 이렇게 주님 앞으로 한 걸음 한 걸음 나아오는 형제들에게 더욱 관심을 가지고 돌보는 것이 당연한 일로 생각되었다.

최철성 형제는 접견할 때마다 자기 혼자 성경을 읽다가 궁금한 구절은 메모해 놓았다가 나에게 질문했다. 기초적인 신앙에 관한 것이지만 질문하는 의도나 내용이 하나님께 더욱 가까이 나아가기 위한 몸부림으로 보여 나는 최선을 다하여 대답해 주고 적극적으로 양육했다.

물론 최 형제도 노란 표찰을 달고 독방 생활을 하고 있었지만 그래도 1인 감방교회를 이루고 열심히 주일 오후 2시에 주보와 설교문을 펴 놓고 예배에 임한다는 사실을 자랑처럼 말해 주었다. 그러니 얼마나 감사한 일인가? 방안에서 홀로 가슴을 치면서 주님께 예를 다하여 경배 드리는 모습을 상상해 보면 저절로 은혜가 된다.

그렇게 혼자 드리는 감방교회도 날로 늘어갔다. 같은 방 식구들과 예배를 드리던 형제들은 미결수로 있다가 1심, 항소심 그리고 대법원 상고가 끝나고 형의 확정을 받고 전국 여러 교도소로 이감하게 된다. 떠나는 형제들이 그냥 가지 않고 대부분 주보와 설교문을 받을 주소를 알려 주고 가기에 그 형제들이 가는 감방은 여지없이 새로운 감방교회로 탄생하는 것이다.

이렇게 은혜롭게 감방교회는 민들레 홀씨처럼 흩어져 퍼져가고 있었다.

그런데 최철성 형제가 구속되기 전에 함께 동거하던 자매가 있었다. 이 자매가 자주 접견을 하러 오기에 가끔 나와 함께 최 형제를 같이 접견할 때가 있었는데 상당히 상냥하고 애교가 있는 자매였다. 그래서 우리 교회에도 최 형제 대신 출석했다.

그러니 우리는 당연히 최 형제가 만기 출소할 때까지 잘 기다려 줄 줄 알았다. 그런데 문제가 생긴 것이다. 이 자매가 최 형제의 친구와 눈이 맞아서 아예 접견도 오지 않고 배반해 버렸다는 것이다.

이처럼 교도소에 들어오게 되면 대부분이 너무나 많은 것을 잃는다. 물론 이곳에 올 때 이미 남에게 많은 것을 잃게 했으므로 들어오게 되는 것이지만, 구속된 후에 장기수가 되면 대부분이 가정이 파괴된다. 경제적인 것, 명예 그리고 인권은 물론이지만, 사랑하는 사람의 배신이나 포기해야 하는 경우가 바라보는 사람으로서 가장 안타까운 생각이 드는 경우이다. 그런데 하필이면 천하의 최철성 형제에게 이런 일이 생겼으니 안타까운 마음은 물론이고 일어날 일들을 생각하면 걱정되는 것이 당연했다.

그래서 나는 최철성 형제가 자신이 처한 상황을 알게 되면 최소한 난동을 부리면서 자해를 하던지 분해서 날뛰게 될 줄 알았다. 그래서 이런 사실을 모르는 것처럼 접견하면서 그의 영적상태를 파악하며 말씀을 나누고 이제 막 생기기 시작한 신앙심을 소멸하지 않도록 최선을 다했다.

그런 중에 최철성 형제가 갑자기 그 자매가 자신을 배반한 사실을 이야기하는 것이다. 그러니 얼마나 놀랐겠는가? 그러나 반응은 의외였다. 아주 침착하게 말하는 것이다.

"목사님, 내가 새롭게 변화되었으니 하나님께서 새로운 인연을 만들어 주시려나 봅니다. 옛날 같으면 가만두지 않겠다고 난리를 부리겠지만, 이제는 주님께서 나를 사랑하시니 선하게 인도해 주실 것을 믿고 하나님께서 인도하시는 것을 바라보렵니다."

그때 낙심한 그를 위로하기 위해서 편지를 보냈다.

> 사랑하는 최철성 형제님
> 해가 바뀌고 벌써 2월이 되었습니다. 그리고 입춘이 지났습니다. 겨울이 결국 봄에게 자리를 내주고 말 것입니다. 그동안 얼마나 고생이 많습니까?
> 낯선 환경에 적응하려면 애를 태우고 몸살이 날 것이라 생각합니다.
> 사랑하는 사람들과 함께하지 못하는 상실감은 뼈를 마르게 할 것이라 생각합니다. 그러기에 수감생활이 힘들고 어려운 것이지요. 그렇지만 누구보다도 잘 견뎌 내리라 믿습니다. 힘을 내십시오.

철성 형제가 담 안에 들어가고 2주일이 지났습니다. 여전히 기도에 열중하느라 예배에 빠짐이 없고 신앙으로, 닥친 어려움을 이겨낼 술로 빕니다.

충국 형제는 이번 주에 나와서 끝나자마자 인천으로 간다고 나갔습니다. 철성 형제 대신 일을 보러 나간다고 하면서 말입니다. 아마도 철성 형제 대신 자리를 굳게 지킬 것이라 기대해 봅니다.

오늘 밤에 집에 돌아와 보니 준구의 편지와 철진 형제의 편지가 테이블 위에 놓여 있었습니다. 아주 반듯한 글씨가 정성을 말해 줍니다.

철성 형제! 너무 미안해하지 마세요.

중현 형제가 병규 형제와 구속이 된 이후 서울구치소에 어떤 일이 일어났는가요? 전도의 역사가 일어나서 결국은 전국의 교정기관에 수감된 형제들 110명이 예배 인도자가 되는 역사가 일어났지 않습니까?

심술궂은 사람들이 의미를 부여하지 않으려 빙 돌려 말하지만 저는 분명히 말합니다. 철성 형제를 전도자로 만들려는 하나님의 특별한 섭리라고 생각합니다. 기뻐하고 또 기뻐해야 할 일이라 생각합니다.

그러니 너무 마음에 부담을 갖지 마시고 현실을 직시하기 바랍니다.

우리 형제자매들은 모두가 잘 지냅니다. 하나님께서는

누구든지 사랑하시지만, 모두를 구원해 주시는 것이 아닙니다. 철성 형제는 이제 하나님을 떠나서는 살 수 없는 상황에 처했으니, 이번 기회에 하나님을 더욱 깊이 알게 되는 역사가 일어나도록 기도합니다.

정금같이 나타나 주기 바랍니다. 내가 늘 말하지만, 인생은 전반전만 있는 게 아닙니다. 하프타임도 있고 후반전도 있습니다. 철성 형제도 낙심하지 마시고 후반전에 주님과 나와 철성 형제가 한 팀이 되어 후반전에 성실히 임해서 승리할 수 있기를 바랍니다. 더욱 힘을 내주세요. 기도의 용사가 되어 주십시오. 기도하겠습니다.

안홍기

결국 최철성 형제는 나와의 약속은 물론이고 하나님과의 약속도 지켰다. 만기 출소 후에 거의 매 주일 빠지지 않고 주일성수를 했다. 비록 찬양을 유행가처럼 불러서 황당하게 하기도 했지만 그래도 가장 큰소리로 찬양하는 열심과 열정이 있었다.

주님은 말씀하셨다. "천국은 침노하는 자의 것이다."

천국이 좋다고 생각만 하는 사람의 것이 아니라 최철성 형제처럼 천국에 들어가기 위해 온몸과 마음을 바쳐서 충성하는 사람의 것이라는 말씀이라 믿는다.

chapter 13

모래내 꼴통

정윤홍⁽가명⁾ 형제는 모래내 식구다. 외모와는 다르게 얼마나 꼴통을 부렸으면 건달 중에서도 꼴통으로 통하겠는가? 교도소를 수도 없이 들랑거리고 그러다가 다쳐서 다리를 절단해야 하는 상황에 이르렀다. 그런데 이상한 일이 벌어졌다. 다리를 절단하기 위해 병원에 입원해서 손과 발에 수갑을 차고 침대에 묶여 있는 상황이었다 한다. 다음 날 아침이면 어쩔 수 없이 다리를 절단해야 하니 다리는 부어도 보통 부은 게 아니라 손으로 눌러도 들어가지 않을 정도로 단단하게, 그리고 탱탱하게 부어 있었다. 그렇게 밤이 되었다. 아침이 되는 게 겁이 나서 잠도 제대로 잘 수 없는 상황이었다. 그러다가 잠깐 잠이 들게 되었단다. 그런데 꿈인지 현실인지 예수님께서 나타나셔서서 자기를 안타깝게 바라보시고 잘라야 할 다리를 한참 바라보시더니 손으로 어루만져 주시더란다. 그때 격심한 통증으로 만질 수도 없던 다리가 시원해셨단다. 그래서 예수님께 감사하다는 인사를 드리려 하는데 순식간에 예수님은 사라지셨다. 그러니 얼마나 황당하겠는가? 꿈이지만 아쉬운 마음에 눈을 떴다. 그리고 얼른 잘라야 할 다리를 바라보았다.

그런데 이게 웬일인가? 다리는 부기가 내려있었고 그토록 심했던 통증이 바람처럼 사라져 버린 것이다. 그러니 그런 기적을 맞이한 본인은 어떻겠는가?

어떻게 하나님께서 살아계시다는 사실을 부인할 수 있겠는가? 이런 놀라운 역사를 경험하고 출소한 그는 주님을 만난 감격과 은혜를 찬양하면서 꿈속에서 사는 것처럼 살았단다. 그런데 주님을 만나고 난 후에 아직도 털어놓지 못한 사건이 양심을 괴롭혔던 것이다. 그냥 지내자니 살아계신 하나님께서 아시는데 눈 가리고 아웅할 수도 없고, 자수하자니 다시 갇혀 살아야 하는 현실이 죽기보다 싫었던 것이다. 이 두 가지 상황 중에 한쪽을 선택해야 하는 상황에서 갈등하지 않을 수 없었다. 그러던 중에 윤홍 형제는 주님 앞에서 부끄러움이 없이 살겠다고 결심하고 자수를 택하게 되었고, 그 결과 구속이 되고 재판을 받고 실형 8개월을 선고받고 이제 곧 출소하게 되니 그를 만나서 위로해 주고, 기도해 달라는 요청이 왔다.

정윤홍 형제를 유리창을 사이에 두고 만났다. 생각보다 외모가 반듯했다. 꼴통의 모습은 보이지 않았는데, 그래도 꼴통이라니 그럴만한 구석이 있나 보다 생각했다. 몇 마디 대화를 해 보았는데 의외로 하나님의 은혜로 충만한 형제였다. 그가 다시 구속되어 감방에서 성경을 읽는 중에 어느 날 하나님께서 크신 은혜를 주셨단다. 갑자기 성경책이 모니터로 변하더니 성경의 내용이 파노라마처럼 펼쳐지더란다. 그러니 맨 처음에 얼마나 놀랐겠는가? 화들짝 놀라서 성경책을 집어 던지려 했는데 가만히 보니 성경의 내용이 대하 드라마를 보는 것처럼 박진감 있게 펼쳐지더란다. 그러니 얼마나 신이 났겠는가? 이해가 되지 않던 부분도 드라마로 보여 주시니 그 감동과 놀라움이 어떻겠는가? 잘라야 할 다리를 자르지 않게 해 주신 그분이, 이제 신앙의 양심을 지키기 위해 자수하여 8개월을 살게 되었는데 그렇게 신앙 양심을 지키려 했다고 하나님께서 이처럼 놀라운 은혜를 베풀어 주셨다는 사실에 너무나 감격하여 기뻐 뛰며 찬양을 하지 않을 수 없었단다.

그렇게 은혜로 지내는 중에 출소를 불과 보름 남겨 놓고 우리가 만난 것이다. 그런데 그의 이런 사실을 서울구치소 고위 간부 중에 한 분이 눈여겨보면서 격려하고 기도해 준다고 했다.

그와 대화 하는 중에 나는 그가 부러웠다. 내가 가장 바라는 은혜가 있다면 바로 성경을 읽을 때 파노라마처럼 내 눈 앞에서 펼쳐지는 현상이었다. 이런 은혜를 두레교회의 김진홍 목사님도 교도소 수감 중에 받았다고 고백하는 간증을 들었던 적이 있었는데 듣는 순간에 그분이 얼마나 부러웠는지 모른다. 그런데 지금 내 앞 유리창 너머에 있는 윤홍 형제가 그런 은혜를 받았다니 너무나 부러웠다.

모래내 꼴통 정윤홍 형제는 만기 출소 후에 자연히 자주 만나게 되었다.

그는 '한번 뽕은 영원한 뽕이라'는 범죄세계의 불문율을 비웃기라도 하듯이 완전히 마약으로부터 자유로워졌다. 그러므로 내가 만나본 마약 전과자로서는 두 번째 단약에 성공한 장본인인 것이다. 이 사실만으로도 그는 박수를 받아도 될 대단한 의지의 한국인인 것이다. 하나님의 은혜를 물에 떠내려 보내지 않고 잘 간직하여 믿음의 사람이 된 것이다.

그러나 그도 사람이다. 간혹 마약의 유혹이나 본능적인 범죄의 유혹이 꼬리를 칠 때면 하나님께서 커다란 음성으로 들려주셔서 강권적으로 가로막아 주셨다고 한다. 그러니 그는 하나님이 살아계신 분이란 사실만큼은 절대로 의심할 수 없는 살아계신 하나님의 확실한 증인이 된 것이다.

그러나 그가 이처럼 성령의 사람이 된 것은 그냥 혼자 된 것이 아니다.

그 뒤에는 대부분 한 영혼을 위해 눈물로 기도하고 헌신하는 사람이 있기 마련이다. 정윤홍 형제에게도 그런 분이 계셨는데 언제나 어머니의 인자한 웃음을 가지신 이화평 목사님이 계셨다. 그분은 윤홍 형제가 수감되어 있을 때 석어도 일주일에 한 번은 접견 오셔서 영치금은 물론 신앙지도를 해주신 분이시다. 그러니 정윤홍 형제는 출소 후에 자연스럽게 이화평 목사님의 교회에 출석하게 되었고, 그분이 소속된 교단의 총회신학교에 입학하여 신학 공부를 하게 되었다. 그리고 그곳에서 공부를 마치고 곽성훈 형제와 함께 백석 신학대학의 평신도교육 과정에 입학하여 2년 공부를 마치고 이제는 가끔 그가 만난 하나님을 많은 사람에게 전하면서 사역자로 한걸음 출발하게 되었다.

하나님은 놀라우신 분이시다. 그분은 정말 못 고칠 사람이 없는 분이시다.

모래내 꼴통, 교도관들조차 다른 사람은 몰라도 저 꼴통만은 절대로 교화가 안 된다고 포기했던 사람이다. 그 정윤홍이 다리를 잘라야 할 절체절명의 위기에서 만나주신 하나님의 은혜에 감사하여 마약을 끊고 자신을 고쳐주시고 시시때때로 놀라운 은혜를 베풀어 주신 살아계신 하나님을 전하고 있다. 그도 나처럼 전국의 교도소를 다니면서 이전에 자기와 같았던 마약사범들에게 복음을 전하며 남은 삶은 그분의 충성스런 종으로 살겠다고 다짐한 것이다. 정윤홍 전도사의 앞날에 하나님께서 언제나 동행해 주시고 인도해 주시기를 기도한다.

더구나 정윤홍 형제는 나를 만난 기념으로 아주 귀한 선물을 주었다.

　그가 자기를 위해 기도해 주고, 격려해 수는 당시 서울구치소의 사회복귀과장으로 재직하던 김영식 서기관을 소개해 준 것이다.

　그분은 당시 법무부 교정 선교회의 회장직을 맡고 있던 중이었다. 그러니 우리의 만남은 급속도로 발전하게 되는 게 당연한 일이었다. 내가 만나본 그분은 정말 성령의 사람이었다. 만남을 거듭하면서 그분과의 만남은 하나님께서 인도하신 만남이라는 사실을 더욱 확실하게 알게 되었다.

chapter 14

법무부 교정 선교회장

사람과 사람의 만남은 대부분 사람을 통해서 만나는 게 보통이 지만 실제로는 하나님의 섬세한 예정과 섭리에 의해 필연적으로 만나게 되는 것이란 사실을 나는 믿는다. 그러므로 김영식 서기관 과의 만남도 나의 사역을 도우시려는 하나님의 계획에 의해서 반 드시 만나야 될 사람이기에 정윤홍이라는 형제를 통해서 만나게 해주신 것이다.

김영식 서울구치소 사회복귀과장은 아주 반듯한 신앙인이었다. 그분도 나에 대해 많은 관심을 갖고 있던 차였다. 왜냐하면, 직원 들의 보고에 의하면 요즈음 강력범들이 삼삼오오 모여서 수군거리는 것 같아서 들여다보면, 수군거리는 것이 아니라 기도를 하고 있었으며, 노래를 부르는 것 같아서 자세히 귀 기울여 보면 찬양을 하고 있더라는 것이나.

그리고 한술 더 떠서 그 강력범들이 의외로 간절하게 예배를 드린다는 보고가 계속해서 올라오고 있었던 것이다. 그런 보고를 듣고 생각하기를 몇 번 그러다가 말겠지 생각하고 대수롭지 않게 여기고 있었는데 그게 아니었다. 이제는 한 두 방에서 그러는 것이 아니라 여러 방에서 강력범들이 찬양하고, 기도하고, 예배를 드린다는 것이다.

그야말로 서울구치소 역사상 그런 경우는 듣지도 보지도 못한 초유의 상황이기에 그 현상을 파악해 보라고 지시를 한 상태였단다. 그런데 뜻밖의 보고를 받았다. 강력범 중에 안중현이라는 마약사범으로부터 시작된 현상이라는 것이다. 그 마약사범은 그동안의 범죄경력을 볼 때 결코 찬양을 드리고, 기도를 드리고, 예배를 드릴 사람이라고 꿈에도 생각지 못했단다. 그런 그가 뜻밖에도 그렇게 예배를 드리는데 앞장선 사람이었다는 것이다. 더욱이 그가 간절하게 예배드리는 모습을 본 주변의 감방에서 그를 따라 예배를 드리게 되고 그것이 여기저기로 확산되어 관심을 가지지 않을 수 없는 상황까지 된 것이었다.

그래서 기독교 담당 주임을 통해서 안중현 형제를 만나보게 했고, 그동안의 경과를 들어보니 그의 배후에 안홍기 목사가 있다는 것을 알게 되었다는 것이다. 그래서 안홍기 목사의 이력이나 경력

그리고 인터넷에 기록된 내용을 살펴보니 참으로 흥미로는 사람이라는 생각을 하게 되었다는 것이다.

더욱이 한 가지 특이한 사실은 안홍기 목사와 안중현 형제는 같은 안 씨인데 인터넷에 나온 안홍기 목사의 사진이나 수감되어 있는 안중현 형제의 인상을 보니 두 사람 모두 머리가 많이 빠졌고, 두 사람 모두 수염을 길러서 마치 수호지에 나오는 노지심을 연상케 하더라는 것이었다. 그러니 닮은 점이 많아서 혹시 형제지간이 아니냐고 물으니 그것은 아니고 안중현 형제가 구속되기 전에 출석하던 교회의 목사인데 그 목사의 여러 가지 경력도 만만치 않더라는 사실을 알게 되었다는 것이다.

이런 보고를 듣고 그냥 넘길 수 없는 특이한 내용은, 그 안홍기 목사는 하루도 빠지지 않고 서울구치소에 와서 누군가를 접견하고 돌아간다는 것이다. 그러니 더욱 호기심이 생긴 것이다.

매일같이 누구를 접견하고 돌아간다는 것이 그리 간단한 일이 아닌 것을 누구보다도 잘 아는 그가 아니겠는가? 한 사람도 아니고 여러 사람을 계속해서 만난다는 것은 그만큼 대단한 일인 것이다.

한 사람을 접견하는 것도 여간 어려운 일이 아닌데 여러 사람을 교대로 접견한다는 것은 여태껏 듣지도 보지도 못한 일이라는 것이다. 그러니 한번 만나볼 생각을 하고 있었지만, 이런 보고를 들으니 반드시 만나 봐야겠다고 생각하던 차에 정윤홍 형제를 통해서 나를 만나게 된 것이다.

"안녕하세요, 김영식 과장님이십니까? 저는 안홍기 목사입니다. 재소자 중에 정윤홍 형제라고 아시지요? 그 형제가 과장님이 아주 신실한 신앙인이라고 하면서 자기를 많이 도와주셨다며 한번 만나 뵈라 해서 이렇게 전화 드렸습니다."

"아, 그러십니까? 그렇지 않아도 목사님을 한번 만나 뵙고 싶었던 참입니다. 목사님, 시간이 언제가 좋으신가요? 한번 만나 뵙고 싶습니다."

그렇게 통화를 하고 난 다음 날, 오후에 서울구치소 사회복귀과장을 만나러 교도소에 신분증을 제출하고 잠시 기다리자, 사회복귀과 소속의 교도관이 나를 에스코트하러 나왔다. 그 교도관을 따라 생전 처음 손등에 도장을 찍고, 검색대를 거쳐 다섯 개의 철장 문을 열고 재소자들이 이동하는 통로를 따라 사회복귀과장실에 들어갔다.

과장실에 들어서는 나를 서서 기다리는 사회복귀과장을 처음 본 느낌은 참으로 첫인상부터 반듯한 신앙인이라는 생각이었다. 그리고 몇 마디 대화를 해보고 내 생각이 틀리지 않았다는 것을 알게 되었다.

그분은 당시 법무부 교정 선교회의 회장을 맡고 있었다. 그만큼 법무부 교정본부의 많은 교도관도 그분의 신앙을 인정할 만큼 모범적인 신앙인이었던 것이다.

나는 가지고 갔던 내 책 『하나님의 용사 ❶』을 한 권 드렸다. 그분이 책을 받아 들면서 말했다.

"목사님, 죄송하지만 저희가 목사님에 대해 좀 알아보았는데 매일같이 서울구치소에 오셔서 재소자들을 접견하신다면서요? 목사님께서 오셔서 재소자들을 찾아보는 것은 당연히 그들을 교화시키려는 생각에서 그러시는 것이겠지요? 그렇다면 저희가 해야 할 일을 목사님께서 하시는 것인데, 목사님, 저희를 많이 도와주십시오."

그리고는 기독교 주임을 불러서 현재 장기수를 비롯하여 최고수(사형수)들의 기독교 교리 공부를 실시하고 있는지를 물어 보았는데, 주임의 대답은 현재 마땅한 사람이 없어서 실시하지 않는다는 것이다.

그러자 김영식 과장은 나에게,

"목사님 혹시 우리 재소자들에게 교리공부를 좀 시켜 주실 수 있으신지요?"하고 정중하게 부탁한 것이다. 그래서 나는 가능하다고 대답하였다. 그러자 아주 고마워하였다.

결국 나는 생각지도 않게 재소자 교리공부를 맡게 되었다. 그리고 한 달 정도 시간이 지났다.

어느 날, 사회복귀과장으로부터 전화가 왔다.

"목사님, 시간 되시면 한번 뵙고 상의 드릴 내용이 있습니다."

그렇게 해서 그분과 두 번째 만남을 갖게 되었다.

"목사님, 제가 목사님께서 쓰신 하나님의 용사를 다 읽어 보았습니다."

그분이 내가 쓴 책을 읽고 많은 은혜를 받았다고 했다. 그런데 그 책을 읽으면서 느낀 생각은 내가 시금 하고 있는 재소자 교리공부보다는 사형수들의 상담과 개인교회가 더 잘 맞을 것이라고 생각되어 나에게 그런 제안을 하려고 만나자고 한 것이었다.

"목사님, 시기가 아주 잘 맞았습니다. 마침 법무부에 교정위원을 추천해야 하는데 제가 목사님을 추천해서 상정하려 하는데 어찌 생각하십니까?"

그렇게 두 가지 내용의 제안을 들었다. 그리고 가뜩이나 겁이 없는 나는 망설임 없이 좋다고 대답했음은 물론이다.

그렇게 해서 사회복귀과장이 제시한 두 가지 제안 내용이 급속하게 진행되게 되었다. 곰곰 생각해 보면 파격 중의 파격이라 아니 할 수 없다.

이제 막 교정사역을 시작한 내가 어떻게 사형수들을 상담하고 그들의 개인교회를 감당할 수 있다는 말인가?

더욱이 다른 교정기관도 아니고 교정 일번지라는 서울구치소의 교정위원이 되는 것은 그리 쉬운 일도 아니고 또한 그리 간단한 일도 아니었다.

특별히 교정위원은 현재 교정위원으로 시무하고 있는 두 명의 교정위원으로부터 추천을 받아 사회복귀과에서 신상은 물론 여러 가지 부분을 심사한 후에 소장의 결재를 받아, 법무부에 상정하여 법무부 장관이 위촉하게 되는 절차를 거치게 되므로, 나 같은 무명의 목사가 서울구치소의 교정위원이 되는 것은 결코 쉬운 일이 아니었다.

게다가 중국에서 12년 선교하다가 귀국하여 한국의 목회적인 배경도, 사회적인 배경도 전혀 없는 사람, 그리고 교정사역을 시작한 지 오래되지 않은 변변찮은 나였다. 그러나 중국에서 이와 같은 일을 한 경력을 인정받아 하나님의 은혜로 마침내 2014년 9월 1일 법무부 장관으로부터 위촉을 받아 서울구치소의 교정위원이 된 것이다.

그리고 현재는 서울구치소 교정협의회 감사로 선출되어 교정위원 협의체의 중심부에 진출한 것이다.

게다가, 나는 현재 교정 사역에 몇 가지 기록을 가지고 있다.

첫째: 가장 많은 수용자와 교제를 하는 교정위원

둘째: 가장 많은 사형수와 교제를 하는 교정위원

셋째: 수용자들과 가장 많은 서신을 주고받는 교정위원

넷째: 수용자들이 가장 만나고 싶어 하는 교정위원

다섯째: 전국에서 가장 많이 수용자들을 접견하는 교정위원

여섯 번째: 전국 교도소에 200여개의 감방교회 담임목사

chapter 15

담 안 전도사

서울구치소 사회복귀과 김영식 과장으로부터 내가 재소자 교리 공부를 인도하는 것보다는 사형수들과 개인교회를 하는 것과 상담하는 것이 좋겠다는 제안을 받았다. 그분이 내 책을 읽고 생각해 보니 나는 평범(?)한 재소자들보다는 교도관조차 대하기 힘든 사형수들과 관계를 갖는 게 좋지 않겠나 생각하고 나에게 제안한 것이다.

내 생각에도 사역자라면 누구나 인도할 수 있는 교리 공부보다 이왕 교정위원으로 봉사하려면 좀 더 어려운 일, 전문성을 갖춰야 하는 일, 즉 아무나 할 수 없고, 나만이 할 수 있는 일을 맡는 것이 좋겠다는 생각을 하고 있던 차였는데 그런 제안을 받으니 의욕은 물론 투지마저 생겼다. 그래서 망설임 없이 대답했다. "알겠습니다. 그렇게 하지요."

그리하여 사형수로 맨 처음 만난 사람이 바로 이진철(가명) 형제이다. 이진철 형제는 나와 10살 차이가 난다. 그러니 그는 1967년생인 것이다. 그가 구속되어 수감 된 지 올해가 만 20년인 셈이다. 정말 살아도 너무 오랫동안 담 안에서 살고 있었다. 그러니 그의 지난 20년 세월은, 사회로부터 철저하게 격리된 삶이었을 것이다. 물론 그 긴 시간이 그가 저지른 끔찍한 죄에 대해 합당한 대가를 치르는 시간이었을지도 모른다. 그러나 그 긴 시간 동안 하나님은 그를 죄인 그대로 내버려 두지 않고 그를 완전히 바꾸어 놓으셨다. 그래서 끔찍하지만 그의 이전의 이야기를 쓸 수 있는 것이다.

그는 1999년 세상을 떠들썩하게 한 사건을 저지르기 전에 이미 조폭들끼리 싸움을 하다가 살인을 하여 12년 6개월을 선고받고 복역하다가 만기 출소한 전력이 있었다. 그러나 그 오랜 시간 징역을 살았음에도 그는 조금도 변하지 않았고, 그러한 그는 후배들과 함께 영웅파를 결성하기에 이르렀다.

그리고 난 후, 그는 동생들과 함께 강도행각을 벌이면서 온갖 악행을 일삼았다. 그러면서도 그는 양심에 찔림도 없이 열심히 악마의 삶을 살았다.

문제는 술자리였다.

술자리에서 술에 취한 후배가 손가락질을 하면서 선배를 업신여기는 일이 벌어졌다. 그때 이진철 형제는 분노를 제어하지 못하고 선배를 우습게 보느냐며 몇 명이 작당하여 그 후배를 죽여 버린 것이다. 그러나 그런 정도로 법원에서 사형을 선고하지 않는다. 대부분 사람을 2명 이상 살해했을 경우, 그리고 신체를 훼손하고 유기한 사건일 경우에 법정 최고형인 사형을 선고하게 되어 있었다.

그런데 그들이 저지른 사건이 세상을 떠들썩하게 한 이유가 있었다. 그들이 건방진 후배를 죽였음에도 화가 풀리지 않자, 시신을 200토막을 내서 시체를 형체를 알아볼 수 없을 정도로 훼손하였다. 그리고 그것도 모자라 간을 꺼내 술안주 삼아 나누어 먹고 "변치 말자 우리의 의리, 내일을 위하여"라고 외쳤다는 것이다. 그러니 얼마나 끔찍한 일을 저지른 것인가? 그런 행동은 스스로 인간이기를 포기한 사람들이나 하는 끔찍한 살인사건이었던 것이다. 그러니 세상이 놀라는 것은 당연한 일이고, 결국 법정은 최고형인 사형을 선고하기에 이르렀다.

그러니 방송에서도 신문에서도 연일 영웅파 이진철에 대한 기사가 나오고, 그들이 한 명을 죽였음에도 법은 인간이기를 포기한 그들이라며 사형이라는 판결을 통해서 사회에서 영원히 격리시켜 놓겠다는 의지를 표명하였던 것입니다.

그럼에도 불구하고 이진철 형제는 이 세상의 법과 사회와 자기가 처한 환경과 열심히 싸우고 있었다. 대전교도소에 수감 된 그는 그곳에서 계속 사고를 쳤다. 그는 세 번 자살을 시도했고, 자기 비위가 상하면 교도관이고 수용자고 상관없이 두들겨 패면서 분풀이를 했다.

그러던 어느 날, 한참 교도관을 두들겨 패고 있는데 조심스럽게 찾아온 한 사람이 있었다. 그래서 아래위를 훑어보다가 깜짝 놀라서 보니 얼굴은 웃고 있고, 가슴에는 자기와 마찬가지로 빨간 표찰이 붙어 있더라는 것이다. 그래서 생각해 보니 정말 어이가 없었단다. 아무리 눈치코치 없는 인간이라도 사형수 주제에 얼굴 가득 웃음을 머금고 살아간다는 게 너무나 어울리지 않는 것이란 생각이 들어서 한마디 쏘아붙였다.

"아니 형씨 당신이나 나나 모두 사형수인데 사형수 주제에 뭐가 그리도 좋다고 웃음을 머금고 살아갈 수 있단 말이요?"

그런데 그의 대답은 사형수로서 도저히 생각지도 못할 말이었다.

"형제님 나는 내 안에 살아계신 하나님을 모시고 살아가기에 비록 사형수지만 웃을 수 있는 것입니다."

그리고 계속 이어지는 말은 더 충격적이었다.

"이진철씨, 같은 입장이니 편하게 말해도 되지요? 내가 나이가 한참 많으니 동생이라 부를게요. 동생, 우리는 사람을 죽여서 사형수지만 이 세상 사람치고 사형수 아닌 사람이 단 한 사람이라도 있는가요? 아마 그러니 태어나는 것은 순서가 있지만 죽는 것은 순서가 없는 것이지요. 그러니 이제는 하루를 살아도 인간답게 살다가 죽는 게 낫지 않겠습니

까? 그러니 나와 함께 집회에 나가봅시다."라고 하는 것이었다.

그는 마치 망치로 얻어맞은 것 같은 생각이 들어서 주춤거리다가 그 형제의 말대로 그날 교회에 나갔다. 그런데 그날 찬양이 나오는데 그게 바로 "나 같은 죄인 살리신"이란 복음성가가 흘러나오고 있었던 것이다. 그 음악을 듣고 그는 주저앉은 것이지요. 그리고 그는 얼마나 울었는지 기운이 빠져서 일어날 힘도 없었단다.

그렇게 은혜를 받고 그는 날마다 새로운 경험을 통해서 하나님의 자녀로서의 삶으로 나아가게 된 것이다.

그런데 그렇게 하나님의 사람으로 변해가는 그를, 그 오랜 세월 동안 지배하고 온갖 종노릇시켰던 사탄이 가만히 놔 둘리가 있겠는가? 하루는 자신의 신세가 너무나 처량하고 자신에게 희망이 없다고 판단하여 70알만 먹어도 죽는다는 신경안정제 100알을 갈아서 주스에 타서 먹고 자살을 기도한 것이다. 그러나 교도관에게 일찍 발견되어 위세척을 하고 기적적으로 살아난 것이다.

그의 시련은 거기서 끝나지 않고 2006년 8월에 어머님이 폐암 말기로 손 한번 써보지 못하고 돌아가시고, 연이어 그해 12월에 사랑하는 누나마저 심근경색으로 세상을 떴다. 희망이 없어진 이진철 형제는 동료 죄수 몇 명과 탈옥을 시도하다가 동료의 밀고로 발각되어 징벌방에서 45일간 쇠사슬에 묶여 개처럼 밥을 먹기도 했다.

그러나 하나님은 그를 포기하지 않으시고 은혜를 베풀어 주셔서 결국 이진철 형제는 완전한 하나님의 사람으로 변하게 되었다. 그리하여 통신으로 임요섭 목사로부터 신학을 공부하여 대한 예수교 장로회 남부노회에서 전도사 임명을 받기에 이르렀다.

그때부터 그는 놀랍게 변했다. 자살 세 번 시도, 탈옥 두 번을 시도한 그가 마침내 성경 3,500구절을 외우는 사람이 되었다. 성경 구절을 한번 외우기 시작하면 3시간 반을 쉬지 않고 외우는 예수에 미친 사람이 되고 만 것입니다.

그처럼 화려한(?) 경력을 가진 그가 마침내 가장 꼴통 교정위원을 만난 것이다.

눈웃음을 치고 있는 그를 본 순간 내 눈을 의심했다. 아니 그렇게 끔찍한 사건을 저지르고 온갖 악행을 행한 그가 예수님을 만나고 변화되었다 하더라도 저렇게 변할 수 있다는 말인가? 표정은 나보다 더 평안해 보였다. 이후 내가 이진철 형제를 동역자들과 함께 접견할 때면, 그들이 이구동성으로 하는 말이다.

"목사님, 이분이 정말 사형수 맞아요? 전혀 그럴 분 같지 않아요. 눈웃음까지 치네요."

그래서 **지난 2014년 10월경에 우리 글로벌 찬양의 교회는 이진철 형제를 우리 교회 서울구치소 파송 전도사로 임명하기에 이르렀다. 중국 청도 간수소에서 사형수로 중국인 사형수 31명에게 복음을 전하고 2015년 8월 6일 사형을 당한 장병선 선교사를 평신도 선교사로 임명한 이후에 사형수에게 성직을 임명한 것은 두 번째인 것이다.**

이진철 전도사는 글로벌 찬양의 교회와 나에게 감사하면서 나와 글로벌 찬양의 교회를 위하여 열심히 기도하고 있다고 한다. 그의 편지 끝부분에 싸인처럼 써놓은 단어가 있다.

"기도의 평생 동역자 이진철 드림."

이진철 형제를 만나면 이렇게 농담을 한다.

"이 전도사님, 교도관들이 그러는데 이진철 전도사는 너무나 신실한 신앙인으로 변해서 혹시 누가 지금 밖으로 심부름 시키면 심부름을 완수하고 시간 내에 복귀할 사람이라고 하는데 어떻게 생각해요?"

그러면 그가 손사래를 치면서 하늘 말이다.

"목사님, 나는 절대로 되돌아오지 않을 것입니다. 하하하"

그래서 우리는 사형수를 접견하면서도 사형수와 함께 너털웃음을 웃으며 즐겁게 접견을 할 수 있는 것이다. 우리의 그런 모습을, 처음에는 이해할 수 없다고 고개를 갸웃거리던 입석 교도관도 시간이 지나면서 고개를 끄덕거리며 함께 웃는 모습을 종종 본다.

그 이유가 무엇일까?

비록 엄청난 죄를 지어 사형수가 되었지만, 그는 이미 모든 죄를 살아계신 하나님께 회개하고, 피해자들과 유족들에게 진심으로 용서를 빌었다. 국가와 사회에도, 그리고 국민에게도 현재 죄값을 치르고 있기에 그들의 영혼 안에 자리하고 계신 하나님으로 인하여 죽음을 뛰어넘는 기쁨을 소유하고 있기 때문이다. 어찌 보면

진정으로 모든 것을 내려놓은 한 사람의 신앙인들이 아닐까? 라고
생각한다.

이진철 전도사는 2016년도부터 서양화를 배웠다. 그런데 그의
실력이 일취월장하여 배운 지 얼마 되지 않아서 그는 교정 작품전
시회에서 동상을 받았다. 그렇게 매년 입상을 하면서 실력을 쌓아
가더니 마침내 2019년도에는 베이징 아트페어에 출품하게 되었고,
10월 28일 교정의 날을 기념하는 교정 작품전시회에서는 은상을
수상했고, 현대작가 초대전에서 추천작가로 인정받아서 화가라
하여도 손색이 없는 실력을 과시하고 있다.

교정기관에서 사형수를 포함해 무기징역, 장기수들에게 붓글씨
나 그림 그리기, 시 쓰기 등을 배우게 해서 안정된 수형생활을 할
수 있도록 힘쓰고 있다. 그러다 보면 이런 교육에 심취되어 아주
푹 빠져서 새로운 기쁨으로 살아가는 형제자매들이 많다. 시인, 작
가로 등단하고, 화가로 등단하고, 서예가가 되어 추천작가가 된 형
제도 있다. 여성 수형자들은 여러 가지 교육을 배우고 자격증도 취
득하지만, 장기수들은 켈리그라피, 서예, 그림, 수화 등 여러 가지
교육을 통해 교화하려 노력한다.

이처럼 이진철 전도사는 언제나 영혼 구원의 승전보를 전해주
는 믿음직한 하나님의 용사이다. 할렐루야!

chapter 16
후반전

사회복귀과 김영식 과장에게서 연락이 왔다. 들려오는 목소리는 사뭇 흥분에 들뜬 목소리였다. "목사님, 유종철(가명)이 목사님을 뵙고 싶다 합니다."

나는 천만뜻밖이기에 들으면서도 믿어지지 않았다. 내가 듣기로 그는 거의 11년 동안 누가 만나자 해도 만나 주지 않았으며, 자기 감방 문 앞에도 나오지 않고 처박혀 지낸다고 들었던 기억이 있기에 그런 그가 나를 만나자고 한다니, 어리둥절할 수밖에 없었다. 더욱이 그가 나를 알 리도 없고, 유명하지도 않은 나를 만나고 싶어 할 이유가 전혀 없는데 왜 만나자고 한다는 것인지 이해할 수가 없었다.

그래서 김영식 과장께 물어보았다.

"과장님, 어떻게 된 영문입니까? 그가 나를 어떻게 알고 만나자고 하는가요. 정말 이해할 수가 없네요."

"목사님 그 이유는 제가 말씀드릴 테니 일단 저를 좀 만나시지요."

그리하여 김영식 과장을 만났다.

김영식 과장이 내 책 『하나님의 용사 ❶』를 읽었다. 그리고 내용을 통해서 많은 은혜를 받았다. 나의 성장 과정, 내가 중국에서 활약(?)하던 일들, 아이티에서 지내던 상황들, 모두가 은혜가 되었단다. 그러던 차에 사형수 유종철 형제가 생각이 나서 기독교 주임을 시켜서 『하나님의 용사 ❶』를 읽어보라고 준 지가 며칠 지났는데 갑자기 유종철이 "『하나님의 용사 ❶』의 저자인 안홍기 목사를 만나고 싶으니 만나게 해 달라"고 연락이 왔다는 것이다.

11년 동안 아무도 만나지 않고 죽었는지 살았는지 모를 정도로 두문불출하더니 갑자기 유명하지도 않은 목사를 만나게 해 달라는 것인가? 생각하면서 우선 내게 연락을 했다는 것이다.

"그러니 목사님 그를 한번 만나 보시면 어떻겠습니까?"

사실 사형수들은 교도관이 가장 많이 신경 써야 하는 존재들임을 부인할 수 없을 것이다. 그들은 일반 수용자들을 대하는 생각으로 대할 수는 없는 존재들이다. 한마디로 그들이 어떻게 하느냐에 따라서 교도소 분위기가 달라질 정도로 수용자들에게 영향력을 미치는 존재들인 것이다. 그래서 그들은 특별히 CCTV가 있는 독방에서 기거하게 되는데 이렇게 1평 반의 독방을 쓰게 하고 운동도 그들 독방 앞, 손바닥만 한 공간에서만 허용된다는 것이다.

이전에는 사형수도 일반 수용자들과 혼거를 했었다. 그런데 뜻밖의 사고가 나서 사형수와 일반 수용자를 구분 지어 수용할 수밖에 없는 어이없는 사건이 발생했다.

나이 많고 허약한 사형수가 일반 수용자들과 함께 기거하고 있었는데 마침 그 방에 성격이 포악한 건달도 있었단다. 그러니 그 방에서는 젊은 건달이 감방장이 되는 것은 당연한 것이다. 그런데 나이 많고 허약한 사형수가 좀 괴팍한 사람이어서 잘 씻지도 않고 잘 치우지도 않아서 곁에 가면 냄새가 났었다고 한다. 그러니 젊은 건달이 걸핏하면 핀잔을 주고, 어떤 때는 발로 툭툭 차는 일도 있었다고 한다. 그러니 나이 많고 허약한 사형수가 얼마나 화가 났겠는가?

몸은 약해도 명색이 사형수인데, 그가 앙심을 품게 되는 것은 당연한 일이다. 그 사형수는 자기를 평소에 무시했다고 세 명을 삼일 동안 쫓아다니면서 죽이고, 나머지 한 명은 중상을 입힌 죄로 사형선고를 받았는데, 자기를 그렇게 무시하고 괴롭히는 건달을 그냥 놔둘 리가 만무다. 앙심을 품고 기회를 보던 어느 날, 그에게 복수할 기회가 온 것이다. 잠이 들어있는 그 건달의 눈을 나무젓가락으로 찔러 안구를 파내 버렸던 것이다. 그러니 얼마나 황당하고 끔찍한 일인가? 그렇게 난리를 피운 사형수는 재판을 받고 2년의 형이 추가되었다. 그러나 사형수에게 추가 2년의 실형이 무슨 의미가 있겠는가? 그 후부터 사형수는 일반 수용자들과 따로 격리시켜 독거시켰다는 것이다. 물론 운동도 일반 재소자들과 함께할 수 없게 된 것이고, 면회객이 와서 접견실로 이동할 때를 제외하고는 일반 수용자들과 함께할 수 없도록 철저히 격리한 것이다.

그런데 유종철 형제는 사형수지만 일반 사형수와 같이 생각할 수 없는 사람이었다. 우리나라에서 가장 시끄럽고 끔찍한 사건이고 희생자도 가장 많아서 함부로 대할 수도 없는 그런 인물이었다. 그러니 사형수 중의 사형수인 것이다.

그런 그가 11년 동안 아무도 만나지 않고 운동도 하지 않고 두문 불출하니 교도관들이 얼마나 신경을 썼겠는가는 충분히 짐작할 만하다. 그런데 제발 방 밖으로 나와 보라고, 제발 누구를 만나 보라고 해도 들은 척도 않던 그가 나를 만나고 싶다고 요청했단다. 사회복귀과장으로부터 건네받은 표지 사진을 보니 깡패인지 목사인지 잘 구분할 수 없어 보이는 사람이 쓴 『하나님의 용사 ❶』라는 책을 읽고, 그를 만나게 해 달라고 하니 사회복귀과장으로서는 잘만 하면 이번 일을 계기로 사형수 유종철 형제가 정상적인 수용 생활을 할 수 있을 수도 있겠다는 기대를 갖게 된 것이다.

"과장님, 내가 유종철 형제를 만나 보겠으니 시간을 알려 주십시오."

사회복귀과 기독교 담당 남상균 주임으로부터, 2014년 9월 24일 오전 10시에 사형수 유종철 형제와 만나기로 약속을 했으니 시간을 맞춰 서울구치소로 나와 달라는 연락을 받았다.

그러니 나도 유종철 형제에 관한 기사를 읽어보고 참고할만한 사항들을 체크 하면서 그날을 기다렸다. 때마침 『하나님의 대사』를 쓰신 김하중 장로님이 안부 전화를 해 오셔서 상황을 설명해 드리고 기도를 부탁했다. 그랬더니 장로님의 반응은 단호했다.

"목사님, 걱정하지 마십시오. 유종철이는 목사님을 만나면 순한 양같이 될 것입니다. 감히 목사님께 눈도 못 맞출 것입니다."

이와 같이 하나님의 대사 김하중 장로님은 보통 사람들과 달리 언제나 담대하시다. 그분이 나를 인정해 주고 중국에서부터 현재까지 나와 줄곧 연락하고, 거기에다 나의 유일한 후원자가 되어 주신 이유도 바로 내가 중국이든 아이티이든 항상 담대하게 사역했기 때문이었다고 생각하는데 이처럼 장로님도 다른 신앙인들보다 상당히 담대한 영적 거장이신 분인 것은 틀림없는 사실인 것이다.

그날 시간을 맞추어 전철을 타고 가서 서울구치소에 도착했다. 남상균 주임은 內 정문 앞에서 나를 기다리고 있었다. 전화기를 맡기고 교정 위원증을 가슴에 달고 검색대를 통과하여 철문을 몇 개나 열고 들어가니 마침 접견을 하러 삼열 종대로 서서 이동하는 수용자들과 마주쳤다. 그들은 반가운 사람을 만나러 가는 기대로 들떠 보였다. 긴 복도를 지나고, 다시 철문을 열고 대강당과 각각 종교 상담실이 있는 곳을 지나 기독교 상담실로 들어갔다.

그곳에는 2평 반 정도 넓이의 상담실이 있었고, 그 상담실에는 회의용 테이블과 여섯 개의 의자와 약간의 책이나 인쇄물을 꽂아 놓은 책장이 있었다. 물론 다른 사형수들을 만나 상담하러 몇 번 들어갔던 적이 있었기에 생소하지는 않았다.

내가 문을 열고 들어가자 나를 보고 유종철 형제가 의자에 앉아 있다가 일어섰다. 그를 본 첫 느낌을 솔직히 말하자면 그는 나보다 잘 생겼고, 인상도 나보다 나쁘지 않아 보였다. 사진에서 푸른 마스크를 쓴 모습만을 보아서 어떤 모습인지 궁금했는데 실제의 모습은 생각보다 인상이 나쁘지 않았다.

그가 나에게 인사를 했다.

"안녕하세요? 목사님"

"종철 형제 만나서 반갑습니다."

인사를 주고받음과 동시에 나는 그에게 걸어가서 그를 껴안았다. 그가 약간 비틀거리는 것을 느꼈다. 내가 자신을 껴안을 줄 생각하지 못한 것 같았다.

사실 나도 그를 만나면 내가 다가가서 껴안을 생각을 하지 못했기에 갑자기 나에게 안기는 그도 당황했을 것은 당연한 일이다. 세상에 누가 자기 같은 사람을 껴안고 싶을 것이고, 껴안을 수 있을 것이라고 생각했겠는가?

결국 그와의 첫 만남은 내가 그를 당황케 함으로 시작되었다. 그러나 그의 기분이 나빠 보이지는 않았다. 아마도 그가 구속된 이후 누구와, 그리고 누가 껴안을 마음이 있었겠는가 생각해 보니,

내가 자기를 껴안는다는 것 자체가 그가 앞으로 마음을 열어 놓고 대화해도 좋을 상대로 인정했을 것이라 생각이 들었다.

내가 의자에 앉자 종철 형제가 나에게 선물이라면서 몇 가지를 꺼내 놓았다.

제일 먼저 엽서를 건네주었다. 나에게 자기를 사람대접 해 주어 감사하다는 내용을 적은 엽서에는 『하나님의 용사 ❶』 겉표지에 있는 내 사진을 보고 그린 그림이 있었다. 그리고 또 하나는 호두 대용으로 시멘트에 잘 갈아서 만든 복숭아씨 3개를 꺼내 놓았다. 그리고 그가 말했다.

"목사님, 겨울에 돌아다니실 때 손시려우실테니 호두 대신 조몰락거리세요. 치매도 예방된답니다."

그가 건네주는 것을 받으며 생각보다 상당히 섬세한 마음을 가진 사람이란 생각을 했다. 그리고 마지막으로 두꺼운 성경책을 내게 주었다. 아니 사형수가 목사에게 성경책을 선물로 줄 것이라고 상상해 보기나 했는가? 내가 그에게 성경책을 주는 경우는 충분히 상상할 수 있지만, 그가 내게 성경책을 준다는 것은 입장이 바뀌어도 상당히 바뀐 것이란 생각을 하며 그것을 받는 내 기분이 그리 나쁘지 않았다.

"아이고, 나는 종철 형제에게 아무것도 선물하지 못하는데 이렇게 받으니 미안하고 고맙네요. 내친김에 이 성경책에 종철 형제 이름과 날짜를 써 주지요?"

그는 알았다며 그만의 독특한 필체로 우리가 만난 날짜와 자기 이름을 써서 주었다. 그러니 그와 나의 만남의 분위기가 생각보다 좋다고 생각한 교도관들도 옆에서 웃으며 한마디씩 거들었다.

"종철이가 목사님 만날 준비를 단단히 했네. 선물도 가져오고 말이야"

그리하여 2004년도 한국을 경악케 했던 희대의 살인마 유종철과 꼴통 목사요, 꼴통 교정위원인 안홍기 목사의 만남이 시작된 것이다.

종철 형제가 나에게 웃으며 말했다.

"목사님, 내가 목사님을 만난 기념으로 날아가는 종이학 접기를 가르쳐 드릴게요. 사람들에게 유종철이가 종이학 접기를 가르쳐 주더라고 얘기해 주세요. 물론 사람들이 믿지 않을 것이지만 말입니다. 하하하"

그렇게 웃으면서 그의 이야기가 시작되었다.

그는 내가 쓴 책 『하나님의 용사 ❶』를 사회복귀과장으로부터 전해 받고, 표지 사진에 호기심이 있어서 읽어보기 시작했단다. 표지 사진에 클러지 웨어를 입은 내 모습은 절대로 목사같이 보이지 않았다면서 웃었다. 나도 나의 그런 모습을 인정하기에 같이 웃을 수 있었다. 그런데 그 책을 세 번이나 읽었고 그것도 밑줄 치면서 읽었다는 말에 깜짝 놀랐다.

"아니, 종철 형제, 내 책이 교과서도 아닌데 세 번씩이나 읽고 그 것도 밑줄까지 치면서 읽었다니 좀 의아하네. 하여튼 고마워."

그렇게 분위기가 좀 부드러워지자 그는 내가 놀랄만한 이야기를 하였다.

"목사님, 내가 11년 만에 자청해서 목사님을 만나게 해 달라고 해 놓고, 막상 오늘 만나야 하는 날이 다가오자 '내가 드디어 사람을 만난다.'는 사실에 흥분이 되고 기대가 되어 잠을 이루지 못하고, 새벽 세시에 일어나서 목욕을 하고 방안을 서성거리며 만날 시간을 기다렸습니다. 만나 주셔서 정말 감사합니다."

그렇게 만난 그와의 첫 만남은 허락된 2시간이 지나 3시간이 되어서야 2주 후를 약속하고 헤어지게 되었다. 그러니 3시간 동안의 대화는 거의 그의 얘기를 듣는 것으로 마치게 되었다. 그리고 그는 자리에 앉아 있고 내가 일어나 교도관의 계호를 받으며 들어왔던 반대 수순으로 나갔다. 그를 만나고 돌아오는 나는 자연히 여러 가지 생각을 하지 않을 수 없었다. 그가 준 선물들을 만지며 의미 있는 교정사역의 전리품(?)이라 생각하면서 첫 만남을 은혜롭게 마치게 된 것에 대해 하나님께 감사드리며 발걸음을 옮겼다.

2주 후 오전 10시에 다시 유종철 형제를 만났다.

다시 만나니 이전보다 훨씬 자연스러워졌다. 역시 나는 그에게 다가가서 껴안아 주었다. 그도 마침내 약간 어색한 동작으로 함께 껴안았다. 그와 나는 상황과 신분이 어떻든 서로 사람과 사람으로 만나는 것을 서로에게 인식시켜 주는 순간이라 생각했다. 그리고 다시 2시간 동안 유종철 형제는 쉬지 않고 자신의 이야기를 했다. 나는 그의 이야기를 진지하게 들어 주었다. 마치 그는 말하고, 나는 듣기로 약속한 것처럼 그렇게 시간 가는 줄 모르고 2시간이 지난 것이다.

시간이 되었다는 교도관의 이야기를 듣고 다시 2주 후에 만나자는 인사를 하고 일어서는 나에게 유종철 형제가 웃으면서 말했다.

"아니, 목사님은 참 이상해요. 다른 목사님 같으면 나를 만나자마자 '예배드리자', '찬송하자', '기도하자'라고 할 것인데 목사님은 그런 말 한마디도 하지 않고 지난번에 3시간, 오늘 2시간 동안 나혼자 말하게 해 놓고 목사님은 고개만 끄덕거리니 좀 이상합니다. 하하하"

그 말을 듣고 내가 말했다.

"종철 형제, 내가 듣기로 종철 형제가 지난 11년 동안 누구와 변변한 대화도 하지 않고 그 긴 세월을 지냈다니, 하고 싶은 말이 얼마나 많았겠어요? 그러니 시간은 많으니 우선 종철 형제가 그동안 하고 싶었던 말 실컷 해 봐요. 내가 다 들어 줄게요."

그랬더니 그에게서 예상치 못한 말이 터져 나왔다.

"하하하, 목사님은 상당히 중독성이 있는 분이예요. 중독성, 하하하"

"아니, 내가 중독성이 있다니 그 말은 나에게 칭찬이요, 핀잔이요?"

"목사님 좋을 대로 생각하세요. 하하하 목사님, 칭찬이예요. 칭찬...."

세 번째 만남에서 나도 서서히 그에게 질문하기 시작했다.

"종철 형제, 왜 그처럼 오랜 세월을 사람을 만나지 않고 두문불출했어요?"

그가 그렇게 사람을 피한 이유를 이야기했다.

사형선고를 받고 처음에는 그도 운동하러 나갔다고 한다. 그리고 푸시업(PUSH UP)을 하고 있었는데, 그를 알아본 건달들이 지나가면서 한마디 하더란다.

"어, 저거 유종철이네, 저 새끼 뿔도 안 달렸네"

그러자 옆에 있던 다른 건달이 하는 말이 더 상처를 주더란다.

"저 새끼 사형수 주제에 운동은 뭐하러 해. 얼마 있다가 뒈질 놈이....."

그런 말을 들은 후로 그는 한 가지 결심을 했다고 한다. 건달들을 증오하기로, 그리고 기회만 주어진다면 한 놈 본보기로 멋지게 죽여 버리고 말겠다고 말이다.

그의 이런 한탄이 섞인 이야기를 들으면서 나도 생각이 복잡해졌다.

그는 동네의 순복음 교회에서 성가대 지휘를 했다는 말을 했다. 세상에 그랬던 그가 어쩌다가 그런 끔찍한 일을 저질러서 한국을 발칵 뒤집어 놓았단 말인가? 종철 형제를 어떻게 주님께 인도해서 진정으로 회개하도록 할까? 생각하니 상당히 마음이 복잡해졌다. 정말 내 힘과 능력으로는 할 수 없고 하나님께 지혜와 능력과 은혜를 구해야 하는 상황인 것이다.

유종철 형제와 네 번째 만남이었다.
"목사님, 나 같은 놈도 예수를 믿고 진정으로 피해자와 가족들, 그리고 하나님께 회개하면 구원을 얻을 수 있을까요?" 유종철 형제가 드디어 자의적으로 회개와 구원의 문제를 질문한 것이다.

하나님께 유종철 형제의 구원 문제를 놓고 기도하니, 하나님께서 이렇게 스스로 구원의 문제를 꺼내도록 해 주셨다. 그러니 기도가 얼마나 기가 막힌 능력을 가진 것인가? 이처럼 기도는 하나님의 능력을 내 것으로 만드는 놀라운 능력이 있는 것이다.

"종철 형제, 구원은 전적으로 하나님 아버지의 권한이니 내게 묻지 말고 하나님께 직접 물어봐"

"목사님, 그리 말씀하시면 제가 당황스럽습니다. 목사님이 질문에 답해 주십시오."

"하나님께 직접 여쭤보라는 말은 하나님의 말씀인 성경을 보면 알 수 있다는 말이지. 사도행전을 읽으면 종철 형제의 질문에 대한 답이 있을 것이니 한번 읽어 보고 다음 시간에 다시 대화하지?"

그를 만난 지 네 번째 만에 그가 스스로 구원의 문제에 대해 질문하는 쾌거를 이루었다. 그도 사람인지라 당연히 구원의 문제에 지극히 큰 관심을 갖는 것이다. 그러니 이제 그가 저지른 끔찍한 죄를 자복하고 회개하는 것은 이제 시간문제인 것이다. 제발 이제는 그가 사탄의 종에서, 하나님의 아들이 되어 남은 생애를 주님께 기도하는 사람이 되었으면 좋겠다는 소망을 갖고 기도하게 된다.

사도행전을 읽으라고 하고 2주가 되어 유종철 형제와 다섯 번째 만남을 갖게 되었다. 종철 형제의 얼굴을 보니 무언가 자신만만한 표정으로 내게 무슨 말을 걸어주기를 바라는 눈치가 역력하였다.

"종철 형제 지난번에 사도행전을 읽어보면 그 안에 종철 형제가 질문한 구원에 관한 문제의 정답이 있었을 것인데 그것을 발견했나?"

"예, 목사님, 사도행전을 읽어보니 나보다 사람을 더 많이 죽인 놈이 있더군요."

"그게 누구던가요"

"사울이라는 놈이더군요."

"그래요, 그가 어떤 사람이던가요?"

"예, 그는 예수 믿는 사람을 잡아 죽이는 인간 백정이던데 나 같은 놈은 게임이 되지 않더군요."

"그런 그가 나중에 어떻게 되었나요?"

"부활하신 예수님을 만나고 철저히 회개한 후에 하나님께 크게 쓰임 받은 위대한 인물이더군요. 그리고 그가 나중에는 예수님을 위해서 자기 목을 내놓기까지 했어요."

그러니 그는 사도행전을 제대로 읽은 것이다. 그는 보통 책을 읽으면 최소한 3번은 반복해서 읽는다고 한다. 이해가 되지 않으면 이해될 때까지 읽는다고 하였다.

종철 형제는 참으로 지혜로운 사람이다. 자기가 질문하고 자기가 스스로 답을 찾을 수 있는 그런 사람이다. 그렇게 머리 좋은 종철 형제에게 내가 진지하게 말했다. 그는 눈을 똑바로 뜨고 나를 바라보았다.

"종철 형제, 그러니 인생은 전반전만 있는 게 아니야, 인생도 축구와 같이 전반전도 있고, 하프 타임도 있고, 반드시 후반전도 있어. 그러니 인생의 전반전에 몇 골 먹었어도 하프 타임 때 작전을 잘 세우고 준비해서 후반전에 전반전에 먹은 골보다 한 골만 더 넣으면 인생 후반전에서 승리하는 것이지.

그러니 종철 형제가 생각 해봐. 종철 형제는 인생의 전반전에 21골을 먹었어.(그의 사건 공소장에는 그가 21명을 연쇄 살인한 것으로 기재되어 있다.) 그러니 하프타임 때 작전을 잘 세우고, 방법도 제대로 준비해야 해, 그리고 반드시 잊지 말아야 할 것이 있는데 그것은 이번 후반전에는 '멤버 체인지'를 해야 한다는 사실이야.

내가 분명히 종철 형제에게 말해 두는데 전반전에 종철 형제는 사탄과 한 팀이 되어 21골을 먹은 사람이야, 그런데 하프타임 때 멤버 체인지를 해서 인생 후반전을 뛰면 곧바로 승리자가 되는 것이지.

후반전에 멤버 체인지를 누구와 해야 하는 것일까? 바로 사탄에서 예수님으로 반드시 바꾸어야 할 것이야. 나도 똥 볼은 차지 않을 테니 같은 편에 넣어주면 고맙겠어. 그러면 반드시 우리가 승리할 것이야. 하나님과 한편이 되는데 어떻게 패배할 수 있겠어?"

"그래서 이 서울구치소에 예수를 믿지 않고 죽으면 지옥 갈 사람이 이리도 많은데, 그들에게 예수를 믿게 하면 영혼을 살리는 것이니 종철 형제가 22명을 전도해서 예수 믿게 하면 후반전에 한 골 더 넣었으니 종철 형제가 이기는 것이잖아. 그러니 내친김에 220골을 넣자. 아니 유종철이 쪽팔리게 220골을 너무 적지 2,200골 넣어야지 아니야, 적어도 유종철이라면 22,000명은 전도해야지"

"그런데 말이야, 그렇게 하려면 종철 형제는 많이 울어야 해. 회개의 눈물로 영혼을 씻어내란 말이야. 그 울음소리가 종철 형제에게 죽은 영혼들에게 들려야 해, 그 가족들에게 들려야 해, 예수님께도 들려야 해. 종철 형제의 울음소리가 이 높은 담을 넘어 하늘까지 올라가야 해. 울음소리가 시끄럽다고 뭐라고 하면 내가 소장께 얘기할게. "소장님, 종철이 울음소리는 하늘까지 들려야 해요, 그러니 말리지 말아주세요" 라고 할게

맞다, 축구 경기를 인생에 적용하니 아주 재미있는 해석이 가능하다.

여호수아 6장 22절 이하를 보면 "여리고 성의 두 정탐꾼에 관한 이야기"가 나온다. 그때 특이하게 소개되는 한 여인이 있는데 그 여인의 이름은 바로 특별한 수식어 즉 '기생'이라는 수식어를 앞에 붙이고 등장하는 라합이라는 여인이다. 그녀가 정탐꾼을 숨겨주고

여리고 군사들에게 거짓말을 해서 그들을 살려 주었고, 사전에 약속한 대로, 나중에 이스라엘 군대가 여리고 성을 점령하고 나자 창문에 빨간 줄을 내려놓아 그녀를 구원해 주었다는 이야기이다. 그런데 그녀는 여호수아서 6장 22절 이하에 단 한 번 나오고 그 후부터는 구약이 모두 끝나도 다시는 그녀의 이름이 거론되지 않는다.

그러나 라합이라는 이름이 다시 등장하게 되는데 신약 성경 마태복음 1장 5절에서 다시 라합이라는 여인의 이름을 볼 수 있는 것이다.

"살몬은 라합에게서 보아스를 낳고, 보아스는 룻에게서 오벳을 낳고, 오벳은 이새를 낳고, 이새는 다윗 왕을 낳으니라."

이 말씀을 자세히 살펴보면 참으로 이해되지 않는 부분이 나온다. 다름이 아니라, 살몬이라는 이스라엘의 영적 지도자의 아내가 바로 기생 라합이라는 것이다. 그러니 도저히 이해할 수가 없는 것이다. 어떻게 기생이 영적 지도자인 살몬의 아내가 되었다는 말인가? 얼굴이 예뻐서? 몸매가 좋아서?

아니다. 다른 것은 몰라도 이스라엘 사람들이 특별히 자부심을 느끼는 이유가 있는데 바로 '왕중의 왕 다윗의 자손'이라는 것이다. 그런 그들이 겨우 얼굴이 예쁘다고, 몸매가 좋다고 영적 지도자의 아내로 절대로 인정해 줄 수 없는 것이다. 이스라엘 사람들에게 지도자로 인정을 받으려면 다른 건 몰라도 신앙이 좋아야 한다.

그렇다면 라합은 이스라엘 사람들에게 목숨을 구원받은 후에 그 은혜가 너무 소중해서 더럽혀 졌던 영혼을 다이아몬드처럼 닦

아내고 또 닦아냈던 것이다. 피눈물로 씻고 닦았다는 것이다. 얼마나 힘들었을까? 얼마나 눈물을 많이 흘렸을까?

다시 말하면 구원을 구원답게 가꾸기 위하여 얼마나 각고의 노력을 기울였을 것인가 하는 말이다. 그 결과 라합은 온 이스라엘 사람들에게 더할 나위 없이 좋은 신앙을 가진 여인으로 인정받아서 바로 영적인 지도자 살몬의 아내가 될 수 있었던 것이다.

그렇다. 여기에서 보는 바와 같이 라합은 인생의 전반전에 하찮은 기생이었다. 그러나 그녀는 구원을 받고 하프타임을 잘 준비했다. 그것은 후반전에 멤버 체인지를 하는 것인데, 전반전엔 이방신과 한팀이었다가 빠져나와 예수님과 한 팀이 되었다는 것이다.

그래서 라합의 인생 후반전에는 영적인 지도자의 아내가 됨은 물론 이스라엘 사람들의 자존심인 다윗왕의 증조할머니가 될 수 있었다는 말이다. 그뿐이겠는가? 나중에는 결국 예수 그리스도의 조상이 된 것이다.

그러니 아무리 어렵고 힘들어도 그리고 전반전에 몇 골 먹었다고 낙심, 절망하지 말고, 하나님께 도움을 청해서 예수 그리스도와 함께 인생의 후반전에서 승리하기 바란다.

종철 형제는 비록 엄청난 살인범이지만 머리가 아주 좋은 사람이었다. 그래서 책도 아주 많이 읽었고, 음악, 미술, 문학 등 여러 방면에서 보통 사람의 수준을 훨씬 뛰어넘는 지식과 기능과 소질을 갖춘 사람이다.

그는 내게 40여 회나 편지를 보냈다. 그의 편지를 받아 보면 반드시 놀라운 사실을 몇 가지 발견하게 되는데 그중 하나가 글씨체가 처음부터 끝까지 아주 반듯하고 정연하다는 것이다. 보통 우리는 처음에는 반듯하게 쓰지만 조금 지나면 글씨체가 흐트러지는데 종철 형제는 절대로 그렇지 않았다. 처음부터 끝까지 흐트러짐이 전혀 없다. 그는 편지를 쓰다가 글씨가 틀리면 처음부터 다시 쓴다고 했다. 그러다 보니 어떤 때는 편지 한 통 쓰는데 거의 하루가 걸릴 정도라고 하니 정말 대단한 성격이다.

그리고 그의 편지 내용을 보면 어떻게 그렇게 박식한지 혀를 내두를 정도다. 그가 독방에 참고서나 책을 얼마나 가지고 있을 수 있을까? 규정에 보면 보유할 수 있는 책은 모두 30권이다. 그러니다 읽은 책은 내놓아야 다른 책을 받을 수 있다. 그렇다면 어떻게, 얼마나 많은 책을 읽었고, 얼마나 기억력이 좋은지 몰라도 그의 편지 내용을 보면 역사, 문학, 인문, 사회학 모든 방면의 내용을 인용하고, 그 많은 지식을 정연하게 전개하는 것을 보면, 그는 천재라해도 손색이 없을 만큼 다방면에 전문적인 지식을 갖춘 대단한 사람임이 분명했다.

그런 그에게 몇 가지 특이점이 있다. 건강관리가 철저하다는 것이다. 그는 저녁을 먹지 않는다. 저녁을 먹으면 숙면을 취할 수 없기 때문이라는 것이 그 이유이다. 그리고 소식을 한다. 그러므로 그는 모든 면에서 절제력, 자기 통제력이 대단한 사람이다.

그런데 문제가 생겼다. 우리가 서로를 알아가고, 하나님께 한 걸음씩 나아가던 중 엉뚱하게 불법 도서 반입이 화근이 되어 대구교도소로 원치 않는 이감을 하게 된 것이다. 사실 그에게 문제가 된 서적은 반입 가능한 품목이었으나 언론이 민감하게 반응하여 좋지 않은 여론을 조성했고, 따라서 잊힐 만했던 유종철 형제의 이름이 다시 사회와 국민에게 거론되게 된 것이다. 이런 현상을 유난히 싫어하던 그는 또다시 마음에 심한 상처를 받게 된 것이다. 더욱이 전국 교도소 중에서 유난히 원리원칙을 강조한다는 대구교도소에 수감되어 있는 것이다.

그가 대구교도소로 이감이 되기 직전에 내게 보낸 편지의 내용은 이렇다.

chapter 17

안홍기 목사님께(2)

밑에는 눈이 저리도 많이 내리고 있는데.......

눈을 소복소복 밟아 볼 수도 없는 '빠삐용'같은 독방에
서의 긴 시간은 그저 저렇게 눈 내리는 것만 봐도..... 아
니 눈을 맞으며 자는 노숙자라도 부러울 때가 있습니다.

지금은 그렇습니다. 나 아닌 것엔 모든 게 부럽고 한편
으론 역시나 나와는 상관없는 것들이기도 하고......

2014년! 10년 만에 찾아온 기적, 유난히 설레었던 올
한 해

그러나 목사님을 만난 기쁨도 잠시, 다시 긴 이별......

오랫동안 그래왔던 것처럼 나만의 세계에 갇혀 지내는 시간으로 다시 되돌아와 버렸네요.

유독 외롭다는 생각이 드는 밤, 문득 예수님도 인간으로서는 이렇게 참 외롭게 살다 가신 것 같다는 생각까지 듭니다.

세례요한이, 그리고 예수가 죄인에게 한 첫마디가 '먼저 죄를 인식하고 참회하라'했다지만 저는 10년 동안 과연 진정한 참회라는 걸 했었을까? 생각해 봅니다. '나빴다'는 것을 각인시키고 자성케 하는 게 먼저고, 신앙적인 교화가 그 다음인데 말입니다.

잠시나마 맛난 것 먹고 환한 얼굴 보였던 게 저에겐 어울리지 않는 사치였나 봐요. 속상하다고 하는 짓이 고작 단식..... 정말 가증스럽고 역겹고..... 이 좁은 곳에서도 숨을 곳만 찾네요.

어디선가 읽은 것 같은데 세상에 편하게 피는 꽃은 없다네요. 흔들리면서 힘들게 피는 것이 꽃이래요. 더더구나 주님의 꽃으로 새로이 피는 애물단지야 어렵하겠어요.

선물해 주신 안경으로 많은 책을 읽으며 마음공부도 하고, 작은 것에도 편안함을 느끼는 시간이 오고, 내 안의 내면을 비추는 그분의 밝은 빛을 보게 되는 날이 오면 다시 편지 드릴게요.

제 마음의 옷이 이렇게 쉽게 헤어진 것을 보면 아직 준비가 덜 되었나 봐요.

후반전을 뛰려면 주님의 유니폼과 갑옷으로(좀 오래 걸리겠지만) 제대로 무장하겠습니다. 고마웠습니다. 목사님.

상처 받은 사람들을 향한 목사님의 사역..... 진정 아름답습니다.

2014. 12.31 유종철 올림

추신: 언젠가 다시 주님께 의지하는 날이 올 겁니다.

chapter 18

대구교도소

대구교도소에 이감되고 난 직후 종철 형제가 나에게 S·O·S를 친 적이 있다. 이감되니 만사가 귀찮고 적응하는 데도 시간이 걸리는데, 원리원칙을 칼같이 적용하는 대구교도소는 전국 50여 개 교정기관 중에서도 가장 생활하기 힘든 곳이다. 그러기에 나름대로 자부심마저 느끼는 교도관들이 평소에도 정복을 입고 근무할 정도이다. 군인이나 다른 직종이라도 정복을 입으면 우선 보기도 좋고, 또그들 나름대로 긍지도 갖게 되니 교도관들이 규정대로 하겠다는데 누가 딴소리를 할 수 있겠는가? 그러니 그는 서울구치소로 다시 가고 싶다는 것이다. 그런데 다른 사형수라면 모를까 한국에서 가장 골칫거리인 유종철을 밖으로 내놓으려 하겠는가 하는 것이다.

이감되면 통상 파워 게임을 한다. 물론 교도관과 재소자 사이에 그런 일이 일어나는 것이다. 사형수는 나름대로 최고수이니 결코 누구에게도 굴복당할 수 없다는 것이다. 그러나 교도관들은 교도관 나름대로 사형수의 기선을 제압해야 하는 것이 급선무다. 그래야 교도소의 규율이 잡히고 이후부터 근무하기가 편하게 된다. 그렇기에 종철 형제와 교도관이 물러설 수 없는 기 싸움을 하게 되는 것이다. 물론 그 기 싸움의 승자는 대부분 공권력을 가진 교도관들이 될 것은 분명한 사실이다.

결국 그는 대구교도소에서 나에게 37번의 편지를 보냈다. 나도 그의 심정을 어느 정도 알기에 무모한 시도인 줄 알면서도 다방면으로 종철 형제를 서울구치소로 다시 보내줄 수 있는지를 알아보았다.

그러나 번번이, 그리고 당연히 다른 사람은 몰라도, 아니 다른 사형수는 몰라도 유종철 형제는 아니 된다는 것이다.

그러다 보니 나는 그에게 줄 수 있는 도움이 없게 되었다. 다만 한 달에 한 번, 그를 만나러 대구교도소로 가는 것이 최선의 도움이었다.

아침에 여느 때보다 일찍 일어나 1호선으로 서울역까지 간다. 그리고 "동대구행" KTX를 탄다. 보통 10시에 출발하는 고속열차로 1시간 50분 정도 걸린다. 내려서 화원으로 가는 전철을 탄다. 다시

40분 정도 걸린다. 도착하면 거의 1시가 된다. 배가 고프니 교도소 바로 앞, 쇠고기 국밥집에서 얼큰한 국밥을 한 그릇 하고 접견 신청실에 가서 접견 신청서를 작성한다. 수번 5○○○번, 성명, 유종철.

그 접견 신청서를 들고 정문에 들어가면서 교도관에게 보여 주고 교도소 안으로 들어가서 민원실에 제출하고 기다린다. 유명한 교정위원(?)이 서울에서 유종철을 만나러 왔다고 민원계장이 친히 커피를 타 줘서 한잔 대접받는다. 그분은 내가 갈 때마다 그렇게 친절을 베풀어 주셨다.

유종철 형제는 아무와도 접견하지 않는다.

아무리 접견하고 싶어 신청해도 접견 거부를 당한다. 검사가 신청해도 거부하면 그만이다. 그러니 유종철을 접견하는 유일한 사람이 전국에서 최고로 꼴통 교정위원인 안홍기 목사다.

30분 정도 지나면 전광판에 수번이 나오면서 접견이 시작된다. 맨 처음 대구교도소를 방문했을 때는 장소를 변경해서 접견했다. 김천수 소장께서 배려해 주신 것이다. 생각해 보면 엄청난 배려였던 것을 알 수 있다. 시간도 30분이다. 정말 감사한 분이며 신중한 배려였다.

종철 형제가 이감을 왔으니 대구교도소에 안정된 수형생활을 할 수 있도록 돕는 게 최선이니, 나를 통해서 그를 안정시키려는 마음이기도 할 것이다. 이렇게 교정기관과 내가 합력해서 수형자 교화에 한 마음이 되면 분명히 좋을 결실을 맺게 될 것이라 확신한다.

갈 때마다 책을 넣어주고, 적지만 영치금도 넣어주었다. 그러나 그가 진정으로 바라고 원하는 것은 자유롭게(?) 나누다 중단되었던 나와의 이야기들을 다시 나누는 것이고, 또한 후반전에서 승리하기 위해 작전(?)을 짜기 위한 하프 타임인 것이다. 그도 진정으로 사람이 되고 싶은 것이란 말이다.

"목사님, 이전에는 그러지 않았는데, 목사님을 만나고 제가 좀 변했는지, 요즈음은 가위에 눌려요. 이전에 내게 피해당했던 피해자들이 꿈에 보여서 소스라치게 놀라 잠을 깹니다."

내가 생각할 때, 아주 좋은 현상이다. 그가 점점 사람이 되어 가고 있다는 것이다.

그렇게 그는 나에게 아쉬움이 가득 담긴 편지를 보내왔다.

chapter 19

안홍기 목사님께(38)

20대 초반, "천일 여행" 중에 유럽인에게 그 유명하다는 '코디바 초콜릿'을 선물 받은 적이 있었습니다. 초콜릿 상자에 인쇄된, 말 타는 여인의 '코디바 이야기'는 아직도 기억에 남습니다.

중세시대 영국의 코벤티리 지역의 영주는 세금을 많이 걷기로 악명이 높았습니다. 그의 아내 코디바는 영주에게 세금을 내려 달라고 했지만, 영주는 코디바에게 알몸으로 말을 타고 마을을 거닌다면 그리해 주겠다고 장난을 칩니다. 그러나 코디바는 시민들을 위해 그가 요구하는 대로 행했고, 영주는 약속을 지켜야 했으며, 그렇게 해서 코디바는 영국의 전설이 되었습니다.

누군가는 민중과 사회 안정을 위해 용기 있는 행동을 하지만, 말에서 내려오지 않겠다던 벌거벗은 임금님은 얼마나 추했습니까?

이 사회가 직면한 것은 소통의 문제입니다. 그리고 이 문제 안에 '다름'을 배척하고 약자를 밟아 누르려는 폭력이 숨어 있습니다. 러시아 국영 방송에서 기상 캐스터가 일기예보를 전하며 "러시아는 맑겠습니다. 시리아도 맑겠습니다. 공습하기에 좋은 날씨입니다."라고 해서 문제가 됐던 적이 있습니다. 폭격이란 게 정해진 적들만을 향해 터지는 게 아니므로 민간인의 희생 또한 커지고 있습니다. 집단적으로 벌어지는 폭력은 '정의'로 포장되어 죄책감도 없고 무의식적입니다. 의로움은 미(美)와 아(我)를 뜻하기에 아름다운 우리를 위한다는 건 위선입니다.

즉 인간의 희생이 사회적 약자들에게 집중되어 있다는 것입니다.

중세시대 마녀사냥 또한 연고가 없는 사람들이 많이 희생되었습니다. 하지만 이런 악습은 현시대, 제 주변에서도 버젓이 벌어지고 있습니다.

그 엄청난 스트레스로 인해 한쪽 시력을 잃었지만……
관타나모 수용소의 행정편의주의자들에게 안경 원숭이의

눈 상태 따윈 안중에도 없습니다.

'차라리 그냥 눈을 감겠다.....' 실학자 연암 박지원의 〈열하일기〉에 있는 구절입니다. 개인의 문제를 왜 사회가 책임져야 하는지, 일찍이 200년 전에 성토한 책입니다. 열리려던 마음이 왜 다시 닫혀 버리는지..... 주님의 둥지를 떠난 새들이 왜 돌아오지 않는지...... 굳이 힘들다고 말하지 않더라도 부당한 환경에서 벗어날 수는 없는 건지..... 저 또한 수용자 한 사람, 한 사람의 문제를 사회가 포용하지 않으면 결국엔 그 모든 것이 사회적 비용이 드는 문제라고 지겹게도 역설했지만 신분이 신분인지라 귀 기울이는 이는 없었습니다.

공자의 말 중에 군자고궁(君子苦窮)이란 말이 있습니다. 사람은 어려움에 처해 봐야 궁한 것을 아는 법입니다. 자발적 유배는 견딜 수 있지만, 숙명적 유배는 견디지 못합니다. 양심의 일깨움은 강요와 길들임으로 되는 게 아님에도, 몰아세우기만 하는 환경과 정신적 폭력은 갈수록 잔인해져만 갑니다.
이런 식의 불통과 희생을 강요하는 극단적인 양극화는 결국 이 사회를 헤어 나올 수 없는 깊은 수렁으로 몰아넣을 것입니다.

사람에게 흥미를 잃고 자신만의 세상에 갇혀 지내는 원
숭이들이게 남아 있는 건 으르렁거림 뿐입니다. 아이를
하나 더 낳는 문제를 가지고도 사회적 타협과 책임이 뒤
따르기 마련인데, 한 아이가 무관심 속에 더 큰 범죄자가
되어 가는 건 왜 방임되어야만 합니까? 독을 품고 태어
난 게 아니라 독을 품게 만드는 환경이 잘못이라는 세익
스피어의 말이 생각납니다.

그는 전쟁을 일으키는 행위와 어떤 불행의 현장을 사진
찍는 행위는 같다고 했습니다. 즉 방관하고 관망하는 자
들을 '우리'라고 부르면 안 된다고 말입니다. 똑같은 환
경에선 똑같은 생각밖에 못하며, 아무것도 하지 않는 사
람에게는 아무런 변화도 없습니다. 부당한 것은 견뎌내야
하는 게 아니라, 맞서야 하며 누군가는 늦지 않게 나서야
합니다.

주님은 믿음을 시험하기 위해 아담이 100세에 얻은 애
지중지한 아이를 죽이라고 합니다. 율법이 우선시 되었던
중세시대의 믿음 또한 절대적일 수밖에 없었지만, 환경의
영향을 받는 인간은 사회가 바뀌면서 신앙의 믿음도 여러
매체의 장난으로 바뀌었습니다. 곧 배려의식이 없는 황폐
함만이 남아, 마음에 이르는 병들을 이기지 못하고 있습
니다. 얼마 전에도 한 사람이 삶의 끈을 놔 버렸지만 어떤

놈은 또 휘파람을 부는 환경이 그저 슬프기만 하네요. 항상 놓치고 나서 그 마음들이 보이나 봅니다.

제 청춘의 정점에서 천일 여행을 마음먹었던 것은, 학창시절에 〈모모〉와 〈어린 왕자〉를 감명 깊게 읽었기 때문이기도 합니다.

어린 왕자는 여러 별을 여행하며 많은 것을 보고 만납니다. 지구라는 별에서는 장미 정원을 발견하고, 자신이 키우던 그 외롭던 장미가 하나뿐이 아니라는 사실을 알게 되며, 여우를 만난 어느 날은 여우에게 다가가지만, 여우는 '우리는 길들여지지 않은 사이라 다가갈 수 없다.'고 합니다.

어린 왕자가 마지막에 만난 것은 독사입니다. 역시 독사에게 다가가려 하자 독사는 '내게 오면 물려 죽는다.'고 합니다. 죽는 게 뭐냐고 물으니 고향으로 돌아가는 것이라 대답합니다. 지구별에 회의를 느낀 어린 왕자는 스스로 독사에게 물려 자기 별로 돌아갑니다.

저도 모모의 시간을 낭비해가며 많은 사람을 만났지만.... 그 끝은 어린 왕자가 느꼈던 실망감이고 마지막 남은 것도 귀천뿐인 것 같습니다. 참으로 긴 악몽이었습니다.

되돌아보면 인생이 참 허무하다고 한 솔로몬의 전도서

를 사형수의 신분으로 다시 봅니다.

"누가 지혜자 같으며, 누가 사물의 이치를 아는 자이냐? 사람의 지혜는 그의 얼굴에 광채가 나게 하나니, 그의 얼굴에 사나운 것이 변하느니라." 전도서 8장 8절

가장 낮은 자를 살피는 것이 곧 자신을 사랑하는 것이라는 말씀처럼, 누군가를 배려한다면, 그건 곧 주님의 말씀을 실천하는 것이라고 생각합니다.

아파하는 자들을 보듬고, 그들이 그늘진 얼굴을 환하게 만들며, 그로 인해 스스로도 밝아지는 목사님이 바로 그 이치에 합당하신 분입니다. 저마다 아픈 사연으로 벼랑 끝에 섰다가도 다시 살아보려는 사람들을 위해, 주님이 사랑으로 지켜봐 주심을 일러 주고, 꽃이 더 아름답다고 생각하는 저에게는 **"사람이 사람에게 꽃이 되어 줄 수도 있구나."** 느끼게 해 주셨습니다.

분명 주님의 쓰임으로 준비된 프론티어 안홍기 목사님이야말로 '사랑'이라 하겠습니다. 그 꽃, 그 사랑을 잊지 못할 것입니다.

아무쪼록 건강하십시오.

2017. 4. 18.

유 종 철 올림

chapter 20

나를 지옥으로

    사회복귀과에서 나와 두 번째 자매를 맺어 준 사형수는 고영수 ⁽가명⁾ 형제이다.

    고영수 형제는 서울구치소 최고수 중 기독교 신자로는 가장 젊은 형제다. 고영수 형제는 현재 44세이니 우리가 만났을 때는 39세였다. 고영수 형제는 청량리 쪽에서 생활했는데, 사회적으로 엄청난 파장을 일으켰을 정도의 큰 사건으로 인해 결국 젊은 나이에 사형수가 되었고 현재 20년째를 복역 중이니 24세에 구속되어 사형 선고를 받은 것이다. 참으로 안타까운 일이 아닐 수 없다.

    고영수 형제는 햄버거를 좋아한다. 우리가 개인교회를 운영할 때는 언제나 허용되는 음식물을 가지고 함께 나누면서 교제를 하는데, 무엇을 먹고 싶은가 물어보면 나이가 젊어서 그런지 햄버거가 제일 먹고 싶다고 말해 서울구치소에 오면서 인덕원역의 롯데리아에 전화를 걸어 미리 예약을 하고 햄버거를 사서 가지고 오곤 했다.

그런데 고영수 형제가 얼마나 햄버거를 좋아할까? 궁금할 것이라 생각한다. 고영수 형제는 한 번에 햄버거를 5~6개를 먹을 수 있다. 나는 아무리 많이 먹는다 해도, 불고기 햄버거 2개 이상을 못 먹는데 고영수 형제는 6개까지 먹는 것을 내 두 눈으로 확인하고는 참 안타까운 생각을 하게 되었다. 평소에 얼마나 먹고 싶었으면 그 많은 햄버거를 게 눈 감추듯 먹겠는가 하는 것이다. 정말 자유라는 것이 이토록 인간에게는 중요한 것이다. 기본적인 욕구까지 제한당하니 살아가는 데 얼마나 불편하고 힘들겠는가 생각해 보게 된다.

그러나 그들에 대한 일반인들의 시각은 상당히 냉소적이고, 어떤 사람은 적대감까지 느끼는 경우가 허다하다. 얼마나 잔인하고 인간이기를 포기한 존재들이었으면 무고한 사람들을 그렇게 끔찍하게 죽일 수 있는가 하는 생각으로 조금의 동정도 베풀지 않으려는 경우가 허다하다는 것을 알게 된다.

그러므로 교정 사역은 선입견 없이 시작해야 하는데 그것이 일반적으로 쉽지 않다는 것이다. 사람들의 기본적인 가치관이나 생각은 범죄자들에게는 아주 부정적이다. 동정한다거나, 도와준다는 것 자체를 격렬하게 반대하는 경우가 대부분이다. 그러나 우리는 그런 그들에게 찾아가서 그들을 끌어안고 그들이 당하는 어려움을 함께 나누는 마음으로 그들을 대한다. 어떤 분들은 노골적으로 내게 항의한다.

"목사님, 그런 짐승만도 못한 인간들을 도와주고 신앙으로 인도하시려 애쓰지 마시고, 주변의 어려운 사람들을 돕고, 주께 인도하는 게 훨씬 솔직하고 효과적이지 않겠습니까? 그들에게 억울하게 죽은 사람들을 생각해 보세요. 그리고 그 가족들을 생각해 보세요. 그들로 인해 피해당한 사람들의 고통을 생각해 보세요. 그들을 돕는다는 것이 너무 감상적인 생각에서 하시는 것이 아닐까요?"

이런 생각을 하는 분들이 특별한 분들이 아니다. 아주 신앙이 좋다고 해도 무방한 분들의 생각이니 내가 당황스럽다는 것이다. 나쁜 짓을 하지 않은 사람이 어려운 경우도 허다한데, 그렇게 잔인한 사람들에게 온정을 베풀 필요가 있겠는가 하는 이야기이다. 물론 완전히 틀린 생각들은 아니다.

그분들 말대로 사형수를 비롯한 크고 작은 범죄를 일으킨 범죄자들로 인해 제일 먼저 아무런 잘못 없이 억울하게 희생당한 피해자들과 그 가족들이 겪는 정신적, 경제적 피해는 오죽하겠으며, 그로 인한 사회적인 혼란은 얼마나 심각하겠는가? 충분히 그런 생각을 할 수 있다고 생각한다.

그러나 만일 그들이 진정으로 자신의 잘못을 인정하고 피해자들과 그 가족들, 그리고 사회와 국민에게 사죄하고 용서를 구한다면 그들에게 다시 한 번 기회를 주어야 되지 않을까 생각해 볼 필요도 있을 것이다.

　더욱이 우리 신앙인들은 모든 기준이 "예수님이라면 어떻게 하실 것인가?"를 묻고 그분의 삶과 가르침을 따라 살아야 한다. 그렇다면 예수님은 이런 사람들에 대해 어떻게 생각하고, 어떻게 살아가셨는가?

　　안홍기 목사님께
　　할렐루야!
　　주일 아침을 맞아 감사한 마음으로 주님께 예배를 드리고 하루를 시작했습니다.
　　올겨울은 유난히 따뜻해서 지내기가 좋습니다. 하지만 목사님을 뵙고 방에 돌아오는 발걸음은 너무도 무겁고 많은 생각이 제 마음을 흔들어 놓았습니다.
　　목사님께서 편찮으실 것이라는 것은 상상도 못했습니다. 하지만 편찮으신 목사님을 뵙고 나서 많은 기도를 드리게 되었습니다. 늘 건강하실 것이라 믿고 있었던 제가 부끄럽게 느껴졌습니다.
　　목사님, 하루빨리 병원에 가셔서 치료를 받으세요. 주님의 사역도 중요하지만 그래도 최우선이 건강입니다.
　　목사님께서 건강히 오래오래 계셔야 저 같은 살인마도

목사님을 의지하고 더욱 열심히 살지 않겠습니까?

주님께서도 목사님의 건강을 꼭 지켜 주실 것이라 믿고 있습니다. 늘 저에게 든든한 용기와 희망을 주시고, 더울 때 그늘이 되어 주셨잖아요.

목사님께서 안 계시다는 것은 상상도 하고 싶지 않습니다.

그러니 목사님을 걱정하고 눈이 빠져라 기다리는 형제자매들을 생각하셔서 하루빨리 꼭 병원에 가셔서 치료받으시기를 부탁드립니다. 제가 사형집행이 되어 주님 곁으로 가면, 목사님이 저를 거두어 주시고 기억해 주셔야지요.

저도 부족하지만, 목사님의 건강이 하루빨리 회복되시기를 매일 매일 밤 주님께 간절히 기도드리겠습니다.

목사님, 사랑합니다. 힘내십시오.

병마를 꼭 이겨내십시오.

목사님을 사랑하고 작은 힘이 되어 드리고 싶은
주님의 아들 영수 올림

예수님은 이런 사람들을 위해서 이 땅에 오셨다고, 자신이 오신 이유를 분명하게 말씀하셨다. 그러므로 그분이 이 땅에서 찾아다니신 사람들은, 세상에서 인정받을 수 없고, 세상 사람들이 싫어하고, 멸시하고, 원수처럼 여기는 사람들이었다. 그것이 사 복음서에 자세히 기록되어 있지 않은가?

더욱이 예수님께서 신약시대에 가장 귀하게 쓰신 사람은 누구인가? 바로 사도 바울이다. 그렇다면 사도 바울은 어떤 사람인가? 두말할 것 없이 인간 백정이다. 그것도 예수 믿는 사람들을 잡아 죽이는 그런 사람이므로 예수를 믿는 사람들에게는 도저히 용서할 수 없는 원수이며 공공의 적이지 않은가?

그런데 그런 인간을 예수님은 어떻게 하셨는가? 도저히 용서받지 못할 죄를 저지른 죄인 중의 괴수인 그를 부활하신 주님이 직접 찾아가셔서 만나주시므로 그가 자신의 끔찍한 죄를 깨닫게 하셨다. 그런 그가 진정으로 회개하자, 지체 없이 그를 용서해 주셔서 이방인의 사도로 삼으시고 주의 복음을 온 땅에 전하게 하셨다. 신약시대에 가장 복되게 사용하신 사도중의 사도가 아니겠는가?

그러므로 우리의 생각과 가치관대로 그들을 함부로 대하지 말고, 주님의 마음으로 그들에 대해 생각하고 대해야 한다고 생각한다. 신앙인이라면 마땅히 행해야 하고, 따라야 할 것이라고 생각한다. 그렇게 다시 한 번 기회를 주어야 할 이유는 고영수 형제의 고백을 통해서 재고해 보아야 할 것이다.

"목사님, 제가 요즈음 기도를 이렇게 하는데 맞는 것인지 한번 들어봐 주세요."

"그래, 영수 형제, 기도를 어떻게 하는데 그렇게 폼잡고 물어보는 거야"

"예, 목사님, 이렇게 기도합니다. 살아계신 하나님, 하나님께서 잘 아시다시피 나는 사람을 네 명이나 죽인 끔찍한 놈입니다. 그래서 세상에서 사형 선고를 받고 사형수가 되었습니다. 그런데 나 같은 놈도 주님이 사랑해 주셔서, 믿음의 형제자매들을 통해서 예수가 그리스도라는 사실을 알게 되었고, 그 예수님이 나의 죄를 위하여 대신 죽으시고 삼일만에 부활하시고 승천하셔서, 그것을 믿는 사람은 구원을 얻고 나중에는 주님이 다시 오실 때 주님과 함께 부활할 것을 믿습니다. 그런데, 그런데 말입니다. 목사님, 그래서 이제 나는 예수를 나의 유일한 구원자로 믿으므로 죽어도 천국에 갑니다. 맞습니까? 목사님?"

"그래, 맞지, 계속 이야기해 봐."

"내가 죽인 네 명은 아무런 잘못이 없는데도 내가 눈이 뒤집혀 죽였습니다. 그런데 그 사람들은 당시에 예수를 믿지 않았으므로 짐승 같은 나에게 억울하게 죽임을 당했으면서도 지옥에 갔을 것입니다. 맞지요? 목사님?"

"그래, 맞지. 그런데 그게 어떻다고?"

"예, 그런데 말입니다. 그게 문제라는 말씀입니다. 나는 무고한 사람들을 네 명이나 죽였으면서도 예수를 믿으므로 나는 이제 죽어도 천국에 가고, 내게 억울하게 죽은 사람들은 억울하게 죽었으면서도 예수를 믿지 않아서 지옥에 갔다면 만일 내가 죽어 천국에 간다 해도 어떻게 내가 천국에서 마음이 편하겠습니까? 천국의 기쁨을 느끼지 못하겠지요. 그러니 요즈음 내가 이렇게 기도합니다. '살아계신 하나님 아버지,

내게 죽은 사람들은 아무 잘못도 없지만, 예수를 믿지 않아서 지옥에 갔고, 나는 그들을 잔인하게 죽였어도 예수를 믿으므로 천국에 갈 수 있으니 그들이 생각하면 얼마나 억울하겠습니까? 이제는 그런 사실을 알게 된 제가 천국에서 지옥의 그들을 바라보게 되면 그게 어찌 천국의 삶이겠습니까? 그러니 하나님 나를 차라리 지옥에 보내주시고 그들을 불쌍히 여기셔서 천국으로 보내주세요.'라고 기도하는데 이렇게 기도하면 하나님께서 들어주시지 않을까요?"

고영수 형제는 눈물을 흘리면서 나에게 이렇게 질문하였다.

그는 진심으로 이렇게 자신의 죄를 뉘우치고 있는 것이다. 그래서 내가 대답했다.

"영수 형제, 내가 알기로 천국과 지옥을 사람의 생각대로 마음대로 왔다 갔다 할 수는 없는 곳이야. 그러므로 아무리 안타깝게 생각하고, 후회해도 그것을 돌이키기에는 이미 늦었어. 그러니 이제 우리 이렇게 생각하자. 우리가 이 사건을 통해서 분명히 깨달은 것은 아무리 착해도 예수를 믿지 않고 죽으면 지옥에 가고, 비록 죽어 마땅한 죄를 수십 번 지었을지라도, 마지막에라도 예수를 믿고 진정으로 회개하고 죽으면 천국에 간다. 그러니 이미 지난 일 때문에 고민하고 마음 아파하지 말고, 이제부터는 자네가 예수를 믿지 않고 죽으면 억울하게 죽었어도 지옥에 가니 예수를 믿으라고 외치고 다녀야 하지 않겠어? 여기 서울구치소에는 지금 당장 죽으면 지옥 갈 사람이 수두룩하니 이들에게 그 사실을 전해서 그들이 예수를 믿도록 해야 하는 거잖아" 이렇게 이야기를 주고받으면서 고영수 형제도, 나도 눈물을 흘렸다.

고영수 형제는 자신에게 희생당한 피해자들에게 진정으로 속죄하는 마음으로, 그리고 그 가족들에게 진심으로 용서를 비는 마음으로 수감 된 이후 20년 동안 성경을 여덟 번 필사 했다.

"여호와께서 말씀하시되 오라 우리가 서로 변론하자. 너희 죄가 주홍 같을지라도 눈과 같이 희어질 것이요, 진홍같이 붉을지라도 양털같이 되리라." (이사야 1장 18절)

chapter 21

담안 선교사

유종철 형제가 대구교도소로 이감되고 나니 서울구치소 사회
복귀과에서 나에게 자매를 할 사형수를 다시 배정해 주었다. 다시
배정해 준 형제가 고영수 형제다. 고영수 형제는 나를 많이 따르고
믿어 주었기에 개인교회를 하고 상담을 하면서 형제처럼 잘 지내
게 되었다.

어느날 기독교 담당 주임으로부터 또 한 명의 사형수와 자매를
할 수 있는가 하며 나의 의사를 물어왔다. 사역에 대한 욕심(?)이
많았던 내가 피곤하다고 힘들다고 마다하겠는가? 누군지는 모르
지만 선뜻 해보겠다고 대답했다.

그렇게 세 번째 자매를 맺을 형제를 만나게 되었다. 세 번째 자매가 바로 천하의 이재복 형제이다.

이재복 형제는 말이 형제지 돌아가신 내 큰 형님과 같은 연배시다.

실제 나이는 70세가 넘으신 분인데 당뇨 합병증으로 발뒤꿈치가 터져서 제대로 걷지 못하기에 오른쪽 발을 위해 목발을 짚고 다닌다. 나도 한 덩치 한다고 하는데 그분은 내가 보기에도 바윗덩어리 같은 체격을 가진 분이었다. 알고 보니 그는 유도 9단에 합기도 5단의 무술 고수였다.

그분의 이야기를 듣고 보니 그는 김대중 대통령이 야당 당수시절에 경호 실장이었다고 한다. 듣고 보면 충분히 그럴만한 분이라 생각한다. 자매를 하기 위해 만날 때나 시간을 마치고 헤어질 때 나는 항상 형제들을 껴안아 주는데 그분을 껴안을 때면 무슨 바윗덩어리를 안는 것 같은 단단함과 육중함을 느끼게 되었다. 수많은 세월을 교도소에서 지냈으면서도 그리고 당뇨합병증으로 고생하면서도 그 정도의 체격을 유지할 수 있다는 것은 사회에 있을 때 얼마나 운동으로 단련했는지 충분히 짐작할 수 있는 것이다.

그분은 나를 만난 것을 매우 기쁘게 생각하셨다.

그분이 내게 자신의 심정을 고백한 것을 들으면, 그때 나를 만나지 않았다면 자살했을 것이라 하였다. 모질고 지긋지긋한 생을 정리하려고 유서까지 써 놓고 하루 이틀 사이에 결행하려고 했을 때인데, 기독교 주임이 요즈음 사형수들 사이에서 말이 통하는 목사로 인정을 받는 안홍기 목사와 자매를 해 보지 않겠느냐는 제안을 받았다고 한다. 어차피 죽을 것, 만나나 보자 하는 심정으로 기독교 상담실에 나왔다는 것이다. 그런데 성깔도 있어 보이고 운동을 해서 다부진 체격을 가진 나를 만나고 호기심이 생기더란다. 그래서 한마디, 두 마디 말을 건네다 보니 생각보다 말씀이나 신앙에 옹골진 면이 있어 보여 재미가 있었고, 특히 운동도 대충 한 사람이 아니고, 미스터 코리아까지 오른 것을 보면 의지 또한 대단한 사람으로 여겨져 한숨 돌리고 가자는 심정으로 매주 자매를 하게 되었다 한다.

이분의 사건을 생각해 보면 참으로 우리는 한 치 앞도 모르는 무지한 존재라는 사실을 실감하지 않을 수 없다.

그분의 말대로라면 자기의 본명은 이재근이라 하였다. 자기가 사고를 일으키고, 당시 모시고 있던 김대중 총재에게 누가 될까 봐 죽은 자기 동생 이름을 썼다고 한다.

그는 선거철이 되어 선거 유세를 할 때면 김대중 총재를 모시고 전국 어느 곳이든 다녔다. 그분은 원래 전라도 나주가 고향인데 그분의 부친은 당시에 재력가였다 한다. 당시에 정미소도 하고, 농지도 엄청났고, 남부럽지 않게 유년기를 보냈기에, 하고 싶은 운동을 실컷 할 수 있었다고 한다. 어렸을 적부터 체격도 남달랐고 힘이 장사였으니 자기에게 잘 맞는 유도를 택하게 되었다 한다. 그러다 보니 전라도 건달들과 자연히 많이 부딪히게 되었고, 그럴 때마다 그들을 제압하여 그때 당시에 전국에서 잘 나간다는 건달들이 자기의 이름을 모르는 사람이 없을 정도였다 한다. 이재복 형제가 재력도 있고 성격도 호탕하니, 호걸에게 미인이 주어진다는 말이 있듯이 그분의 부인은 대학에서 성악을 전공하고 미모 또한 출중한 인테리였는데, 그분의 남성다움에 반해 결혼하게 되었단다.

그래서 결혼을 하고 신설동에 자기 소유의 빌딩 안에 유도체육관을 개설하고 관장으로 있을 때, 김대중 총재를 만났고 그분의 요청으로 인해 경호실장으로 김대중 총재를 그림자처럼 따르며 경호했다는 것이다.

그때만 해도 김대중 총재가 정치적으로 탄압을 받을 때인데, 자그마한 사건에 연루되어 7개월 실형을 받고 복역하게 되었단다. 그때 선배의 운전기사가 건달기가 있던 친구인데, 심부름으로 자주 이재복 경호실장의 집에 드나들었단다. 그럴 때마다 출중한 미모의 부인에게 흑심을 품게 되었는데 마침 남편인 이재복 형제가 투옥되었으니 그 기사에게는 흑심을 채울 절호의 찬스였던 것이다. 그래서 흑심을 채우기 위해 마약을 준비하고 심부름 왔다면서 혼자 집에 있는 이재복 형제의 부인에게 몰래 마약을 먹이고 겁탈했다는 것이다. 이재복 형제의 부인은 자기도 모르는 사이에 마약을 먹고 혼미해진 상태에서 겁탈을 당한 것이다. 그런데 이 못된 기사는 그것으로 끝나지 않고 나중에는 아이들이 집에 있을 때도 과자

사 먹으라고 잔돈 몇 푼 쥐어 밖으로 내보내고 이재복 형제의 아내에게 마약을 먹이고 욕정을 채웠단다.

그리고 나중에는 돈까지 요구하여 당시에 몇 억에 해당하는 거액을 갈취 당했다 하였다. 그러던 중에 이재복 형제가 만기 출소할 때가 이르자 이재복 형제의 부인은 그 기사에게 이제 이런 못된 일을 그만해야 한다고 만류했다 한다.

"내 남편이 나와서 만일, 이 상황을 알면 당신은 살아남지 못하니 이제 그만해야 한다. 이것으로 끝내자"

그러나 정욕과 물욕의 정점을 맛본 사내가 그런 말만으로 제동이 걸리겠는가? 그는 코웃음을 치면서 그러면 내가 먼저 죽여 버리면 되지 않겠느냐면서 더 거칠게 이재복 형제의 아내를 정욕과 탐욕의 제물로 삼았던 것이다.

드디어 이재복 형제가 만기 출소했다. 7개월 만에 집에 돌아와 보니, 눈치가 백단인 그는 무언가 좀 이상한 분위기를 감지하게 되었다. 그때 오랜만에 아버지를 만난 초등학교 다니는 아들이 그에게 이상한 말을 하였다.

"아빠, 아빠 없을 때 이상한 아저씨가 엄마랑 아빠 방에서 놀았어. 내게 돈을 주면서 나가 놀라고 하면서 말이야."

어이가 없어서 딸아이에게 물어보니 오빠 말이 맞다고 고개를 끄덕였다. 그러니 이재복 형제가 얼마나 어이가 없고 분했겠는가? 그때 심정엔 그대로 년놈을 다 죽여 버리고 싶더란다. 그러나 자초

지종이나 들어봐야겠다고 생각하고, 홧김에 친구를 불러내 잘 먹지도 못하는 술을 진탕 먹고 귀가하여 자기 건물 1층 화장실에서 소변을 보았단다. 그때 이재복 형제에게 해를 가하고, 그의 아내를 독차지하려는 못된 기사가 술에 취해 비틀거리면서, 소변을 보고 있는 이재복 형제의 뒤통수를 야구 방망이로 내려쳐 버린 것이다. 그렇게 되면 천하장사인들 속수무책이다.

이재복 형제는 야구 방망이에 맞고 그대로 기절했다. 얼마나 시간이 지났을까? 눈을 떠보니 자기는 쓰러져 엎드려져 있고, 그 기사는 자기 몸을 가운데 두고 다리를 벌리고 서서, 담배를 피워 물고 연기를 내뿜고 있더란다. 결국, 정신을 차린 이재복 형제가 그런 상황에서 그대로 넘어가겠는가? 유도 9단의 실력을 발휘하여 그 기사 바짓가랑이를 잡아 넘어뜨리고 눈앞에 있는 서양란 화분을 집어 들고 그것을 깨뜨려 넘어진 기사의 정수리를 찔러버리고 말았다. 급작스럽게 공격을 당한 못된 기사는 단번에 쓰러지고, 이재복 형제는 쓰러진 그를 계속 공격해 숨통을 끊어 버렸다.

그러니 무슨 정신이 있었겠는가? 사람을 죽여 버렸으니 자기도 죽어야겠다고 생각하고 창고에 있는 휘발유 통을 찾아 그 기사의 시체와 함께 차에 싣고 동네 파출소로 갔다. 그리고 차에서 기사의 시체를 매고 파출소에 들어가서 바닥에 내동댕이치고 자기 몸과 기사의 시체에 휘발유를 뿌리고 라이터를 켜서 불을 붙여 버렸다. 그러니 파출소 경찰들이 얼마나 놀랐겠는가? 평소에 유도체육관 관장으로 호탕하게 자기들을 대하던 사람이 갑자기 나타나 시체를 바닥에 내동댕이치더니 자기들이 보는 앞에서 휘발유를 뿌리고 불을 붙여버리는 사태를 맞으니 황당했지만, 급히 소화기로 불을 끄고 경찰서에 지원을 받아 온몸에 화상을 입은 이재복 형제를 병원으로 후송하여 다행히 생명은 구했고 이렇게 사형수가 된 것이란다.

사실 이런 정황을 참작하면 사형까지 선고받지 않을 사건인데 재판과정에서 판사가, 재판 중에 자기 아내와 죽은 기사가 화간이라고 몰아가기에 분해서, 의자를 집어 난동을 피우게 되었는데 그때 소아마비 장애가 있던 판사가 피하지 못하고 그가 던진 의자에 맞아 다치고 말았다는 것이다.

그의 이야기를 들으면서 이왕 사형수가 되었는데 무슨 소용이 있다고 내게 거짓말을 하겠는가 생각하니 그가 억울해도 참 억울하다는 생각이 들었다.

그러니 살아 무엇 하겠는가? 생각하면서 자살할 기회만 엿보고 있으면서 죽지 못해 살고 있었다.

그는 원래 천주교 신자였단다.

그런 그가 기독교로 개종하게 된 계기가 있었다. 그렇게 죽을 기회만 엿보고 있던 그에게 결국 기회가 와서 러닝셔츠를 찢어 줄을 만들어 목에 걸고 완벽하게 죽기 위해 몸을 실었다. 그러자 그의 육중한 체중으로 인해 목을 맨 줄이 조여 오면서 서서히 정신이 가물가물해졌다. 약간 남은 의식 속에서 이렇게 죽는가 보다 생각하는데 갑자기 줄이 끊어지면서 바닥에 나동그라졌다. 그러면서 바닥에 머리를 세게 부딪쳤다. 비틀거리며 일어나려는데 눈앞에 어떤 사람이 서 있는 모습이 보였다. 그 사람은 키가 무척 컸고, 얼굴은 수염에 덮여 있었다. 자기가 생각하기에 이분은 사람이 아니라 생각했다. 사람이면 자기 방에 들어올 수 없으니 말이다. 그러니 깜짝 놀라서 주저앉고 말았다. 그런데 그분의 음성이 들려왔다,

"재근아! 죽지 말고 살아라. 내가 맡긴 일을 해라."

자기 본명을 아시고 불렀다. 자기 본명을 아는 사람이 없는데 그분이 자기를 확실히 알고 부르는 것을 보면 분명히 주님이셨다.

눈물이 쏟아지면서 그 자리에서 펄펄 뛰었다. 본능적으로 사람들에게 알려야 한다는 생각이 들어 소리를 치면서 감방문을 발로 찼다. 사동 주임을 불렀다.

"어이, 어이, 여기 좀 와봐. 여기 예수님이 오셨네. 얼른 와 봐...."

소리를 지르면서 감방 문을 발로 차니 사동 주임이 달려왔다. 그는 예수를 믿는 사람이었다.

"이재복씨 왜 그래요? 왜?"

"어이 여기 예수님이 오셨잖아, 여기 좀 봐. 여기"

"아니, 누가 왔다고 그래요? 아무도 없는데 정신 차려요."

"이 새끼야, 너 예수 믿는다는 놈이 예수님이 여기 계신데도 보이지 않아?"

주임은 평소의 이재복 형제가 어떤 사람인지 알기에 무서워 감

방 문을 열지도 못하고 진정시키려 애를 쓰고 있었다.

그 소동이 있고 난 후에 그는 기독교로 개종을 했다.

나에게 이런 간증을 하면서도 연신 눈물을 글썽였다.

"목사님 그분은 정말 예수님이셨어요, 정말이예요."

이재복 형제는 한양대학교 공대를 졸업했다.

사형수라고 일자무식이 아니라는 말이다. 그런 그이기에 교도소에서 통신으로 신학공부를 했다. 대학원 과정을 마쳤다. 그리고는 열심히 주님께서 맡긴 일을 해야 한다면서 열심히 전도했다. 나를 만날 때마다 그는 한 주간에 전도한 사람의 수번과 이름, 그리고 나이를 적어 보고해 주었다.

그러면서 그가 간절히 바라는 것이 있었다. 목사 안수를 받고 싶다는 것이다. 왜 그러느냐고 하니 자기는 신학공부를 했고, 열심히 전도하는데 교도소에 수감 된 목사들이 자기가 하는 것을 보더니 목사 안수를 받지 않았지만 목사가 해야 할 일을 하니 그냥 목사라 하라 했다는 것이다.

그래서 내가 아주 신중하게 말을 했다.

"형제님, 어떤 목사가 그런 말을 했는지 모르지만 내가 이르는 대로 그 목사라는 사람에게 말해 주세요. 안홍기 목사가 그러는데 당신은 그렇게 엉터리로 목회를 했으니 여기 들어왔다. 아무렇게나 목사가 되는 것으로 알고 있는 당신은 진짜 목사가 아닌 것 같다"고 하세요.

내가 이렇게 단호하게 말하자, 좀 서운한 표정이었지만 나를 절대적으로 신뢰하는 그가 그대로 전하겠다고 하고 다음 주에 다시 만나기로 하고 포옹을 하고 헤어졌다.

그 다음 주에 이재복 형제를 다시 만났다. 내가 말 한대로 그대로 전했더니 그 목사가 입맛을 쩍쩍 다시면서 아무 말 하지 못하더란다.

그는 진심으로 목사가 되고 싶어 했다. 그래서 나를 만나면 눈치를 보다가 그 이야기를 다시 꺼냈다. 자기 사동에 있는 사람들은 자기를 "이 목사"라고 부른다는 것이다.

"목사가 별거냐? 목사 일을 하면 목사지"라고 하면서 그냥 목사라고 하라 한단다. 그래서 이참에 확실하게 말을 해야 하겠다고 생각하고 내 말을 잘 들으라 하고 그분의 눈을 똑바로 바라보면서 말을 했다.

"이재복 형제님, 앞으로 내 앞에서는 절대로 자신을 목사라 하지 마세요.

다른 건 몰라도 목사의 직임을 함부로 생각하는 것은 정말 온당치 않은 겁니다. 우리 교단의 법은 목사 안수의 결격 사항에 대해서 분명하게 밝히고 있는데 바로 이렇습니다. '금고 이상의 형을 받고 그 형이 종료되지 아니한 자는 '무흠'에 해당하지 아니한다.'라고 나와 있습니다. 그러니 현행법상 형제님은 절대로 목사 안수를 받지 못하게 되어 있으니 이제 포기하시고 그 대신 내가 우리 '글로벌 찬양의 교회'에서 선교사 임명을 해 드릴게요. 어떠세요?"

내 말에 그는 안도하고 기뻐하면서 내 손을 잡았다. 그는 좋아서 입이 다물어지지 않았다. 그날 헤어질 때 그는 유난히 힘을 주어 끌어안았다.

결국 다음 주에 그에게 우리 둘만이 기독교 상담실에서 "글로벌 찬양의 교회" 선교사로 임명하고 축복 기도해 주었다.

그리하여 그는 목사 대신 선교사가 되었고, 우리 "글로벌 찬양의 교회"의 "서울구치소 파송 선교사"가 된 것이다.

그리고 이 사실을 공고하기 위해 매 주일 전국의 150여 곳의 담 안의 교회에 보내는 주보에 이재복 선교사(서울구치소)라고 인쇄를 하여 보냈다.

내친김에 아주 만족하는 그에게 마음의 선물을 했다.

얼마 후에 이재복 선교사가 어떻게 찍었는지 내게 사진을 한 장 주었다. 온실에서 찍은 사진이었다. 얼마나 성직을 받고 싶었으면 이렇게 좋아할까 생각하니 코끝이 찡했다. 그는 매 주일 만날 때마다 전도한 사람의 명단을 주는데 그 숫자가 많이 늘어났다. 그분이 매 주일 내게 보고한 '전도 보고서'를 나는 소중히 보관하고 있다.

chapter 22

소 천

　이 사역을 시작하면서부터 매일 밤이면 낮에 형제자매들에게
받은 편지를 읽고 답장을 해 주느라 밤늦게까지 시간을 할애한다.
전국 여러 교정기관에서 형제자매들이 여러 가지 사연을 담아 보
내 주는 것이기에 나는 일일이 읽고 답을 해 준다. 그러나 손편지
를 쓸 수는 없고, 교정 본부 홈페이지에 들어가 공공 I-PIN을 등록
하고 '전자서신' 란으로 들어가서 서신을 보낸다.

　내 사정을 잘 모르는 형제들은 나와 자신을 일 대 일로 생각하
고 왜 손 편지를 보내주지 않느냐고 짜증을 내는 사람도 있다. 그
럴 때는 난감하다.

　내가 몇 백 명이나 되는 형제자매들에게 손 편지를 쓴다면 과연

몇 명에게나 답장을 해 줄 수 있을까? 어떤 형제들은 마치 내게 돈을 맡겨 놓은 것처럼, 한 번도 본 적이 없는 나에게 처음부터 몇 십만 원씩 보내라 명령조로 요구하는 경우도 있다.

지금까지 나 혼자 하는 사역이고, 더구나 누구에게 후원을 받으며 하는 사역이 아니기에 경제적인 부담이 상당하다는 것을 짐작할 수 없는 형제자매들은 이렇게 곤란한 부탁을 해 오는 경우가 종종 있다. 이럴 때 형제자매들에게 구구절절 설명할 수도 없고, 그렇다고 무시할 수 없어서 속을 끓일 때가 한두 번이 아니다. 그럴 때는 내가 너무 준비되지 않은 상태에서 시작한 사역이 아닌가 주춤거릴 때도 있다.

그날도 언제나처럼 전자서신을 하기 위해 교정본부 홈페이지에 들어갔다. 그 안에는 내가 서신을 보내려고 지인으로 등록해 놓은 형제자매들의 목록이 약 150여 명이 있다. 그 목록을 보면 혹시 이감하면서 내게 연락을 하지 않고 갔어도 그곳에 이동현황이 표기되는 그런 공간이다. 그러니 영치금 현황, 신상정보 등이 표시되는데 그날은 이재복 선교사 란에 빨간색으로 '수용자 정보 변경'이라고 표시되어 있었다. 정신이 번쩍 들었다.

보통 이런 표시가 있다면 수용자가 출소했거나 이감했다는 뜻인데 사형수에게 이런 정보가 뜬다면 사형수가 출소했을 것은 아니고, 사형이 집행되었다든지 아니면 어떤 사유로 사망했다는 것을 의미한다고 생각하니 가슴이 뛰기 시작했다. 만일 그런 상황이 일어났다면 서울구치소에서 내게 연락을 했을 것인데 아무런 기별을 받지 못했기에 더욱 궁금하고 당황스러웠다. 그래서 아침이 되기만을 학수고대했다. 근무시간이 시작되어 서울구치소 사회복귀과에 전화했다.

"여보세요. 교정위원 안홍기 목사입니다. 이재복 형제에 무슨 일이 있습니까? 홈페이지에 보니 수용자 정보 변경이라고 나왔던데요?"

"아, 그러세요? 거기에 대해서는 말씀해 드릴 수가 없습니다. 기독교 담당에게 물어보시지요."

그래서 기독교 담당을 하던 이희곤 주임에게 전화했다. 그러나 연결이 되지 않았다. 그리고 한참 지나자 이희곤 주임에게서 전화가 왔다. 어찌 된 것이냐 물었더니 자기는 지금 교육을 받고 있는데 이재복 선교사가 소천 했다는 소식을 이제야 받았다는 것이다. 결국 이재복 선교사가 소천 했다는 것이다.

정말 어이가 없었다. 언제 그런 일이 있었느냐고 물었더니 자기도 그 정확한 날짜는 잘 모른다는 것이다. 그것을 알기 위해 사형수 이명호 형제를 접견했다. 그에게서 들었다. 소천 했다는 것이다. 그런데 날짜는 확실치 않다는 것이었다. 정말 어이가 없었다. 몇 년 동안이나 자매를 하면서 지냈으니 보호자나 다름없는 내게는 알려 주어야 할 것이 아닌가? 그래서 시신을 수습하지는 못할망정 장례식장에 가서 기도라도 해야 나도 내 도리를 다할 수 있지 않겠는가? 서울구치소의 처사에 불만이 터져 나왔다.

구치소장은 1년에 한 번 바뀌는데 오는 소장마다 부임 인사에서 빼놓지 않는 인사말이 있다.

"교정위원 여러분, 제가 이 세상에서 가장 존경하는 분들은 이름도 없이 빛도 없이 이렇게 묵묵히 수용자들을 섬기는 교정위원 여러분들입니다."

정말 그분들은 우리 교정위원들을 존경하는 것 같다.

이런 일이 있으면 평소에 목사들은 바쁘고 또한 궂은일이니 우리에게 알리지 않고 조용히 처리하고 끝내 버리는 것 같다.

당장 따지고 싶은 생각이 굴뚝같았지만 심호흡을 하면서 참았다. 그때 나는 교정당국에 대단히 찍혀 있는 상태였기에, 만일 따질 경우에는 전면전을 불사해야 하는 상황이었기에 사태를 정확히 판단하고 대처하기로 하였다.

거의 8개월 전 어느 날, 이희곤 주임이 나에게 굳은 얼굴로 말했다.

"목사님, 이재복 형제와 자매를 오래 했으니 이번에 조금 쉬시고 새로운 사람과 자매를 하시면 어떻겠습니까? 곧 지정해 드리겠습니다."

"아니, 다른 사람들은 우리보다 오래되었어도 계속하던데 우리에게 이러는 이유는 무엇입니까?"

이해할 수 없어서 계속 질문을 하자 이 주임이 얼버무리면서 나중에 자세히 말해 주겠다며 그렇게 알고 계시라는 애매한 말을 남기고 자리를 피하는 것처럼 들어가 버렸다.

무언가 내막이 있다는 생각이 들었지만, 이 주임이 나와 동향이기에 설마 나에게 사실대로 말하지 못할 이유가 없다고 생각하고 지났다. 그 후에 8개월이 지났어도 아무런 소식이 없었다. 이재복 선교사와 일반접견을 하면서 물어보면 도리어 새로운 교정위원과 자매를 하라고 하는데, 자기는 절대로 그렇게는 못하겠으니 다시 안홍기 목사님과 자매를 하도록 해 달라고 버티고 있는 중이라 했다.

그렇지만 한 달에 한두 번 접견하면서 만나보는 이재복 선교사는 일주일 3회 정도 투석을 해야 하기에 하루하루가 다르게 체력이 떨어지는 모습이 역력했다. 맨 처음 만났을 때만 해도 한쪽 목발만 짚었는데 얼마 후에는 두 개의 목발에 의지하게 되었고, 1년 전부터는 휠체어를 타고 다녀야 할 정도로 병세가 악화되었다. 그러면서도 혹시나 내가 접견을 늦게 오면 한 달에 세 번 하는 전화로 "목사님, 언제 접견 오세요? 우리 서로 얼굴이라도 봐야지요." 했으므로 나는 연일 제쳐 놓고 접견을 하게 되면 만날 때와 헤어질 때에는 어김없이 두 손을 머리에 올리고 "목사님, 사랑해요"라고 애교를 부리곤 했다.

그러던 중에 말하면 알만한 유명한 분이 이재복 선교사께 영치금을 넣어 드리고 싶은데 자기가 그럴 입장이 못되니 나에게 대신 전해 달라고 하며 20만 원을 주어 전해 드리러 갔다가 만나 보니 상태가 너무 좋지 않았다.

여태껏 그렇게 허물어진 모습을 본 적이 없었기 때문에 더욱 격

정되었다. 내가 접견하면 어떻게 해서든지 면도를 하고 나오던 그
분인데 그날은 유난히 머리는 헝클어져 있고, 수인복도 제대로 입
지 못하고, 고개를 들지 못할 정도로 힘들어했으며, 평소 같으면
이재복 선교사가 대화를 주도해 10분이 짧았는데 그날은 그 짧은
10분 마저 견디지 못할 것으로 보여, 시간을 다 채우지 못하고 소년
수들에게 모시고 들어가라 하고 헤어졌다.

그때 나는 이재복 선교사의 삶이 얼마 남지 않았다는 것을 직감
했다. 그래서 주일 예배 때마다 교인들에게 이재복 선교사의 상황
을 전하면서 건강을 위해 특별 기도를 독려했었다.

결국, 내 예감이 틀리지 않았다.

결과적으로 나중에 알아보니 그분은 2019년 7월 11일 오후에 하
나님의 부르심을 받았다 한다. 그렇게 나를 좋아했던 이재복 선교
사를 허망하게 보내고 나니 그분의 마지막을 지켜 주지 못하고 장
례식장에 가서 기도조차 하지 못하도록 연락조차 받지 못하는 허
울뿐인 교정위원이라는 직함이 우습게 생각되고 허탈해 집어던지
고 싶은 생각마저 들었다.

chapter 23

교정위원

교정위원이 되려면 여러 교도소와 구치소의 여건과 상황에 따라 다르겠지만 실제로 만만치 않다. 여러 가지 조건과 절차를 거쳐야 가능하다. 왜냐하면, 교정위원들을 위촉하는 가장 주된 목적은 교정행정을 돕거나 교정기관과 수용자들을 돕기 위해 교도관들이 하지 못하는 일을 대신해서 하는 것이기에 무척 까다롭다. 그러므로 교정위원을 위촉하는 첫 번째 목적은 수용자들의 교정과 교화에 있다고 본다.

그러기에 교정위원이 되려면 그 사람이 평소에 교정기관에 1년 6개월 이상 봉사를 한 경력이 인정되거나 그에 상당한 교화시설에서 봉사한 경험이 인정되어야 한다.

이 교정위원에는 그들 각자의 경력과 이력에 따라 교화, 종교, 교육, 의료, 취업·창업 분야 총 5개 분야로 구성되어 있으며, 각 교정기관 교정협의회의 기존 회원 2인 이상이 신규위원 추천하는 절차를 거쳐 해당 기관의 '사회 복귀과'에서 추천하고, 해당 기관장이 심사한 후에 지방교정청장에게 추천하고, 최종 지방교정청장이 법무부장관에게 신규(재)위촉을 상신하는 복잡한 절차를 밟아야 비로소 교정위원으로 위촉되고 있다.

그래서 신규위원 위촉의 경우 대상자 자격 검증을 엄격히 하여 5년 이내의 범죄 실형 전과 또는 사회에 물의를 일으킨 전력이 있는 자나, 교정시설 내 수형자 교육, 상담, 교화프로그램 참여 등 교정 참여 활동실적 미달자의 경우 추천에서 제외하게 된다. 그러니 교정 1번지라고 자처하는 서울구치소의 교정위원의 경우엔 더더욱 쉽지 않은 절차를 거치게 되는 것은 당연한 일이다.

그렇다면 이렇게 엄선된 교정위원들을 교정당국은 정작 어떻게 생각하는 것일까?

법무부 장관이 교정행정과 수용자들에게 도움을 주기를 바라면서 친히 위촉한 교정위원이지만 실제는 법무부 장관도 교정본부장도 그리고 그 어떤 교도관도 그렇게 생각하는 것이 아니란 생각이 든 적이 한두 번이 아니다.

말로는 가장 존경하는 분들이라 하지만, 실제로는 후원회원 정도로 여긴다는 것으로 느껴지는 것은 비단 나 혼자만의 생각은 아닐 것이다. 그런 불평을 동료 교정위원들로부터 들은 적이 한두 번이 아니기 때문이다.

심지어 전국 여러 교도소에 가서 형제자매들을 접견하거나 다른 일을 할 때, 신분증 제시를 요구받을 때 법무부 장관이 발부해 준 교정위원증을 보여 주면, 그것 말고 다른 신분증을 제시해 달라고 하는 경우가 대부분이다.

도대체 자신들이 속한 기관의 최고 수장인 법무부 장관이 여러 가지 정당한 자격 요건과 절차를 거쳐 정식으로 위촉하여 만들어 준 교정위원증이 교정위원들의 신분증으로 인정받지 못하는 것은 무슨 이유일까?

무슨 행사가 있을 때 떡이나 만들어 가고, 날이 더울 때 얼음물이나 기부하는 것이 교정위원들의 역할이라고 여겨지는 것이란 생각이 든다.

우리나라 재범률을 통계에서 보면 약 22.5%이다.

이 말은 1백 명의 수용자가 출소한 후에 다시 범죄를 범해 다시 구속 수감되는 경우가 100명 중에 약 23명이나 된다는 말이다. 그러니 이런 상황으로 몇 년이 지나면 다시 교도소를 신설해야 할 정도로 교정시설이 필요해진다는 결론에 도달한다.

그렇다면 어떻게 해야 우리나라는 재범률이 줄어들고 그만큼 안정되고 안전하고 행복한 사회와 나라가 될 수 있는 것일까?

 일반적으로, 죄를 지으면 무조건 잡아다가 구속 수감하면 될 것
이고, 그들을 사회와 격리시키기 위해서 많은 재정을 할애하여 교
정기관을 더 지으면 될 것이라 생각할지 모르지만, 그렇게 하면 국
가는 더욱 많은 재정을 투입해야 하고, 교화되지 않은 출소자들의
재범률이 더 높아져, 사회는 범죄가 만연하고 행복하고 안전한 사
회와 삶과는 거리가 먼 상황이 될 것이라 여겨진다.
 그렇다면 이와 같은 문제점을 개선할 수 있는 가장 좋은 방법은
무엇일까? 두말할 것도 없이 수용자들을 교정, 교화해야 한다. 그
것이 가장 원론적이고 분명한 해결책이다.
 우리가 함께 감동(感動)이란 단어의 뜻을 생각해 보자.
 인간을 움직이게 하려면 느끼게 해야 한다는 뜻일 것이다. 그냥
가두고 자유를 구속한다고 범죄자들이 변하게 되는 것이 아니라,
어떻게 하든 자기 잘못을 느끼게 하고 뉘우치게 할 경우에 좋은
방향으로 움직이고 변화된다는 것이다. 그런 심성을 지닌 인간들
을 단지 그들의 자유를 구속하고 가두어 놓는다고 재범률이 낮아
질 것을 기대하는 것은 어리석고 아주 책임감 없는 생각이다.

 그렇다면 세계에서 가장 재범률이 낮은 나라는 어느 나라일까?
 교도관들의 이야기를 들으면 독일이라고 이구동성으로 말한다.
그래서 어떤 교도관들은 나에게, 앞으로 교정사역을 계속하고 더

전문성을 갖추고자 한다면 얼마 동안이라도 좋으니 독일 유학을 권유하는 말을 수차례 들었다.

독일에서는 교회가 교도소와 수용자들과 긴밀하고 유기적인 관계를 갖고 있다고 한다. 지역 교회는 지역의 교정기관을 돕는 일에 목적을 두고 최대한 협력하고 후원하면서 수용자들과 긴밀한 관계를 유지한다고 한다. 수용자가 수감되어 있을 때부터 계속해서 친밀한 관계를 유지하며, 그 수용자가 출소한 이후에도 관계를 지속적으로 유지하고, 가능하다면 한 가족으로 인정하여 갱생, 재활은 물론 정상적인 사회인으로 사회에 복귀하기까지 최선을 다해 도우니 수용자들의 재범률이 현저히 낮아진다는 것이다.

평소에 수용자들에게 관심과 사랑을 아낌없이 주고 받고 나눌 때, 어느덧 모두가 행복하게 살아가는 안전한 사회가 될 것을 믿는다. 그러므로 이런 놀라운 변화와 역사가 일어나는 데 가장 중요한 역할을 하는 사람들이 바로 교정위원들인 것이다. 교정위원들이 자부심을 갖도록 교정기관에서 대우해 준다면 더 힘이 나서 열심히 자신들의 사명을 감당케 될 것이라고 확신하며 교정당국이 다시 한 번 반성해 보는 기회가 되길 바란다.

실제로 독일에서는 지역 교정기관의 교정위원들이 수용자 중에 한명을 지목하고 그 수용자를 데리고 외출하여 자기 집에서 함께 지내고, 다음날 함께 교정기관에 복귀하겠다고 요청한다면 교정기관에서는 기꺼이 허락할 정도라고 하니 교정위원들 각자는 더욱 자부심과 사명감에 고취되어 열정적으로 교정, 교화에 최선을 다할 것이고 헌신적으로 봉사하게 될 것은 당연한 결과인 것이다.

그리고 더 놀라운 일은 이렇게 교정위원들에게 교정, 교화의 전문성을 함양시키기 위해 독일 대통령도 직접 참석하여 그 모든 교육과정을 경청하고 습득한다는 것이다. 그러니 독일이 전 세계에서 재범률이 가장 낮은 나라가 되는 것은 당연한 일이라고 생각한다.

나아가서 주님께서 이 세상에 우리와 함께 살아가실 때, 제자들에게 가장 큰 관심으로 만나고 도우라고 말씀하신 사람 중에 '옥에 갇힌 사람들을 돌아보라' 하신 것을 생각해 볼 때, 우리 한국 교회들이 더 이상 사역의 목표와 목적을 찾지 못해 유리하고 방황하지 말고, 세상에서 가장 어둡고, 낮고, 외면당한 사람들이 모여 있는 교도소에 찾아가서 수용자들을 주님의 말씀으로 교화하고, 주님의 사랑을 그들과 나누게 될 때, 수용자들이 변화되어 재범하지 않고 정상적인 사회인으로 남은 인생의 후반전을 승리자로 살아가게 되는 역사를 이루어 나가는 기쁨을 누리는 주인공들이 될 줄 믿는다.

chapter 24

접견

교정기관에서 접견은 규정상 당해 교정기관에서는 하루에 한 사람이 한 명의 접견이 허용된다. 그러기에 내가 교정위원이라 하더라도 서울구치소에서는 그날 한 명만 허용되며, 나와 접견한 사람은 나 외에 다른 사람과도 접견할 수 없는 것이다.

나는 차가 없을 때는 아침 8시 30분에 중화역에서 7호선 지하철을 탄다. 그러면 이수역에 도착하는데 45분 정도 걸린다. 이수역에서 환승 통로를 걸어 유난히 높은 계단을 올라가서 4호선으로 갈아타고 인덕원역까지는 약 25분 정도 걸린다.

그곳에 도착해서 2번 출구로 나가면 정류장이 나오는데, 정류장에서 마을버스를 타고 다섯 정거장째 하차하면 그곳이 바로 서울구치소 앞 삼거리다. 거기서 다시 길을 건너 약 300미터쯤 약간 경사진 언덕길을 걸어 올라가면 서울 구치소 정문이 나오고 검문소에 신분증을 제시하고 다시 100미터 정도 걸어 올라가면 서울구치소 '민원봉사실'이 나온다.

그러니 중화역에서 서울구치소까지 소요되는 시간은 거의 1시간 40분이다. 그것을 비가 오나 눈이 오나 매일 반복한다는 일은 결코 쉬운 일이 아니었다. 그러나 나는 지금까지 계속해 오고 있다. 매일같이 서울구치소에 가고 있으니 어떤 교도관들은 나에게 "토요일은 좀 쉬시지 오늘도 나오세요?"며 안타까워한다.

나는 그분들에게 대답한다.

"저는 이 일밖에 할 일이 없어서요."

서울구치소에 도착해서 접견 신청서를 쓴다.

이름을 쓰고, 관계를 적고, 주소를 쓰고, 전화번호를 써서 번호표와 함께 제출한다. 그러면 접수가 되는데 접수한 후에 약 50분에서 1시간을 기다려야 한다.

그리고 시간이 되어 주어지는 접견 시간은 달랑 10분이다.

그 접견이 끝나고 나면 점심시간이 된다.

다행히 서울구치소에는 민원봉사실에 편의점이 있어서 간단한 식사를 할 수 있다.

내 점심 메뉴는 '삼각 김밥', '구운 계란 2개', '베지밀'이다. 혼자 점심을 먹는다는 게 내키지 않아서 이렇게 간단하게 먹는다.

그리고는 근처의 안양교도소나 수원구치소, 남부구치소, 남부교도소로 향한다.

요즈음 차가 생겨서 차를 타고 이동하니 여러 곳을 다닐 수 있게 되어 많은 형제 자매들을 만날 수 있어서 다행이다. 이렇게 여러 곳을 다니다 보면 거의 매일 200km를 주행하게 된다.

지방에 있는 형제자매들도 찾아와 주기를 원해서 지방 교도소까지 가서 접견하다 보면, 기름값만 해도 한 달에 80만 원에서 100만 원이 소요된다. 물론 통행료는 제외하고 말이다.

접견은 이렇게 직접 찾아가서 하는 일반접견이 있지만 멀어서 직접 찾아가지 못하는 경우에는 화상 접견을 신청하면 된다.

교정본부 홈페이지에 들어가서 공공 아이핀이나 공인인증서를 통해, 본인 확인을 하고 몇 가지 절차에 따라 신청하고 나면 원하는 날짜와 시간에 가까운 지정 교정기관에서 화상 접견을 할 수 있다.

화상 접견을 하게 되면 먼 곳까지 가야 하는 불편함을 덜 수 있는 이점도 있고, 직접 얼굴을 보고 대화하는 것보다는 못하지만 일반접견보다 접견 시간이 5분 정도 더 할 수 있다는 이점도 있다.

요즈음은 또 하나의 특별한 접견이 있는데 그것은 스마트 접견이다. 가족에 한해 허용되는데, 교정기관에 등록하고 나면 집이든 어느 곳에서든 시간을 정해 신청해 놓으면 화상접견과 같이 스마트 폰으로 얼굴을 보면서 접견을 할 수 있어서 편리하다.

그래서 생각해 보면 이 스마트 폰 접견의 제도는 이 지구상에서 인터넷 강국인 우리 대한민국에서만 행하는 우수한 기능인 것으로 생각한다.

chapter 25

서신

담 안의 형제자매들이 가장 기다리는 것이 있다면 서신이다.

세상과 소통할 수 있는 수단이기에 그럴 것이다.

우리가 형제자매들에게 보낼 수 있는 서신의 종류는 얼마 전까지만 해도 세 종류가 있었다.

먼저는 일반서신, 그리고 접견 서신과 전자서신이 있었다.

수용된 형제자매들은 모두 손으로 편지를 써야 하지만 가족, 친지, 지인들은 형제자매들에게 전자서신과 손편지로 일반서신과 접견 서신으로 소통할 수 있었다.

전에는 교정기관에서 접견하며 다 나누지 못한 이야기를 쓰거나 접견하러 왔지만 다른 사람이 접견해서 만나지 못하고 갈 경우에,

교정기관에 비치된 양식에 직접 손으로 써서 접견서신 함에 넣어 두면 사회복귀과에서 수거하여 다음 날, 형제자매들에게 전달해 주었다. 그런데 이렇게 하기에는 교도관들의 업무량이 많아져서인지는 모르지만, 요즈음은 접견 서신을 없애고 일반서신과 전자서신만으로 한정되었다.

전자 메일을 사용하기 전에는 누구나 손으로 쓰는 편지밖에 없었으니 생소하지 않지만, 전자서신을 쓰려면 교정기관의 홈페이지에 들어가서 공인인증서나 공공 아이핀으로 본인 확인을 한 다음에 '인터넷 서신'란에 들어가 수용자를 지정하고 서신을 쓰면 된다. 대략 A4지, 글씨 크기 약 11호로 쓰게 된다면 한 페이지 반 정도를 쓸 수 있는 분량인데, 각 교정기관의 사회복귀과에 연결되어 있어서 다음 날 출력을 해서 오후쯤에는 수용된 형제자매들에게 전달된다.

그래서 인터넷 서신이 가족 친지들이 수감자에게 가장 빠르게 소식을 전달할 수 있는 방법인 것이다.

그러나 한 가지 단점이 있다면, 써서 보내는 양에 제한이 있다는 것이고, 또한 서신의 내용을 사회복귀과에서 출력해서 전달하기에 내용이 교정기관에 모두 보관이 되고 내용이 노출된다는 것이다. 그리고 무엇보다도 안타까운 것은 연로하신 부모님들은 컴퓨터를 사용하지 못하기 때문에 전자서신을 사용할 수 없다는 것이다. 이런 안타까운 사정을 감안하여 드는 개인적인 생각으로는 오랜만에 자녀, 형제, 자매를 접견했지만 10분이라는 짧은 시간에 다 나누지 못한 이야기를 서신으로 써서 전달할 수 있는 접견 서신을 부활했으면 하는 생각이다.

내가 하루에도 몇 군데 교도소와 구치소를 다니면서 느끼는 것은 수많은 수용자로 인해 이들을 관리 감독하고 돌봐야 할, 수많은 교도관이 필요하다는 것이다.

교도관들은 수용자들과 함께 동고동락하는 분들이다. 특히 보안과에 속한 교도관들은 각 사동에서 수용자들과 함께 생활하는 상황이므로 어찌 보면 수용자들과 함께 복역한다고 해도 과언이 아닐 것이다. 그러니 사명감이 없으면 할 수 없는 참으로 고단한 직업이다.

교도관들의 임무는 수용자들을 안전하고, 건강하게 잘 보호하고 가능하면 교정, 교화하여 무사히 가족과 사회에 복귀시키는 것이라고 생각한다.

그러나 안타까운 것은 교정행정이 교도관들의 편의 위주로만 돌아가는 것 같다는 생각을 떨쳐 버릴 수 없다.

요즈음은 그동안 계속되었던 영치품 반입제도 중, 도서에 관한 제한 조치를 지적하지 않을 수 없다.

물론 이 제도를 악용하여 불법적인 서적이나 인쇄물이 반입되는 것을 방지하기 위한 제한 조치라는 점은 이해하지만, 그러다 보니 일반 서적은 물론이거니와 신앙 서적과 성경마저도 반입을 제한했다는 것이다.

이 지구상에서 기독교를 용납지 않는 국가라면 모를까 엄연히 종교의 자유가 있는 나라이고 21세기에 가장 기독교가 부흥한 나라인 우리 대한민국에서 성경 반입이 불가하다는 것은 너무나 심한 조치가 아닌가 생각한다. (지금은 회복되었다)

물론 불온서적이나 인쇄물들이 내부에 부정 반입되는 경우가 없지는 않겠지만, 빈대 잡다가 초가삼간 태운다는 말이 있듯이, 신앙 서적과 성경마저 제한한다면 수용자들을 무슨 수로 교화할 수 있겠는가 하는 말이다. 물론 수용자들이 사회복귀과에 구입신청을 해서 받아 볼 수 있게 하고는 있지만, 책을 사 볼 수 없는 수용자들의 교화는 생각도 할 수 없다는 우려가 드는 것이 솔직한 심정이다.

물론 그런 부작용이 있으니 있다고 취한 조치이지만 교도관들이 좀 더 신경을 써서 도서반입 규제에 대한 장단점을 좀 더 신중하게 조사해서 결정했으면 좋겠다는 생각이다.

아마도 이 제한 조치가 계속 지속된다면 기독교 단체와 엄청난 마찰이 있을 것이라 본다.

chapter 26

표찰

수용자들이 상의에 붙이는 표찰에는 네 종류가 있는데 색깔로
구분한다.

먼저 흰색은 일반 수용자들을 표시한다.
경제범이나, 성범죄나, 살인, 폭행 등의 범죄로 수용된 경우에 이
표찰로 구분한다.

청색의 표찰은 마약사범을 표시한다.
마약을 투약하거나, 판매, 밀반입, 제조 등 모든 마약사범은 청색
의 표찰을 부착시켜서 일반 수용자들과 구분한다.

그리고 거실 즉 감방도 가급적 일반 수용자들과 함께 혼거시키지 않는다. 마약 확산을 방지하기 위한 조치라고 본다. 그러나 이 규정에 한 가지 문제가 있다. 마약 사범들끼리 혼거를 하기에, 만일 초범이 같은 거실에서 생활하다 보면 마약이 근절되기는커녕, 도리어 수많은 구입처나 수요자들의 정보를 얻게 되는 것이다. 그러니 마약 사범은 계속해서 마약을 투약하거나 공급하다가 서로가 서로를 제보하고 고소하다가 수십 번씩 교도소를 들락거리다가 결국 비참한 인생으로 생을 마감하게 된다.

황색의 표찰은 요시찰 대상자라 해서 관심수를 뜻한다.
어디서나 그렇듯이 노란색은 경고, 경계의 의미로 상징되어 있다. 그러다 보니 교정기관에서도 수용자 중에 특별히 경계하고 관심을 가져야 할 대상들이라고 볼 수 있는 것이다.
특히 정치범이나 범죄 단체의 일원으로 명단에 오른 조직 폭력배들이 노란 표찰을 달고 생활하는 것이다.
그러기에 일반 수용자들과 확연하게 구분이 되어 교도관들이 관리, 감독하기 쉽도록 한 조치라고 봐야 할 것이다. 특히 범죄 단체의 두목이나 간부급들은 일반적으로 일반 수용자들과 혼거를 시키지도 않는다. 대부분 독방이다. 왜냐하면 일반 수용자들과 혼거를 시키는 경우 일반 수용자들이 여러 가지 면에서 편치 않은 생활을 하게 되는 것을 방지하기 위한 조치로 보여진다.

마지막으로 빨간색 표찰이다.

빨간색은 무엇을 상징하는 색깔인가? 말할 것도 없이 피 또는 위험에 대한 경고를 생각하게 한다. 그러므로 그런 표찰을 붙이고 다니는 수형자는 사형수들이다. 사형수들은 평소에 일반 수용자들과 접근을 할 수 없도록 운동 시간에도 함께 하지 않도록 조치한다.

물론 사형수들은 독방을 쓴다. 그것도 안정되지 않은 사형수들은 CCTV로 24시간 감시당하는 그런 방에서 생활해야 한다.

자살이나 자해 등의 엉뚱한 사건, 사고를 방지하려는 조치이다. 그러니 당사자들은 얼마나 피곤하겠는가?

그리고 어떤 표찰이든지 동그란 원 안에 아라비아 숫자로 표시가 되어 있다. 만일 1자가 있다면 1급수이다. 2자가 있다면 2급수인 것이다. 그렇게 해서 3급수, 4급수까지 있다.

1급수는 모범수다.

면회도 매일 한 번씩 할 수 있고, 전화도 한 달에 3번 정도 사용할 수 있다. 가석방 대상임을 말할 것도 없다.

2급수는 한 달에 가능한 접견이 6회다. 전화는 한 달에 3번 정도 사용할 수 있다. 그 중에도 행형성적이 좋으면 가석방 심사 대상이 될 수 있다.

3급수는 한 달에 가능한 접견이 5회이다. 그리고 전화는 사용할 수 없다. 대부분 전과가 많거나 죄질이 아주 나쁜 범죄자의 경우이며 확정판결을 받은 지 오래되지 않은 수용자들일 경우가 많다.

　4급수는 한 달에 4회 접견이 가능하다. 가장 중범죄자일 경우에 해당되며, 전과도 많고 수용생활에 적응을 하지 못하거나, 적응하지 않으려는 요주의 수용자들이다.

　그러므로 구치소는 구속되어 대법원까지 형이 확정되지 않은 미결수들일 경우에 생활하는 곳이며, 대법원 형이 확정된 후에 기결수로 생활하게 되는 곳이 교도소이다.

　참고로 사형수는 사형이 집행되어야 형이 집행되는 것이기에 사형 당하기 전에는 미결수로 분리되지만, 대체로 4급수 보다 모든 면에서 자유롭지 못하다고 봐야 한다. 단, 소장의 재량에 따라 한 달에 1~3회 정도 전화는 허락한다.

　그러므로 교도소도 S1(1급수), S2(2급수)들이 생활하는 교도소와 S3(3급수), S4(4급수)들이 생활하는 교도소로 구분하여 수용한다. 또한 마약사범으로 전과가 많거나, 성범죄자로 전과가 많은 수용자들을 교육하기 위해 수용하는 교도소도 있고, 각 재활 기술과 자격증을 교육하는 교도소가 각기 직능과 분야별로 전국에

산재해 있다. 그리고 살인을 비롯하여 상해, 살인미수에 해당하는 수용자들에게 인성 교육을 위주로 하는 교도소도 있다. 청주여자 교도소 같은 여자 수용자들만 생활하는 교도소가 있는 반면, 외국인 교도소도 있고 개방교도소도 있다.

또한 전국에서 유일한 민간 교도소가 있는데 여주의 소망 교도소이다. 이 교도소는 기독교 단체들이 설립한 교도소로 대부분 초범 그리고 경제사범등 형기가 7년 이하의 수용자들이 생활하는 곳인데 다단계, 마약이나 인신매매, 성범죄, 조직 폭력범들은 수용을 불허한다.

운영은 정부와 민간단체가 공동으로 재정을 부담하여 운영하며 교도관들은 일반 교정기관보다 적은 급료를 감수하고 지원받아 근무하게 한다. 사명감을 가진 기독교인 교도관들이 자원하는데 자연스럽게 재범률은 현저히 낮다.

내가 향후에 기대하는 것이 있다면 바로 민간 교도소다.

나는 이 사역을 시작하면서 가장 작은 교도소를 택하여 우리 기독교인들이 신앙으로 운영하고 싶은 생각을 하고 있다.

한 사동에 전문 교도관과 전도사 이상 사역자들이 함께 근무하며 거의 매일 성경공부와 예배와 상담과 기도와 찬양으로 생활하게 하면서 적극적으로 교화한다면, 하나님은 못 고칠 죄인이 없다는 것을 세상에 증명해 보일 수 있다고 확신한다.

그러므로 내가 네게
지혜와 지식을 주고
부와 재물과 영광도 주리니
네 전의 왕들도 이런 일이 없었거니와
네 후에도 이런 일이 없으리라 하시니라
(역대하 1장 12절)

3 부

I

LOVE MY

FATHER

chapter 27

학생 챔피언

2014년 6월 경이었다.

그날 오후에 해외 선교지에서 수고하시는 선교사님과 함께 커피를 한잔하려고 강남역 6번 출구 근처의 coffee shop에 들어갔다. 점심시간 이후여서 손님이 많아 주문하는 곳에 줄을 서 있었다.

그때 한 건장한 청년이 내게 조심스럽게 다가오더니 말을 건넸다.

"저 실례 하지만 안홍기 목사님 아닙니까?"

이 시간에 이런 청년이 나를 알아보는 것이 신기했지만 생각할 겨를이 없이 대답했다.

"예, 내가 안홍기 목사인데 나를 어떻게 알아보시나요? 나는 형제님을 처음 보는데?"

그 청년은 체격은 아주 건장하지만 얼굴은 아주 부잣집 아들처럼 생겼고 말하는 것도 예의 바른 청년이었기에 호감이 생겨 다시 물었다. 그러니 자연스럽게 그 청년과 합석을 하게 되고 곧바로 대화를 이어가게 된 것이다.

그 청년의 이름은 이동훈이었다. 나이는 22살. 삼수생이라고 자신을 소개했다. 아버지는 현대자동차 부품 납품 업체를 운영하는데 할아버지로부터 가업으로 물려받은 것이라 했다. 그러니 경제적으로 남부럽지 않게 사는 집 1녀 1남이었다. 손위 누나는 회사에 다니고 자기는 대학에 떨어져 삼수하는 중이라는 것이다.

그러던 어느 날, 강남의 교보문고에 가서 참고 서적을 사려고 둘러보고 있는데 신간 서적 코너에서, 어떤 책이 눈에 확 띄는데 제목이 참 특이하더란다. 『하나님의 용사 ❶』 거기다 더 가관인 것은 책 표지에 저자인 듯한 사람의 자세가 압권이었단다. '클러지 웨어'를 입고 있는 모습이었지만 목사라고 생각되기보다 격투기 선수 같은 얼굴과 체격이어서 자세히 들여다보게 되었는데 갑자기 마음속에서 "저 책을 사라." 하는 느낌이 강하게 느껴졌다는 것이다. 그러나 그는 즉각적으로 "내가 왜 저 책을 사?" 하면서 그냥 지나가려니까 마음속에서 다시 한번 "저 책을 사라니까?"라는 느낌이 강하게 들었단다. 그래도 무시하고 지나가려는데 세 번째 재촉하는 소리가 확실하게 들렸다. "저 책을 사라니까?" 그 마음속의 음성과 느낌을 받는 순간, 저 책을 사지 않으면 죽을 수도 있을 것 같다는 생각이 들더란다. 그래서 억지로 사서 읽게 되었는데 읽어 보니 나름대로 많은 도전을 받았단다.

그래서 저 목사님을 한번 만났으면 좋겠다고 생각하고 지냈는데 오늘 이렇게 만난 게 우연이 아니라는 생각이 든다면서 교회가 어디에 있느냐고 물었다. 참 희한하게 전도하게 된다고 생각하면서 예배 장소가 역삼역 6번 출구 근처 (2번째로 옮긴 예배 장소)라고 알려 주고 주일 오후 2시에 예배 장소에서 만나기로 하고 헤어졌다.

주일 오후 2시 조금 전에 정말 그 청년이 예배 장소에 나타났다. 대부분 약속을 해도 예배에 나오기는 쉽지 않은 일이어서 사실 설마 하는 생각을 하고 있었는데 그 청년이 약속을 잊지 않고 지킨 것이 신기했다.

예배를 인도하면서 이동훈 형제를 바라보니 그는 여러 가지 모습들이 신기한 듯이 가끔 두리번거리면서 예배를 드리는데 찬양을 잘 따라 하지 못하는 것을 보니 신앙생활을 한지가 오래되지 않은 것으로 짐작되었다. 더욱이 우리 교회가 예배드리는 장소부터 일반적인 교회 분위기와는 전혀 달랐고, 예배를 인도하는 목사와, 예배드리는 형제자매들의 모습 또한 그에게는 신기했을 것이란 생각이 들었다. 형제들 대부분이 보통 사람들이 아니었으니 오죽했겠는가 하는 말이다.

예배를 마치자 형제들이 처음 나온 이동훈 형제를 위해서 축하해 준다며 바로 옆 카페를 장악하고 좋은 시간을 보냈다. 이런 모습 또한 우리 교회만의 특이한 모습이다.

이동훈 형제는 처음이지만 형님들 아니 정확히 말하면 삼촌들 앞에서 자신의 이야기를 서슴지 않고 했다. 자기는 중학교 때부터 권투를 했단다. 부잣집 외아들이지만 자기는 온실 속에서 성장하는 그런 나약함이 싫어서 일부러 막노동도 해 보고, 운동도 권투를 택해서 열심히 했단다. 결국 고등학교에 진학해서는 "전국 학생 권투 선수권대회" "라이트 헤비급"에서 우승하기도 했단다. 그의 앳된 모습과는 다르게 강단이 있는 형제로 보였다.

그의 아버님은 1956년생, 어머님이 1957년생이시란다. 그렇다면 나와 그의 부모님은 같은 연배들이신 것이다.

그런데 자기에게 고민이 있다고 했다. 부모님은 물론 무교인데 하나밖에 없는 누나가 이단인 JMS에 빠져서 자기를 그곳으로 인도해서 현재도 그곳과 무관한 것이 아닌 상황이었다.

그런 그에게는 10살 때부터 21살까지 아주 이상한 현상이 나타났다. 어렸을 적부터 가끔 귀신을 보고, 귀신의 이야기를 듣고, 귀신과 대화를 하는 아주 이상한 현상이 자신에게 있다는 말이다. 그러다 보니 제대로 공부를 할 수가 없어서 얼마나 힘이 드는지 모르겠다는 것이다. 그것을 피해 보려고 대순진리교를 8개월, JMS를 누나 따라 10개월을 다녀 보기도 했는데 그런 현상에서 해방되기는커녕 도리어 그 귀신은 더 극성을 부려서 수시로 자기의 귀에다 대고 "빨리 죽어라"고 강요하고, 어떤 때는 귀신이 큰 소리로 명령하는데 "이 망치로 너희 어머니를 내리치라" 하기까지 한다고 하였다. 그런 때는 실제로 어머니를 망치로 내리칠 뻔했던 때도 있었단다. 그렇게 자기도 수도 없이 자살 충동을 느꼈고, 또 자살 시도도 몇 차례 해보았으나, 다행히 죽지는 못했다는 것이다. 그렇게 사는 것이 정말 힘들었겠다. 그러니 그런 상황과 그런 상태에서 무슨 공부가 되었겠는가? 생각되었다.

그러다 보니 기독교에 대해 알지 못하는 그의 부모들의 눈에는 그런 이단들도 기독교로 생각하고 자식들의 인생과 장래를 망치고, 자식들이 괴롭힘을 당하는 교회는 결사반대라는 것이 어쩌면 당연했는지도 모른다. 그렇지만 자기는 그런 강력한 반대를 무릅쓰고 우리 교회에 나왔다고 했다. 그런 이야기를 들으면서 이런 일이 내 주변에도 있다는 것이 신기하기도 했지만 그가 얼마나 힘이 들었겠는지를 생각해 보니 안타까운 생각이 들어서 형제들과 함께 기도해 주고 그날은 헤어졌다.

이동훈 형제는 거의 매 주일 계속해서 예배에 참석했다. 운동했던 형제라 뭐든지 하면 꾸준한 편인 것이다. 자기 관리를 어느 정도 하지 않으면 다른 건 몰라도 운동은 할 수 없으니 말이다.

그러던 어느 날, 예배가 끝난 후에 이동훈 형제가 할 말이 있다는 것이다. 무슨 이야기일까? 생각하고 기대했는데 뜻밖의 말을 하였다.

"목사님, 제가 글로벌 찬양의 교회에 나오면서부터 참 신기한 체험을 여러 번 했습니다. 특히 찬양하면서 마음이 뜨거워지면서 눈물이 쏟아지고, 예배 중에 귓속에 음성이 들리는 경험을 했는데 하나님께서 "내가 너무 기쁘다."라고 하시는 것을 체험했습니다." 라는 것이다.

그 후로는 수시로 귓속에 속삭이던 귀신의 음성이 사라졌으며 마음에 기쁨이 넘쳐서 예배 때마다 부르는 복음성가를 수시로 부르면서 지내고 있다고 했다. 그 말을 듣고 그 자리에 모여 있는 형제자매들이 박수치며 기뻐하고 축하해 주었다.

그래서 곰곰이 생각해 보았는데 그런 현상은 바로 성령께서 자기에게 역사하시는 것이고 그런 현상들을 경험하면서 자기가 이제 진정한 신앙이 무엇인지 알게 되었다면서 내게 감사 인사를 하는 것이다.

"목사님, 감사합니다. 저를 이단에서 구출해 주셔서 이제는 제가 귀신에게 시달리지 않아도 되고 성령의 역사를 체험하고 있으니 공부를 열심히 할 수 있겠습니다."

그 후부터 우리 글로벌 찬양의 교회에서 가장 나이 어린 이동훈 형제는 형제자매들의 사랑을 한 몸에 받으며 예배에 빠짐없이 나와서 정성을 다하여 예배를 드렸다.

그런데 그렇게 열심히 예배에 나와 기뻐하며 예배를 드리던 이동훈 형제가 갑자기 예배에 나오지 않는 것이었다. 전화해도 받지 않고, 성구를 보내도 묵묵부답이었다. 그렇게 한 6개월 정도 지났다. 그가 불쑥 나타난 것이다. 너무 반가워서 그동안 무엇 때문에 예배에 나오지 않았는가를 물었다. 그의 대답은 정말 엉뚱했다. 그래서 많이 웃었다.

그의 그동안의 사연은 이러했다.

하나밖에 없는 딸이 기독교 이단이라는 JMS라는 이단에 빠져서 정신 못 차리는 것도 미칠 지경인데 또 하나밖에 없는 아들이 하라는 공부는 하지 않고 이번에는 조폭 교회에 나간다고 하니 그의 부모님들은 도저히 참을 수가 없어서 그에게 난리를 치셨단다.

"동훈아 이놈아, 너희 누나 한 사람이 기독교 이단에 미쳐서 허우적거리는 것도 부모로서 힘들어 죽겠는데, 너마저 하라는 공부는 하지 않고 일요일에 교회에 간다고 나가서 뒷조사해보니, 간다는 교회가 겨우 깡패들이 만든 교회에 간다는 말이냐?"라고 하시면서 죽어도 교회에 나가지 못한다고 하셨다는 것이다. 그러면서 하시는 말씀이 생김새도 조폭 같은 안홍기 목사라는 그 사람도 뒷조사를 해 보라고 하시더란다.

그때 이동훈 형제가 내게 보내온 메일의 내용이다.

목사님

최근에 구원파가 언론에 도배되면서 그 간접적 철퇴가 누나뿐만 아니라 저에게까지 미치고 있습니다. 그래서 오늘 어머니의 강력한 반대에 부딪혀 예배에 참석하지 못했습니다. 어머니의 심정을 헤아려보니 그럴 만도 할 것 같았습니다.

현재 자신의 딸이 JMS에 다니는 것도 가슴 아픈데 마지막 희망인 아들놈은 유학원도 들어가지 못했는데 교회에 나가겠다고 하고 있으니 신경이 많이 예민해져 있으세요.

구원파 사람들이 참 많은 민폐 끼치네요. 현재 상황이 참 나쁘게 돌아가네요. 구.원.파!! 고놈들이 문제입니다. 목사님 저한테 그럴 것이 아니고 구원파, JMS를 욕해주세요. 진심으로 유감을 표합니다. 그리고 항상 제 마음은 찬양의 교회와 함께 할 것을 다짐합니다. 이동훈

그러나 이동훈 형제가 내게 메일은 이렇게 보냈지만, 막상 그런 부모님의 말씀을 듣자 조금은 일리가 있다고 생각하게 되었다. 물론 내 책을 읽고 알게 된 내용들이 있지만 책에 쓰여진 내용도 가짜일 수도 있고, 그동안 나를 통해서 들은 이야기들과 그동안의 이력이 궁금해서 알아보고 싶은 마음도 들어 내친김에 안홍기 목사의 뒷조사(?)를 해봐야겠다고 마음먹고 그 방법을 생각해 냈다는

것이다.

맨 처음에는 별다른 방법을 찾지 못하고 있다가 그는 무릎을 쳤다.

"맞다 여기다. 여기에서 알아보자"

이동훈 형제는 내가 쓴 책『하나님의 용사 ❶』에서 내가 졸업했다는 "개신대학원대학교" 명예 총장이신 손석태 목사님이 추천사를 쓴 것을 기억해 낸 것이다. 그러니 그분께 나에 대해서 알아보자 생각하고 "개신대학원대학교" 홈페이지에 들어가서 손석태 교수님의 이메일을 알아서 그분께 메일을 보냈다. 그러니 이동훈 형제가 "개신대학원대학교" 명예총장이신 손석태 교수님께 질문한 내용은 무엇인지?

아래에 손석태 총장님이 이동훈 형제에게 대답하신 내용을 보고 짐작해 보기 바란다.

이동훈씨

제게 주신 말씀들이 다 사실이라고 믿고 이 답변을 드립니다. 안홍기 목사님은 제가 가장 사랑하고 믿는 제자입니다.

그는 중국, 미국, 아이티 등에서 선교 활동을 성공적으로 하셨고, 지금은 한국에서 특수 목회를 성공적으로 하고 있습니다. 하나님께서 그동안 귀하게 쓰셨고, 앞으로도 귀하게 쓰시리라 믿습니다. 청빈하고 성격이 올곧아서 불의를 참지 못하는 정직하고 믿음이 가는 사람입니다. 의리라면 끝내주는 목사이며, 특히 신학공부를 제대로 하신 분이어서 설교가 훌륭합니다. 음악도 재능이 있어서 클래식은 물론이고 복음성가 찬양을 잘하고 잘 지도하십니다. 보디빌딩을 해서 미스터 코리아에 입상도 하신 분입니다. 이런 분 밑에서 신앙생활을 하면 확실히 신앙 훈련을 받을 수 있을 것입니다. 무엇 때문에 저에게 이런 상담을 원하는지 잘 모르겠으나 이 분이라면 제가 보증하고 적극 추천합니다.

2015년 3월 17일

손석태(철학박사, 명예신학박사, 개신대학원대학교 명예총장)

chapter 28
유학

이동훈 형제는 나이도 들었고, 또 대학에 합격한다는 보장이 없으니 차라리 해외 유학을 결정했다면서 나에게 도움을 청했다. 그래서 어느 나라로 유학 갈 계획이냐 물었다. 그랬더니 미국에 가고 싶다고 했다. 내 생각도 미국이 좋겠다고 생각하고 열심히 추진해 보라고 했다. 그런데 얼마 후에 이동훈 형제는 풀이 죽어 내게 말했다.

"목사님, 미국은 제가 나이가 많아서 안 된다고 합니다."

그러면 다른 대안이 있느냐고 물었다. 없다고 대답했다. 그래서 내가 제안을 했다.

"동훈아! 너 호주로 유학 가는 것은 생각해 본 적이 있니? 내 생각에는 호주도 영어권이니 호주로 가면 좋겠는데?"

이동훈 형제는 생각해 본다고 하였다.

1주일쯤 후에 마음을 정했다면서 호주로 유학 가야겠는데 호주에는 연고가 없다고 했다. 그래서 내가 좋은 가디언을 소개해 주겠다고 했다. 바로 호주의 부르스 리(하나님의 용사 ❶권에 수록)가 생각났기 때문이다. 부르스 리는 바로 이용배 형제의 호주에서 부르는 이름이다. 이용배 형제는 호주 시드니에서 한국 깡패는 물론 월남, 중국 깡패까지도 다 장악한 시드니에서 제일가는 한국인 보스였다.

결국, 이용배 형제에게 부탁했다. 젊은 놈 하나 하나님의 용사를 만들어 보자고 말이다. 이용배 형제는 적극적으로 협력해 주었다. 대학교도 추천해 주고, 그 외에 이동훈 형제가 호주 유학을 할 수 있도록 제반 편의를 봐 주었다. 말할 것 없이 교회까지 소개해 주었다. 바로 진기현 목사님이 시무하는 호주 시드니 주안교회이다.

이동훈 형제가 호주에 간 뒤로 심심치 않게 전화를 해 왔다. 여전히 질문이 많다. 호주도 가보지 않은 나에게 호주 생활을 어떻게 하면 잘할 수 있느냐고 물을 때는 참 답답했지만 그래도 나를 얼마나 신뢰하면 이런 것까지 내게 물을까? 생각하면서 나름대로 최선을 다해 대답해 주었다.

이동훈 형제는 Macquarie University에 입학해서 1년간 언어 연수를 하고 Cyber Security(컴퓨터 보안학)를 전공하게 되었다.

그는 자신이 대학에 입학한 것은 내 도움이 결정적인 역할을 했다면서 감사하다고 수시로 말했다.

결국, 이동훈 형제는 자신이 그런 전문적인 분야를 공부한다는 것에 대한 자부심이 대단했다. 누가 전공이 뭐냐고 물어 주기를 바라는 것처럼 컴퓨터 보안학과에 진학한 것을 가문의 영광 정도로 생각했다.

그리고는 자진해서 내게 약속했다.

첫째: 주일성수를 생명처럼 여기고 예배에 빠지지 않겠습니다.

둘째: 하나님께 반드시 열의 하나를 구분하여 드리겠습니다.

셋째: 부모님께 전화를 자주 드리겠습니다.

이동훈 형제 스스로가 성공적인 유학 생활을 했다고 자부하고 있다. 왜냐하면, 3년의 유학 생활 중, 단 한 주일도 주일성수를 하지 않거나, 하지 못한 적이 없다고 하였다.

또한, 글로벌 찬양의 교회에 3개월에 한 번씩 십의 일조를 3년 동안 한 주도 빠짐없이 하나님께 드렸다.

마지막으로 이동훈 형제는 호주 유학생활 중 적어도 하루에 한 번 정도는 부모님께 전화를 드렸다고 하였다.

그러니 이동훈 형제는 사람과 사람 사이의 약속도 아주 엄중하게 생각하고 그 약속을 이행하려 최선을 다해 노력했던 것이다. 내친김에 장학금 받으면서 대학 생활 하는 것이 이동훈 형제의 소망이요, 그의 부모님의 간절한 기대일 것이다.

현재 군 복무 때문에 귀국해서도 귀국 후 첫 번째 주일부터 현재에 이르기까지 단 한 번도 예배를 거르지 않았고, 봉급 사십만 원 받는 중에서 살아계신 하나님께 열의 하나를 빠짐없이 드린다.

더욱 기특한 것은 이동훈 형제의 신앙적인 목표는 "글로벌 찬양의 교회"에 출석하는 형제자매 중에서 가장 십일조를 많이 하는 것이다. 그래서 내가 목회를 편하게 할 수 있도록 재정적으로 돕는 것이라 하였다. 정말 고마운 말이다. 그래서 어려워도 힘을 내 보는 것이다. 백사장에서 다이아몬드 찾는 것처럼 어려운 사역이지만 그 모래 속에 분명히 다이아몬드가 있기에 하나님과 함께 그것을 찾는 일에 최선을 다해 보려 한다. 응원해 주실 줄로 믿는다.

chapter 29

권홍 헤어아카데미

2002년 12월 15일 북경 찬양의 교회를 개척 설립하였다.

2002년 10월 14일 대한예수교 장로회 개혁총회의 수도 노회에서 목사 안수를 받고 2달 만에 중국의 북경 조양구 주선교에 있는 국빈호텔에서 개척, 설립 예배를 드림으로 나의 첫 목회가 시작된 것이다. 새로 세운 북경 찬양의 교회는 중국 북경시에 세워진 열 번째 한인교회가 시작된 것이다.

『하나님의 용사 ❶』에서 내가 어떻게 해서 북경에 '북경 찬양의 교회'를 설립하게 된 바는 자세히 소개하였다. 중국의 북경시 공안국 국가보위부의 한 공안의 권유(?)로 북경 찬양의 교회를 시작하게 되었고, 국빈호텔도 그 공안의 힘을 빌려서 임대하여 사용하게 된 것이다.

그렇게 한 2년을 잘 사용하게 되었는데 교인들이 늘어나서 다른 곳으로 옮겨야 했는데 그곳은 북경시 조양구 라이광잉에 있는 대조회관이었다.

이곳은 축구장이 9개나 있는 넓은 곳인데 축구를 잘하지는 못하지만 좋아하는 중국인들이 동호회를 만들어 축구장을 임대하여 축구 경기를 하는 그런 곳이었다. 여기서도 거의 1년 이상을 예배드리다가 다시 옮긴 곳이 대조회관에서 얼마 떨어지지 않은 그곳에 있는 농원의 호텔(朝來農園)이었다.

이 농원은 우리나라 평수로 약 30만 평이나 되는 곳인데 그곳에 호텔이 있고 회의실도 있어서 장기간 임대하여 사용하였다. 그리고 2006년에는 내친김에 그곳에 부지를 임대하여 예배당 건축을 하려고 만반의 준비를 했으나, 불과 몇십 미터 떨어지지 않은 곳에 북경 21세기 교회(북경 한인교회)가 건축을 한다고 하여 우리가 양보하는 바람에 예배당 건축은 무산되었다.

하여간 중국에서 그렇게 예배 장소를 옮기고 또 옮긴 것이 무려 33번 그 후로도 2010년 아이티찬양의 교회를 개척해서 2번, 2013년 서울에 '글로벌 찬양의 교회'를 개척해서 현재 예배 장소인 '권홍 헤어 아카데미'까지 꼭 38번을 옮겨 다니며 예배를 드리게 된 것이다.

2013년 2월 17일 오후 2시 서울 강남역 11번 출구 옆의 한 회의 장소를 대여하는 빌딩에서 100명이 사용 가능한 공간을 임대하여 첫 예배를 드리면서 '글로벌 찬양의 교회'가 시작되었다.

그러니까 '북경 찬양의 교회', '아이티 찬양의 교회', 다시 '북경 찬양의 교회', 그리고 귀국하여 서울 강남 한복판에 '글로벌 찬양의 교회'를 설립하므로 내가 목사 안수를 받고 목회를 시작하여 10년 2개월 동안에 교회를 4번 개척한 것이 된다. 남들은 한 번도 힘들다는 교회 설립을 10년 2개월 만에 4번이나 하는 것은 어쩌면 늦게 시작한 목회여서 남다른 열정을 가지고 실행한 덕분이라고 생각해 본다.

그러면서도 나는 건물에 중점을 두지 않는 그런 목회관과 교회관을 가지고 있었다.

"고린도에 있는 하나님의 교회 곧 그리스도 예수 안에서 거룩하여지고 성도라 부르심을 입은 자들과 또 각처에서 우리의 주 곧 저희와 우리의 주되신 예수 그리스도의 이름을 부르는 모든 자에게 하나님 우리 아버지와 주 예수 그리스도로 좇아 은혜와 평강이 있기를 원하노라." (고린도 전서 1장 2~3절)

교회는 건물이 아니라 **"그리스도 예수 안에서 거룩하여지고 성도라 부르심을 입은 자들과 또 각처에서 우리의 주 곧 저희와 우리의 주되신 예수 그리스도의 이름을 부르는 모든 자"**들이 주님의 몸 된 교회이고, 성전은 하나님의 영, 예수 그리스도의 거룩한 영이 내재해 있는 우리 자신이 성전이라는 목회관을 가지고 있기에 사역을 시작하면서부터 건물에 연연하지 않고 지금까지 그 소신으로 목회하고 있는 것이다.

그러니 예배드리는 곳에 불과한 예배당을 성전이라고 왜곡하지 않고, 형제자매들 한 사람, 한 사람이 성전임을 강조하면서 우리 몸과 영혼을 살아계신 하나님의 영, 예수 그리스도의 거룩한 영을 모신 성전으로 회복하고, 성전을 성전답게 유지하며 살아가자고 외치는 것이다.

강남역 11번 출구 옆에서 '글로벌 찬양의 교회'를 시작하고 11개월쯤 되었을 때 특정 종교에 계속해서 임대 해 줄 수 없다 하여 장소를 물색하던 중에, 마침 교정 사역을 하다가 알게 된 권명기 집사님을 통해 역삼역 근처에 있는 의료기기 방문 판매 회사가 무료로 사용하도록 해 주겠다 하여 그곳에서 예배를 드리게 되었다.

물론 강의실이어서 일반 예배당 같은 분위기는 기대할 수 없었고, 대신 보정 속옷을 입은 마네킹들과 함께 예배를 드려야 했다. 그렇지만 얼마나 감사했는지 모른다. 한국에서 가장 경제의 중심지라는 강남의 테헤란로에서 작지 않은 면적의 공간에서 무료로 사용할 수 있다는 것은 정말 감사한 일이었다.

그렇게 감사하면서 예배를 드린 지 10여 개월이 지났을 때 "아름다운 동행(대표 박에스더 권사)"에서 설교 요청이 왔다. 압구정역 근처의 "권홍 헤어아카데미"에서 "아름다운 동행"의 자원봉사자들의 예배가 한 달에 한 번씩 있는데 말씀을 전해 달라는 요청이었다. 오래전부터 나의 사역을 위해 기도해 주신 박 에스더 권시님의 사역에 동참하는 의미로 기쁜 마음으로 "권홍 헤어아카데미"를 찾아갔다. 현대 고등학교 정문 맞은편에 있는 "권홍 헤어아카데미"는 7층짜리 건물을 2층부터 7층까지 사용하는 미용전문학원이었는데 우리나라에서는 꽤 유명한 미용학원이었다.

그날 4층의 조그만 강의실에서 한 30명이 모여서 예배를 드렸다. 말씀을 전하면서 문득 "만일 유사시에 이곳에서 예배를 드려도 되겠다"라는 생각이 들었다. 아마도 나는 어떤 상황에서도 예배에 집중하다 보니 어떤 공간을 보면 예배 장소와 연관 지어 생각하는 버릇이 생겼나 보다. 하여튼 그날 그런 생각을 하고 예배를 은혜롭게 드렸다.

그런데 그 아카데미의 원장이신 권홍 원장이 그날 설교에 은혜를 받으셨나 보다.

"목사님 자주 들려주십시오. 제가 영양 보충해 드리겠습니다."라고 인사를 하는 것이다. 이분이 참 특이하게 인사한다 생각했는데 그럴만한 이유가 한 가지 있었다.

"목사님, 우리 이름이 같아요."

"어 그래요? 원장님도 홍기인가요?"

"아니요. 저는 기홍이예요." 우리는 서로를 바라보면서 웃었다.

그리고 그 주에 예배를 드리려 준비하는데 우리에게 예배 장소를 제공해 주셨던 회사 사장님이 아주 미안한 표정을 지으면서 한 말씀 하셨다.

"목사님 우리 회사가 사정상 동부시외버스터미널 근처로 옮겨야 하는 상황이 되었습니다."

그러면 그렇지!

내가 권홍 헤어아카데미에서 설교를 하면서 생각한 것이 괜히 그런 게 아니었다. 아마도 하나님께서 그런 생각을 주셨나 보다. 그래서 당황하지 않고 알겠다고 대답을 하고 전화를 걸었다. 물론 권홍 헤어아카데미의 권기홍 원장께 전화를 한 것이다.

"원장님, 내가 선물을 하나 드리려 하는데 받으시겠습니까?"

"목사님, 무엇인지는 모르지만 목사님 선물이면 좋은 것일 것이니 받겠습니다."

"예, 다름 아니라, 우리가 예배드릴 장소가 없는데 권홍 헤어아카데미에서 예배를 드리면 어떨까요?"

그러자 권기홍 원장의 대답이 망설임도 없이 곧바로 들려왔다.

"할렐루야! 목사님 감사합니다. 그리고 환영합니다."

참으로 감사한 일은 내가 2002년도 12월 15일 북경에서 북경 찬양의 교회를 개척하고 18년 몇 개월이 지난 지금까지 어떠한 상황에서도 예배 장소가 문제가 되어 예배를 드리지 못한 적이 한 번도 없었다는 것이다.

중국에서는 대부분 어떤 건물을 한국인 교회의 예배 장소로 임대 해 주는 것은 건물주에게는 아주 부담스러운 일이다. 왜냐하면, 해당 공안국에 허락을 받아야 하기 때문이다. 그런데 어느 공안국에서 한국 교회에 예배드리라고 장소를 임대 해 주도록 수월하게 허락하겠는가? 그래도 어떻게 허락을 받았다고 해도, 언제 예배 장소를 사용하지 못하도록 할지는 하나님만 아시는 일이다.

그런데 그렇게 되면, 몇 주 전에 사정상 예배 장소로 사용하지 못한다는 통보를 해 주는 게 아니라, 바로 그 전 주에 일방적으로 통보하는 경우가 허다하였다. 그럴 때 정말 난감하지 않을 수 없다. 적은 수도 아닌 교인들과 함께 그만한 공간을 찾기가 쉽지 않은 것은 물론이고, 찾았다 하더라도 그렇게 위험 부담을 안고 임대 해 줄 건물주가 흔하겠느냐는 말이다.

예배 장소에 관한 에피소드가 있다. 갑자기 예배 장소를 구해야 하는 형편인데 우리 한인촌이라는 왕징의 버젓한 사거리 코너에 멋진 신축건물이 오픈했다. 그곳에 회의실이 있다면 교인들의 이동 거리도 가깝고 건물도 멋있어서 예배 장소로는 안성맞춤이었다.

그곳을 예배 장소로 임대해 보려는 생각에 들어가 보니 정말 멋진 건물이었다. 로비도 깨끗하고 화려한 현대식 건물이었다. 여러 가지 생각을 하면서 기대에 부풀어 상담할만한 사람을 찾았다. 조금 후에 상담할 만한 사람이라 생각되는 사람이 내게로 걸어왔다. 무슨 일이냐고 물어서 회의실이 있느냐고 내가 되물었다. 당연히

있다는 것이다. 그래서 더욱 기대하고 그 회의실을 일요일에 임대
도 가능하냐고 물었다. 그 사람이 한참 나를 쳐다보더니 어떤 일로
회의실을 임대하려 하느냐고 되물었다. 그래서 대답했다.

"우리는 한인 교회인데 예배 장소로 빌려 사용하려 합니다."

그 사람은 정말 어이가 없다는 듯이 나를 빤히 쳐다보면서 물었다.

"당신이 보기에 여기가 어디라고 생각합니까?"

나는 대답했다.

"여기가 어딘지는 모르겠고 건물이 멋지고 왕징 한복판에 있기
에 임대해 보고 싶은 생각에서 그렇습니다."

그가 말했다.

"이보시오. 여기는 중국의 국가안전부(우리나라로 국가정보원)
건물입니다."

나는 순간 당황했다. 그러나 거기서 물러설 내가 아니다. 나는 그
에게 말했다.

"그러면 더 잘되었네요. 우리 예배드리는 것 잘 지켜보면 좋겠네
요."

"선생, 농담 마시고 이제 돌아가시오. 나 참 겁도 없으시네"

그런데 말이 씨가 되었다.

결국 우리는 북쪽으로 2km쯤 떨어진 4성급 성건호텔(城建酒店)을
임대하게 되었다. 그곳은 바로 인민무장경찰이 운영하는 호텔이었
던 것이다. 그곳에서 대회의실을 빌려 주일마다 사용하였다. 그곳의

면적은 무려 650평방미터였다. 회의실 인테리어가 잘 되어서 정말 조명과 음향시설이 최고인 곳에서 목에 힘을 주고 예배를 드렸다.

그곳을 임대하기 위해 무려 3개월을 아침 9시부터 저녁 5시까지 가서 보안책임자를 설득했다. 그는 곧 허락할 것 같으면서도 공안 국에서 허락하지 않는다는 명분으로 시간을 질질 끌고 허탕을 치 게 만들어서 화가 났다. 결국, 다혈질인 내가 화가 치밀어서 커피 숍 탁자를 뒤집어엎어 버렸다.

그리고 도리어 내가 그를 협박했다.

"당신 내가 신문기자들 불러서 한국인들을 3개월이나 농락했다 고 기자회견을 할 것이니 두고 봐! 알았어?"

나는 화가 치밀어서 그냥 한 말인데 그 말에 뭐가 찔리는 게 있 었는지 씩씩거리며 나가는 나를 뛰어와서 붙들고 앉아서 이야기 를 다시 해보자는 것이었다.

그렇게 하여 그 호텔에서 마음 놓고 예배를 드리게 되었다. 그러 니 호랑이 굴에 들어가서 예배를 드리게 된 것이다.

그런데 뜻밖에 좋은 점이 많았다. 공안들이 기웃거리지 않는 것 이다. 누가 감히 중국 해방군 무장경찰이 운영하는 호텔에 공안들 이 기웃거리겠는가? 그래서 내친김에 그 회의실을 빌려서 음악회 를 개최해 많은 중국인 형제자매들을 초청해서 찬양집회를 몇 번 이나 개최했다. 우리는 찬양집회이지만 신앙이 없는 그들에게는 음악회인 것이다. 중국인 믿음의 형제자매들은 북경 찬양의 교회 와 우리 교인들에게 엄지손가락을 치켜들며 기가 막힌 생각이라고 칭찬해 주었다.

이처럼 예배 장소 구하기가 절박한 상황에서 단 한 번도 장소 문제로 예배를 드리지 못하는 주일은 없었다.

심지어 2003년 3월부터 중국에 몰아친 사스로 인하여, 요즈음 코로나 19처럼 공공장소나 건물 그리고 집회를 전면 불허한 상황에서도 우리 북경 찬양의 교회만은 굳건하게 예배를 드렸다는 것이다. 내가 기지를 발휘하여 국빈호텔에 소독약을 기부하면서 우리 교인 중의 한 명이라도 사스에 걸리면 내가 책임지고 추방당하겠다고 오히려 큰소리를 쳐 회의실 사용을 허락받아서 예배를 드렸다. 그때 오히려 북경 찬양의 교회는 그 모이는 수가 많아졌다.

그러니 한국에서야 예배 장소가 문제겠는가? 생각만 바꾸면 예배 장소가 너무나 많다. 살아계신 하나님께서 우리에게 주신 최고의 축복인 예배를 드리겠다는 결심이 있다면 장소는 하나님께서 준비하시더라는 것이 내 수십 번의 경험에서 자신 있게 고백할 수 있는 말이다.

그렇게 몇 주일을 권홍 헤어아카데미 4층 회의실에서 예배를 드리다가 성탄절을 맞았다. 그 예배에 권기홍 원장도 참석했다. 그리고 예배가 끝난 후에 내게 다가와 조용히 말했다. "목사님, 예배 마치고 저와 함께 가실 곳이 있습니다."

그래서 따라갔다. 함께 간 곳은 기존의 건물에서 불과 30m 떨어진 대로변의 종화빌딩이었다. 그곳에서 지하로 나를 안내하여 따라갔다. 가본 곳은 공사 중이었다. 어리둥절해 있는 내게 권기홍 원장이 말했다.

"목사님, 4층에서 예배드리는 모습이 죄송해서 이곳에 우리 아카데미의 강당 겸 예배실로 만들려고 임대했습니다. 마음에 드십니까?"

정말 고맙고, 감사한 일이었다.

"원장님, 감사합니다. 내 생애의 최고의 크리스마스 선물을 받았네요."

권기홍 원장을 위시한 임직원들은 매일 아침에 출근해서 예배로 시작하고 매일 점심시간을 이용해서 성경공부를 하고, 목요일은 찬양 집회를 하고, 이후에 은혜가 넘쳐서 주일 오전에는 "가로수길 교회"라는 이름으로 예배를 드린다. 그러니까 강당이 교회가 된 것이다.

할렐루야.

우리 글로벌 찬양의 교회는 오후 2시에 예배를 드린다.

내가 권홍 헤어아카데미와 권기홍 원장에게 고마움을 표하기 위하여 매주 토요일 청소하는 것이다. 지금까지 계속해서 토요일 오후에는 대부분 나 혼자 청소를 한다. 주변에서 이 모습을 안타깝게 생각하는 사람들은 내게 미안해서라도 한마디 한다.

"목사님, 이제 연세도 있으신데 형제자매들을 시키시지요."

물론 우리 형제자매들에게 청소를 부탁해도 기꺼이 감당해 줄 것이다. 그러나 내 생각은 다르다. 청소할 때 나는 마지못해서 하는 게 아니라, 신나게 한다. 이렇게 예배드릴 공간이 있음에 감사한다. 그리고 내가 건강해서 감당할 수 있기에 감사한다. 그리고 원래 하나님께 예배드리는 성소 관리는 원래 대제사장 몫이다. 그러니 내가 하는 것이 맞다고 생각한다.

이렇게 매 주일 청소와 정돈을 잘해 놓으면, 주일 오전에 권기홍 원장이 인도하는 "가로수길 교회"로 쉽게 사용하고, 오후에는 우리 글로벌 찬양의 교회가 사용한다. 가로수길 교회 예배가 끝나면 권기홍 원장은 기다렸다 내게 찾아와서 인사한다.

"목사님, 예배 잘 드리십시오."

고마움을 표하기 위한 또 한 가지로, 음향시설은 우리 글로벌 찬양의 교회가 전부 준비해서 설치했다.

건반은 글로벌 찬양의 교회 첫 예배 때, 누나와 매형과 형님이 준비해 주셨다. 앰프와 음향장비는 후배 목사인 이효근 목사가 기증했다. 프로젝트는 SBS-TV "생활의 달인" PD인 이상호 집사가 기증해 주었다. 보조 강대상은 이동근, 조현미 집사 부부가 기증해 주었다. 그러므로 이 모든 것을 우리 두 교회가 사이좋게 사용한다.

우리 글로벌 찬양의 교회 재산은 아주 간단하다.

언제든지 옮길 준비가 되어 있다. 만일 다른 곳으로 옮겨야 할 일이 있다면 음향장비는 그냥 기증하고 갈 것이고, 건반만 가지고 가면 될 것이다.

그러기에 우리 교회는 예배드릴 때마다 거의 대부분 권홍 헤어아카데미의 권기홍 원장과 임직원들과 공부하는 학원생들을 위해서 기도한다. 이 귀한 사업체가 "하나님께, 심은 대로, 뿌린 대로 거두게 해 주시라"고 간절히 기도드린다.

우리 형제자매들은 가끔 이야기한다.
"목사님, 우리도 우리만의 공간을 가져야지요."
이럴 때마다 나는 대부분 대꾸를 하지 않는다. 그럴 때마다 속으로 대답한다. "나는 건물에 별로 관심이 없습니다. 내가 청소하기는 여기가 딱 맞습니다."

우리 글로벌 찬양의 교회는 사실 전국 53개 교정기관 안에 200여 개의 감방 예배 처소가 있는 것이다.
"권홍 헤어아카데미"에서는 예배드리는 인원이 몇십 명이 채 안 되지만, 우리는 작은 교회라고 위축되지 않는다.

담 안에서 내가 매주 월요일에 보내주는 설교문과 주보를 통해 예배드리는 형제자매들의 수는 적지 않을 것이고, 그 수는 오직 하나님만 아실 것이기 때문이다. 그것이 궁금하신 분들은 곱하기를 해보시기 바란다. 200여 개소 곱하기 최소한 1명에서 최대한 15명이다.

　그래서 생각해 보면 너무나 감사하기만 하다. 우리가 단 한 번도 생각해 본 적이 없는 지상에서 유일한 200여 개의 감방교회가 전국의 54개 교정기관에서 주일 오후 2시에 함께 예배를 드린다는 것이다. 이 모두를 하나님께서 하셨습니다.

chapter 30

사랑

내가 목회를 시작하고 중국의 북경에서부터 입고 다니는 클러지 웨어 덕분에 서울구치소에서는 물론 전국의 여러 교정기관에서 만나는 사람들에게 도와 달라는 요청을 적지 않게 받는다. 왜 그럴까? 내가 접견을 신청하고 기다리다 보면 다가와서 "목사님이세요? 신부님이세요?"하고 묻는다. 이렇게 묻는 분들의 대부분은 상황이 절박한 수형자들의 가족들이다. 그래서 들어보면 사연도 많고 곡절도 많다.

2016년 3월 어느 날 서울구치소 민원 봉사실에서 접견 신청을 해 놓고 접견을 기다리는 중에 아주 아름답고, 세련된 외모의 30

대 중반쯤으로 되어 보이는 여성 한 분이 조심스럽게 내게 도움을 청해 왔다.

사연을 들어보니 현재 남편이 서울구치소에 수감 되어 있다는 것이다. 사업을 하다가 계약 불이행으로 구속되었다는 것이다.

그런데 문제는 남편의 건강이 매우 좋지 않아 너무나 걱정이라는 것이었다.

이렇게 도움을 청하는 자매는 조현미 집사로 반듯한 외모만큼이나 신앙도 좋은 분이었다.

30대 중반으로 보이지만 실제로 40대 중반이라는 사실을 알고 놀라지 않을 수 없었다.

건강이 너무 좋지 않아서 위독한 상태에 있지만, 구치소에 수감 되어 있는 분은 이동근 집사이며 50대 중반이다.

이분의 어머님은 베트남에서 베트남 한국 수교 전 15년 동안 공산 체제 아래서 선교하신 지금 베트남 선교의 초석을 마련하신 선교사이시다.

그러하기에 이동근 집사는 모태 신앙인이었으며 장남이었다.

물론 모태신앙이기에 매 주일 교회 예배에 출석하고 거액의 십일조를 하고, 한국 교회 중에 젊은이들이 가장 많이 출석한다던 이름만 대면 알만한 대형교회에서 담임목사의 오른팔로 인정받을 만한 능력 있는 신앙인이기도 하였지만, 이 집사 자신의 고백대로라면 실제는 집사가 아니고 잡사였단다.

그렇게 승승장구하던 이동근 집사가 엄청난 위기를 맞았다.

모 재벌그룹과 함께 세계적인 자동차 회사인 피아트의 한국 수입권을 취득하려고 이탈리아의 피아트와 MOU까지 체결하고 난 후 피아트가 크라이슬러를 인수하여 단독 수입권이 크라이슬러 코리아와 병행수입으로 조건이 변경되어 피아트 한국 단독 수입권이 이행되지 않는 상황에 이르게 되었다. 그러니 여러 투자자로부터 투자를 받아 이미 많은 자금이 투자되었던 상황인데 소송에서 승소할 수 없었던 것이다.

그런데 문제는 이동근 집사의 건강이 정말 최악이라는 것이었다. 먼저 간경화, 신부전 말기, 그리고 아주 심각한 지경의 당뇨병 환자였다.

그러니 한 주간에 세 번씩 투석해야 할 정도의 신부전증 환자이며, 위에서 폐를 지나 목으로 연결되는 부위에 우리 몸에서 가장 큰 정맥이 지나가는데 보통 사람들이 이 큰 정맥이 2회 이상 터지면 죽음을 면치 못하는데 무려 8번이나 터졌고, 구속된 지 얼마 되지 않은 기간임에도 혼수상태가 와서 두 번이나 긴급 후송을 할 정도로 건강이 아주 심각한 상태라는 것이다. 그러니 이런 급박한 상황을 잘 알고 있는 부인 조현미 집사는 얼마나 걱정이 태산 같겠는가?

재판을 받고 선고를 받아서 징역을 사는 것은 어쩔 수가 없는 일이지만 재판을 받고 선고를 받고 이감을 가서 대법원에서 확정된 형량을 채우고 만기 출소할 수 있는 그런 상황을 결코 기대할 수 없는 그런 건강이라는 것이다.

나는 사형수와 개인 면회를 하고 서울구치소 직원식당에서 식사하다가 우연히 서울구치소 의무과장을 만나서 이동근 집사의 건강 상태가 어떤 상태인가 질문을 하였더니 "도저히 살아갈 수 없을 정도로 온몸이 엉망인 상태여서 언제 어떻게 될지 불안하여 수용하는 것이 꺼려질 정도로 심각한 상태다"는 것이었다. 한마디로 언제 죽을지 모르는 위중한 상태라는 대답이다.

그래서 그랬는지 얼마 지나지 않아서 서울구치소가 구속 집행정지에 동의하여 일단 출소하였다는 소식을 들었고 그런 사실을 조현미 집사가 내게 전해 준 이후에야 알게 되었다.

이동근 집사는 구속집행정지로 출소하자마자 아산병원에 입원하여 겨우 목숨을 건지게 되었다는 소식이었다.

그 후에 그들은 병마와 싸우느라고 힘들었고, 나는 전국의 여러 교정기관을 찾아가서 형제자매들과 접견하느라 바쁘게 지냈다.

그러던 중에 조현미 집사에게서 전화가 왔다.

"목사님, 그동안 안녕하셨어요?

아산병원에 오셔서 이동근 집사를 위해 기도해주십시오, 남편이 목사님을 한번 뵙고 싶어 해요."

그래서 시간을 내고 시간 약속을 하고 아산병원으로 가던 중에 조현미 집사로부터 전화를 받았다.

이동근 집사가 갑자기 응급실로 실려 갔다는 것이다.

그러니 그분의 건강 상태는 살아있는 게 기적이고, 언제 어느 때, 어떻게 하나님께 부름을 받을지 모르는 응급 상황이 계속 반복되고 있었다.

그런 상태가 계속되다가 한동안 소식이 없어 궁금해 하고 있었는데 때마침 조현미 집사에게서 전화가 왔다.

"목사님, 남편이 목사님을 뵙고 싶어 하고, 기도해주셨으니 감사하다고 식사 대접 하겠다 하네요. 시간 되세요?"

그리하여 처음으로 이동근 집사를 만나게 되었다.

체격이 큰 분이었고, 얼굴빛은 유난히 검었다.

그럴 수밖에 없을 것이다.

간암이고 1주일에 투석을 3번이나 해야 하는 형편이니 혈색이 좋으면 이상한 것이 아니겠는가? 그러한 상황이 얼마나 고통스러울까 생각해 보니 몹시 안타까운 생각이 들었다.

그 와중에도 나와 대화하는 이동근 집사를 바라보는 조현미 집사의 눈길은 여느 부부와 사뭇 다른 분위기였다.

자신의 남편을 너무나 사랑하는 마음을 가득 담은 표정이었다.

아니, 세상에 엄청난 사고를 쳐서 구속되어 몇 년의 중형을 선고받을지 모르는 상황이고, 건강마저 그야말로 풍전등화인 상황에 있는 남편이 사랑스러우면 얼마나 사랑스럽다고 그렇게 그윽이 바라보는 것인가? 생각해 보니 부럽기조차 하였다.

그만큼 사랑은 지독하고 무서운 것이란 생각을 하면서 그분들이 질문하는 내용에 성실히 대답해 드렸다.

대부분이 구속 후에 상황에 대해서 미리 좀 알아 두려는 내용이었다.

일반적인 목회자들에게서 들을 수 없는 내용이다.

그러나 나는 날마다 교도소, 경찰서, 검찰, 법원을 오고 가는 사역을 하니 그분들이 하는 질문에 대해 대답을 해 줄 수 있어서 다행이었다.

오랜만에 두 분이 준비한 음식을 맛있게 먹었다.

그때 나는 이동근 집사의 박식함에 놀라지 않을 수 없었다.

사람이 안다는 것이 어느 정도 한계가 있는 것인데 다방면에 걸쳐 거의 전문가나 가질 수 있는 내용까지 자세하게 설명하는 것을 들어보니 아주 지혜로운 분이란 생각을 하면서 이런 분이 건강이 이렇게 나쁘고, 또 이렇게 풍전등화의 위기에 처한 것이 더욱 안타까운 생각이 들었다. 그러므로 미력이나마 내가 도울 수 있는 일이 있다면 최선을 다해서 도와 드려야겠다고 마음을 먹게 되었다.

이렇게 중병에 걸려서 조현미 집사의 도움이 없이는 생명을 부지할 수 없을 정도의 건강 상태이니 이동근 집사는 그야말로 처복이 많은 남자인 것이다.

더구나 요즈음 세상에 보기 드문 사랑을 이루며 살아가는 그분들이 진정한 신앙인이란 생각을 하면서 그날 저녁 식사는 아주 진한 감동의 여운이 쉽게 가시지 않았던 기분 좋은 밤이었다.

누구나 그렇듯이 말이 통하는 사람을 만나면 시간 가는 줄 모른다.

처음 만나는 사람이지만 대부분이 몇 마디 해 보면 아군인지 적군인지 파악이 된다.

그런 면에서 이동근 집사 부부와 나누는 대화는 그야말로 박자가 척척 맞았다.

다방면에 그렇게 박식할 수가 없는 것인데 자기의 생각을 논리 정연하게 이야기하는 것은 그만큼 다방면에 걸쳐 실력이 있다는 말이다.

그것도 진실하게 하는 말이니 얼마나 기분 좋은 시간이었는지 기억에 오래 남는다.

긴 시간은 아니었지만 특별한 사역을 하는 나에게는 필요한 때에 나눈 힐링의 시간이었다고 생각한다.

그래서 조현미 집사는 자기 남편에 대해 내게 말하기를 "15분만 이동근 집사와 대화를 하다 보면 그에게 푹 빠져 버립니다."라고 했나 보다.

그렇지만 그에게도 커다란 약점이 있었는데 그것이 바로 건강이었다.

chapter 31

헌신(獻身)

2019년 3월 중에 조현미 집사로부터 기도를 부탁하는 전화가 왔다.

남편 이동근 집사가 간이식 수술을 하지 않으면 결코 생명을 부지할 수 없어서 간이식 수술을 해야 하는데 기증자가 없어서 너무나 불안하니 좋은 기증자가 나타나도록 기도해 달라는 내용이었다.

세상에 얼마나 급하고 불안하면 나에게 전화해서 간이식 기증자를 찾는 기도를 부탁한다는 말인가?

그럴 뿐만 아니라 1주일에 세 번 신장 투석을 하니 간이식 수술을 마치게 되면 몇 달 있다가 신장이식 수술까지 해야 한다고 하였다.

세상에 간 이식하는 것만도 쉬운 일이 아닌데, 그 몇 달 후에 신장이식을 계획한다면 이런 일은 하나님의 특별한 계획이 있으신 것이 아니면 절대로 이루어지지 않을 기적과 같은 일이라 생각하면서 생각날 때마다 계속해서 기도를 드렸다.

그런 상황이 안타까워 전국 교도소에 보내는 설교문과 주보에 이분들의 사정을 써서 함께 기도하자고 제안하였다.

그때 대구교도소에 수용되어 있던 김남식 형제가 자기가 간이식이든 신장이식이든 둘 중의 하나는 기증하고 싶다는 마음을 전해 왔다.

"목사님, 제가 지은 죄를 회개하는 의미로 간이나 신장을 기증해 드리고 싶습니다."

이 말을 듣고 너무나 기뻐서 조현미 집사에게 전화했다.

"집사님, 대구교도소의 한 형제가 간이식이나 신장이식이나 둘 중의 하나는 기증하겠다고 합니다."

그런데 그게 아니었다.

장기를 제공하는 사람들이 일면식도 없는 분에게 장기를 제공한다는 것은 정말 감사한 일인 것이 확실하지만 실상은 법적으로 장기를 기증할 수 있는 것은 전국의 의료기관에 장기 기증 신청을 하고 있다가 차례대로 기증 받아 수술하게 된다는 것이었다.

그러니 내가 어떤 일에 감동 하였다고 곧바로 내가 원하는 사람에게 자신의 장기를 제공할 수 없다는 말이다.

다만 순번과 관계없이 기증할 수 있는 경우는 자신의 직계 가족 중에 한 사람이 장기 기증을 하겠다고 할 때는 가능하다는 것이었다.

그러니 김남식 형제의 이웃 사랑의 마음도 아름답게 이루어질 수가 없었다.

그 귀한 마음에 감사하고 감사드린다.

2019년 4월 초가 되었다.

고난 주간에 이동근 집사가 간이식 수술을 하게 된다는 것이다.

이동근 집사의 간이 너무 심각하게 암세포가 전이된 상태여서 100%를 제거해야 하는데 덩치가 큰 이동근 집사의 간이식이 한 사람 간으로는 불가능하니 두 사람의 간이 있어야 하는 상황이 발생했다는 것이다.

그러니 누가 간을 제공할 수 있겠는가?

고민하였던 것은 당연하다.

그런데 기적이 일어났다.

바로 해병대에 입대해서 제대를 3달 앞둔 아들이 간을 제공한다는 것이다.

할렐루야!

그런데 이분들의 가정 사정을 들어보면 더욱 놀랄 일이었다.

이동근 집사의 아들은 실제로 조현미 집사의 아들이었다.

이동근 집사와 조현미 집사는 재혼 부부로 이동근 집사와 재혼하면서 이동근 집사의 아들이 된 이혼한 전남편의 아들이었다.

사실 친아버지라도 장기를 이식한다는 것은 수십 번 망설일 수밖에 없는 것이 당연한데 친아버지도 아닌 아버지에게 자기 간을 이식할 수 있는 아들의 마음과 가족 간의 사랑은 요즈음 같이 사랑이 메마른 상황에서 진정 본보기가 되는 눈물겨운 감동의 사연이었다.

돌이켜 보면 이런 말 할 수 없는 기적이 일어난 것은 하나님 앞에 기도와 말씀, 예배로 살아가는 조현미 집사의 삶으로 보여주는 진정한 크리스천의 모범이 된 삶이었다고 확신한다.

이번에 이동근 집사의 간이식 수술을 간단히 생각하면 곤란하다.
수혜자 1명에 기증자 2명이다.
이식받는 이동근 집사는 아내 조현미 집사 간 38%, 그리고 아들의 간을 62%를 받아야 했다.
엄마와 아들이 나란히 누워서 자신들의 장기를 자극한 사랑으로 나누는 두 분은 하나님께 사랑받고 칭찬받기에 합당한 분들이고, 그 장기를 지극히 감사함으로 받는 이동근 집사는 정말 하나님께서 지독하게 사랑하시는 분이라 생각합니다.
2019년의 고난 주간이 시작되었다.
고난 주간이 시작되는 월요일에 그 가족들 세 명은 나란히 침대에 누워서 간을 이식하는 수술을 시작하게 되었다.
나중에 신장이식 수술에서는 역시 조현미 집사가 데리고 들어온 딸이 아빠에게 신장을 이식할 계획이라 하였다.

정말, 대단한 사랑으로 하나가 된 가정이요, 가족이었다.

그분들의 간 이식수술이 잘 마무리되었다는 소식을 들었다.

매일 아침 7시 30분쯤에 하루도 빠뜨리지 않고 1년 열두 달 비가 오나, 눈이 오나, 바람이 부나 보내드리던 성구에 대한 답이 이동근 집사와 조현미 집사에게서 한동안 없었다.

그렇지만 나는 기도하면서 그 시간에 성구를 보내 드렸다.

간이식 수술을 하고 10일이 채 되지 않았을 때, 조현미 집사에게서 전화가 왔다.

"목사님, 우리를 위해 기도해주셔서 감사합니다.

이동근 집사 수술이 너무 잘 되었어요."

너무 기쁜 나머지 전화 통화를 하다 말고 하나님께 감사기도 드리자고 제안하고 전화로 함께 기도드렸다.

그런데 놀라운 일은 그다음 내용이다.

조현미 집사는 간이식을 해 주고 난 후 불과 7일 만에 침대에서 일어나 지금 이동근 집사를 간호한다는 것이다.

간이식 후 필수적으로 평생 먹어야 하는 면역 억제제의 부작용으로 이동근 집사에게 "선망"이라는 부작용이 생겨 사람을 못 알아보는 현상이 생겼는데 조현미 집사가 곁에 있으면 그 부작용이 안 생겨서 실밥도 풀지 않은 상태로 이동근 집사를 간호하였다.

나는 아산병원으로 달려갔다.

죽었다가 다시 살아난 그 기적의 현장을 내 두 눈으로 확인하고 살아계신 하나님의 역사와 그분들을 사랑하는 살아계신 하나님의 그 지독한 사랑과, 많은 사람의 사랑 속에서 살아난 그 현장을 직접 보고 싶어서였다.

침대에 누워 있는 이동근 집사는 링거를 맞고 있었는데 아산병원에 있는 링거를 다 걸어놓은 듯 수많은 링거를 주렁주렁 달고 있었다.

내가 목사가 되어 중국의 북경으로 가서 북경의 10번째 한인교회를 개척하기 전에 12년 동안 서울의 크다고 하는 병원에서 찬양봉사를 하였기 때문에 누구보다도 병원에 자주 가서 수도 없는 환자들을 바라본 사람으로서 그때의 이동근 집사만큼 링거를 주렁주렁 달고 있는 모습을 본 적이 없어서 놀랐다.

하여튼 이동근 집사는 이런 면에서도 사람을 놀라게 하는 사람이었다.

그런 상황에서도 병문안 온 나에게 조곤조곤 잘 설명해 주고 친절하게 대화하는 이동근 집사는 하나님께서 사랑하지 않을 수 없는 그런 인성을 가진 분이었다.

그리고 바람이 불면 날아갈 것처럼 연약한 조현미 집사가 그런 큰 수술을 하고도 7일 만에 바로 이 병실에서 저 병실로 남편을 간호한다는 사실에 박수를 보내지 않을 수 없었다.

그런 감동을 준 그분들에게 김하중 장로님의 책 "하나님의 대사 1권"과 "젊은 크리스천들에게"라는 책을 드리고 기도와 격려를 해 주었다.

가슴이 훈훈해짐을 느끼면서 더욱 이동근 집사가 부럽기만 하였다.

조금 김빠진 이야기인지 모르지만 여러 교도소를 다니면서 장기수나 무기수 자매들을 만나게 된다.

어떻게 장기수나 무기수가 되었는지를 알아보면 그 사연은 대부분이 살인이다.

그리고 여자 무기수면 그 살인의 대상은 대부분이 자기의 남편이었다는 것이다.

얼마나 남편이 미웠으면 죽이기까지 했겠는가?

그러니 이동근 집사는 얼마나 부러운 사람인가?

아니 조현미 집사를 얼마나 사랑해 주었기에 자기 몸을 나누어 주면서까지 이동근 집사를 사랑한단 말인가?

조현미 집사는 정말 아주 예쁜 천사 그 자체이다.

chapter 32

재 헌신(再 獻身)

조현미 집사와 아들은 수술 후에 잘 회복하였고, 얼마 걸리지 않아서 다시 정상적인 생활을 잘 해내고 있었다.

그리고 2주 후에 이동근 집사도 퇴원하였다.

복대를 배에 감고, 1주일에 2~3회 투석을 하였다.

잘 적응하고 있었다.

물론 수도 없이 응급 상황이 생겨서 김포에서 아산병원까지 구급차 신세를 지기도 했다.

그러나 답답한 일이 있었다.

이 부부와 자주 통화하다 알게 된 사실이 있었다.

간 이식수술을 받은 사람은 면역력이 약해서 상당히 신경을 써야 한다는 것이다.

그러니 걱정도 보통 걱정이 아니었다.

그런 몸으로 어떻게 수감 생활을 해낼 수 있겠는가?

교도소에 의무실이 있고 환자 사동이 있기는 하지만 응급시설이 있겠는가 하는 말이다.

이런 사정이 있으니 조현미 집사는 내게 조언을 구하는 것이다.

정말 하나님께서 도와주셔야 하는 일이었다.

그사이 재판 결과가 나왔다.

실형 4년!

그렇게 불안 불안하게 지내던 그 부부에게 대법원판결이 결정되었다.

오랫동안 걱정하던 일이 현실로 나타난 것이다.

그러니 "당황하지 말고 하나님께 도움을 청하자" 제안하고 나는 그때부터 오늘날까지 빠지지 않고 이분들의 건강과 사랑을 위해 매일 아침 기도드리고 있다.

하나님께서 나를 그분들과 붙여 주시고, 그분들의 상황을 자세히 듣게 하시는 것은 그분들을 위해 기도하라고 맡겨 주신 당연한 일이기도 한 그것으로 생각하면서 기도하는 것이다.

이동근 집사는 물론이고 선고받은 모든 수형자가 형기를 채우려면 반드시 건강해야 그나마 이후에 어려움을 감당할 수 있는 것이다.

그러니 이동근 집사처럼 1주일에 세 번씩 투석해야 하는 상황이라면 그 누구도 견뎌낼 수 없는 일인 것이다.

한마디로 사람이 겪어낼 일이 아니라는 말이다.

물론 간이식 후에 어느 정도 간이식이 거부감이 줄어들고 안정적으로 된다면 딸이 아빠에게 신장이식을 할 계획이었다.

그러니 이동근 집사 가족들은 더욱 신중히 결정해야 하는 일이었다.

왜냐면 이동근 집사가 교도소에 수용되어 수형생활을 하는 동안에 면역 체계 문제도 있지만, 지금처럼 1주일에 세 번씩 혈액 투석을 하게 된다면 본인은 물론이거니와 교도소 측에서도 여간 고단한 일이 아닐 수 없는 것이다.

대부분 수형자 한 사람이 병원에 입원하게 되면 교도관이 3교대를 해야 하기에 교도관이 최소한 5명이 붙어야 한다.

24시간 근무해야 하는 형편이기에 3교대를 할 수밖에 없는 것이다.

이때 수형자는 비록 침대에 한쪽 손이나 한쪽 발에 수갑을 차고 있지만 누워 쪽잠이라도 잘 수도 있고, 쉴 수도 있지만, 교도관들은 수형자들을 24시간 불꽃 같은 눈으로 바라봐야 하니 힘들기로 말하면 교도관들이 몇 배로 힘이 드는 것이다.

일일이 수형자들과 동행해야 하기에 졸지에 간병인 신세가 되고 마는 것이다.

그런 상황에서 교도소로서는 그렇지 않아도 부족한 인력난에 이런 어려움마저 있으니 이런 상황에서 아픔을 겪는 수형자들이나, 덩달아 함께 고생하는 교도관에게나 서로 즐거운 일이 아니다.

아산병원에서 간이식 후 투석 치료는 간의 정상화에 좋지 않다는 진단을 받고 하루속히 신장이식을 해야 하는 상황에 부딪치게 됐다.

그래서 내린 결론은 신장도 조현미 집사가 제공하기로 하였다.

나는 너무 놀랐다.

간이식 한 지 1년도 안 되었는데 신장도 기증한다고?

아직은 아니지만, 딸은 결혼하게 되면 아기도 낳아야 하기에 딸 대신 엄마가 하는 것이 좋겠다는 생각이었단다.

결국 조현미 집사는 남편인 이동근 집사에게 간도 주고, 신장도 주는 상황이었다.

간도 신장도 사랑하는 남편에게 주는 아내라면 그 부부의 사랑에 대해서 어떤 질문을 하는 것은 어리석을 정도로 쓸데없는 일이다.

2020년 4월 1일 이 부부는 다시 사이좋게 수술대에 누워서 신장이식 수술을 하였다.

그날 수술실에 들어가기 전날 나는 그 두 분에게 전화로 기도해 드렸다.

그리고 며칠 동안 여느 때처럼 아침에 성구를 보냈다.

아무런 답이 없었다.

그렇다면 그분들은 아직 회복되지 않았다는 것이다.

그러니 성구에 답이 오기까지 기다려야 하는 상황이다.

워낙 큰 수술이기에 걱정도, 기대도 하면서 기도드렸다.

그렇게 4일이 지났을까?

이동근 집사에게 답이 왔다. "아멘"

기다리고 있던 차이기에 얼른 물었다.

"집사님 고생 많으셨습니다. 통화할 수 있으세요?"

답이 왔다.

"저는 이제 조금 정신이 드는데 조 집사는 통증으로 매우 힘들어하네요."

그래서 완전히 회복되면 알려 달라고 하였다.

그러기도 할 것이다. 168cm 48kg 연약한 몸으로 간도 신장도 기증했으니 몸이 제 자리를 찾아가려면 얼마나 힘들고 고생이 심했겠는가?

보통 사람, 보통의 사랑이라면 생각지도 못하는 그런 대단한 일을 조현미 집사는 사랑으로 해낸 것이다.

손뼉을 쳐 줄 일이다.

5월 16일 토요일 11시에 그 부부를 만나러 김포로 달려갔다.

나는 얼른 이동근 집사의 얼굴부터 바라보았다.

왜냐하면 1주일에 세 번씩 투석할 때의 얼굴빛은 그야말로 보기 딱할 정도로 검은 색이었기 때문이다.

그런데 놀랍게도 얼굴빛이 아주 좋아 보였다.

목소리도 통증에 시달리는 그런 목소리가 아니었고 매우 맑아졌고 목소리 톤도 살아났다. 그러기에 우주 만물을 창조하신 창조주 하나님께서 인간을 창조하셨는데 그 신비가 우주 만물을 창조하신 것보다 경이롭다고 할 것이다.

어쩌면 이처럼 신비로울 수가 있을까? 21세기 과학은 예측 불가라고 하는 시대에 우리가 살고 있는데 그 놀라운 능력을 소유한 인간이 아직도 나뭇잎 하나도 과학으로 만들어 낼 수 없는 것인데 이처럼 다 죽어가는 사람에게 간을 다 잘라내고 다른 사람의 간을 이식하고, 또 신장을 이식해서 얼마 지나지 않아서 투석하지 않아도 되는 건강을 회복시키시는 하나님의 능력 앞에서 우리는 반드시 무릎을 꿇어야 한다.

그분이 살아계신 분이심을 이처럼 스스로 증명해 보이시는 것이다.

그러니 얼마나 기분 좋은 오찬이었겠는가?

그래서 부족하지만 매일 아침 그분들의 사랑을 위해서, 그 가정의 행복을 위해서, 그리고 이동근 집사가 앞으로 다가올 가족과 사회와 헤어짐 그리고 담 안에서 겪어야 할 수도 없는 어려움을 생각하면서 기도를 드려야 했다.

앞으로 6개월 후쯤에 건강이 어느 정도 안정이 되면 이동근 집사는 신학 공부를 하려고 계획하고 있다. 조현미 집사가 나에게 남편이 신학 공부를 할 수 있느냐고 도움을 청해서 내가 소개해 주기로 하였다.

나는 이미 담 안에서 주님을 만난 형제들 8명에게도 신학을 공부할 수 있도록 도와주었던 것을 조현미 집사가 알기 때문에 내게 의뢰한 것이다.

이런 형제자매들에게 통신으로 신학 공부를 할 수 있도록 돕는 임요섭 목사님이 계시기에 걱정할 일이 아니었다. 그분에게 도움을 청하면 그분은 기쁜 마음으로 성실하게 도와주신다. 우리 글로벌 찬양의 교회 이진철 전도사(사형수-우리교회 전도사)가 이분의 도움으로 통신 신학을 공부하였으며, 이미 이분에게 신학 공부의 도움을 받은 형제들이 한둘이 아니다.

이렇게 각자가 하나님께서 주신 은사대로 쓰임 받는다.

모든 것은 내가 다 하려 하지 않고 이렇게 각 분야에서 하나님의 은혜를 나누는 분들과 네트워크를 잘하면 합력해서 선을 이룰 수 있는 것이다.

정말 임요섭 목사님께 감사드린다.

그렇게 신학 공부를 마치고 난 후에 이동근 집사는 분명히 나를 능가하는 하나님의 용사가 될 것을 나는 믿는다.

그것을 조금도 의심치 않을 것은 그는 나보다 온유한 성격의 소유자이고, 내가 가지지 못한 수많은 지식과 경험이 있으며, 더욱이 누구보다도 자신의 몸을 나누어 주면서까지 내조를 잘할 사모님 감인 조현미 집사가 목숨 걸고 동역해 줄 것이기 때문이다.

이동근 집사가 신학공부를 마치면 아마도 60살이 될 것이다.
그가 어떤 형태의 사역을 하게 될지 알 수 없지만, 그의 반짝이는 아이디어가 지금까지 누구도 예상치 못한 사역의 한 패러다임을 한국 교회의 선교에 제시할 것이라 믿는다.
그리하여 베트남 선교의 대모이신 자신의 어머님 기도가 이루어지고 그 어머님의 뒤를 이은 사역자가 되어서 하나님의 용사로 사역할 것이라 믿기에 기대하면서 기도해야 할 것이다.

자신의 건강이 너무나 좋지 않아서 몇 번 자살을 생각했을 때도 있었다는 그가 눈시울을 붉히면서 신묘 막측하신 하나님의 은혜를 저버리지 않는 신의 있는 사역자가 되겠다는 다짐을 내 귀로 똑똑히 들었다.

나는 그 부부의 간증과 사랑의 모습을 바라보면서 마음속으로 하나님의 은혜라는 복음성가를 불러 보았다.

"나를 지으신 이가 하나님

나를 부르신 이가 하나님

나를 보내신 이도 하나님

나의 나 된 것은 다 하나님 은혜라

나의 달려갈 길 다 가도록

나의 마지막 호흡 다 하도록

나로 그 십자가 품게 하시니

나의 나 된 것은 다 하나님의 은혜라

한량없는 은혜, 갚을 길 없는 은혜

내 삶을 에워싸는 하나님의 은혜

나 주저함 없이 그 땅을 밟음도

나를 붙드시는 하나님의 은혜, 하나님의 은혜"

chapter 33

찬양

현대 교회에서의 찬양은 신앙 고백용이 아니라 감상용이 되어 가고 있다. 성도들이 함께 부르는 찬양보다 성가대의 특별 찬양에 비중을 더 두고 있다.

오늘날 예배시간에 드리는 성도들의 찬양은 그 양과 질적인 면에서 하나님께 드리는 최고의 가치를 점점 상실해 가고 있다.

왜냐하면, 성도 전원이 능동적으로 참여할 수 없는 예배는 단순한 구경거리 이외에는 아무것도 아니기 때문이다.

하나님께서 기뻐하시는 예배는 성직자와 몇몇 순서 맡은 이들이 드리는 예배가 아니라, 성도 전원이 감사와 기쁨으로 드리는 예배이기 때문이다.

그럼에도 불구하고 오늘날 대부분의 교회가 드리는 예배에서, 성도들은 아름다운 성가대의 찬양으로 자신들이 드려야 할 찬양의 몫을 빼앗기고 있는 것이다.

여러분이 예배 중에 드리는 찬양은 남들이 부르는 찬양을 듣기만 하는 노래입니까?
아니면 당신이 기쁨과 감사로 드리는 진정한 찬송입니까?

chapter 34

피아니스트

우리 글로벌 찬양의 교회는 예배 중에 찬양을 많이 하는 형식의 예배를 드린다. 예배 중에 대략 15번 정도 찬양을 한다.

예배의 전반부 즉 설교 전까지는 찬송가를 부른다.

그리고 설교 전에 설교자인 내가 찬양을 한 곡 하고, 설교를 시작한다. 설교가 끝나면 곧바로 기도로 설교를 마치는 것이 아니라, 설교의 주제와 같은 내용의 복음성가를 같은 조(key)로 4곡 부른다. 이 순서가 바로 우리 글로벌 찬양의 교회 예배의 하이라이트이다.

모두가 한마음과 한 입술로 하나님께 찬양을 올려 드리는 것이다. 그러다 보면 한 사람, 두 사람, 찬양 드릴 때 성령님께서 주시는 놀라운 감동으로 눈물을 흘리면서 살아계신 하나님의 사랑과 하나님의 은혜에 깊이 빠져든다. 마침내 예배드리는 모두가 찬양을 통해서 살아계신 하나님께 영광을 올려 드린다.

우리 교회를 방문하는 분들은 처음에는 예배 참여 인원이 많지 않아서 좀 어색해 하지만 예배를 다 드리고 난 후에는 표정이 완전히 달라진다. 그래서 이구동성으로 하는 말이 있다.

"목사님, 정말 이처럼 은혜로운 예배를 얼마 만에 드렸는지 모르겠습니다. 정말 성령께서 주시는 은혜가 찬양을 통해서 메말랐던 영혼을 깊은 감동에 젖게 합니다."

그러므로 우리 글로벌 찬양의 교회의 예배에 누구보다도 중요한 역할을 맡은 사람은 바로 반주자이다. 역할로 보면 나의 가장 확실한 동역자가 바로 반주자라 해도 과언이 아니다.

그러나 유감스럽게도 우리 글로벌 찬양의 교회에는 고정 반주자가 없어서 예배를 인도하는 나로서는 매 주일이 불안한 게 사실이다. 그래서 내가 기타로 반주를 하는 경우가 여러 번, 여러 주일 있었는데, 그럴 때면 예배 분위기가 살아나지 않아서, 인도자로서는 여간 어려운 게 아니다. 더욱이 찬양사역을 하는 나로서는 좋은 반주자가 함께 해 주면 얼마나 좋겠는가 하는 것이 희망 사항이 되고 말았다.

그래서 내가 가끔 넋두리처럼 하는 말이 있다.

"사랑 교회에 사랑이 없고, 소망 교회에 소망이 없고, 찬양 교회에 반주자가 없다."

그러다 보니 다른 교회에서 반주하는 자매들이 자기들이 출석하는 교회의 오후 예배를 포기하고 우리 글로벌 찬양의 교회의 예배를 돕기 위해, 일부러 와서 반주해 주는 경우도 여러 번 있었다.

그런데 내 목회 철학에 따라 그런 분들에게도 사례를 하지 못했다. 아니 안 했다고 해야 옳을 것이다. 우리 교회는 모두가 헌신자이고 봉사자이기 때문이다. 목사인 나부터 사례비를 받지 않고 하는 목회이기에 그 누구도 사례비를 주지 않는 것이 우리 교회의 전통처럼 되어 있다.

하나님께서 주신 달란트를 하나님께 조건 없이 드리자는 것이 나의 목회관이다.

그러다 보니 오랜 기간 봉사하는 자매는 흔치 않은 것이 당연하다.

그중에서 "하나님과 이웃을 사랑하는 교회"의 박소영 집사가 가장 오래 봉사한 분이다.

그분은 거의 2년 정도를 반주로 봉사했으나 건강상의 이유로 요즈음은 함께하지 못한다. 아주 쾌활한 주은이라는 딸을 두었는데, 그 주은이는 나를 아주 멋진 목사님이라고 불러 주어 기분을 좋게 만드는 귀염둥이다. 박소영 집사의 건강상, 현재는 우리 교회에서 반주는 할 수 없지만, 우리 예배를 아주 좋아해서 가끔 불쑥 찾아오는 분이다.

그중에서 가장 기능적으로 훌륭한 반주자는 피아노를 전공하고 프랑스 왕립학교에서 장학생으로 공부하고 최고의 학위까지 소유한 이소연 선교사이다. 이분이 피아노를 연주하면 찬양과 찬송가의 은혜와 해석이 달라진다.

한마디로 기가 막힌다고 표현해도 될 정도이다. 하기야 음악치료사로 활동하고, 그것으로 여러 나라를 다니면서 선교하는 선교사이기에 타의 추종을 불허할 정도다.

그분이 반주해 주면 나는 찬양하기가 너무 편해서 자주 생각나는 분이다.

물론 박소영 집사님도 전공자이기에 반주가 아주 훌륭하지만 반주자마다 개성이 있듯이 서로의 연주가 달라서 찬양하는 사람의 입장에서는 반주자에 따라 찬양이 달라지는 게 당연한 것이다.

이소연 선교사의 반주는 예술적이라면 박소영 집사의 반주는 매우 건강한 반주이다.

이소연 선교사의 연주는 음악으로 치료를 하는 능력을 지녔다면, 박소영 집사의 연주는 새로운 힘이 생기게 하는 아주 밝은 연주이다. 그러니 찬양 사역을 하는 나로서는 두 분의 반주에 맞추어 설교 전에 찬양하는 것이 얼마나 행복한 시간인지 모른다.

그러므로 서울에서 글로벌 찬양의 교회를 시작하면서부터 나의 가장 중요한 기도 제목 중의 하나는 "하나님, 좋은 반주자를 보내 주십시오."이다.

그리고 그 기도는 여전히 계속되고 있다.(아직 반주자가 없기 때문이다)

그러던 중에 2019년 5월 27일 서울구치소 여자 수용자 위로 예배를 인도하게 되었다. 이번에는 'A some J' 찬양 팀이 합력해 주었다.

수용자들 위로 예배를 인도할 때에는 항상 떡을 주문해서 가지고 간다. 다른 음식물은 교정기관의 반입이 허용되지 않는 것이 많으나 떡은 반입 가능한 음식물이다.

대부분 하얀 백설기(시루떡)를 해 가는데 우리는 좀 더 성의 있게 보이기 위해, 돈이 좀 더 들더라도 하얀 백설기에 핑크빛 하트 모양을 넣어 달라고 특별 주문해서 만들어 간다.

보통 예배 참여 인원의 두 배 정도를 만들어 가면 참여한 수용자들은 물론, 참여하지 않은 수용자들도 나누어 먹을 수 있기에 그렇게 여유 있게 하는 것이다.

예배를 인도하기 위해 금남의 집인 여자 사동에 들어가면, 복도 분위기부터 여자들만의 공간이라고 느껴질 정도로 정갈하다.

일행들과 2층 예배실로 들어가다 마주치는 수용자들은 눈인사를 하며 반가움을 표한다. 정말 이곳은 예배 인원이 아니고는 남자는 절대 얼씬도 할 수 없는 곳이기 때문에 반갑기도 할 것이다.

예배실에 들어서면 미리 찬양으로 예배를 준비하는 수용자들을 보게 된다. 예배가 시작되기도 전이지만 눈물 흘리며 찬양하는 모습도 보인다. 언제나 느끼는 것이지만 피아노 반주자는 수용자 중에도 있어서 감사하다. 찬양을 통해서 마음과 영혼이 열려 예배를 통해서 하나님을 만나고 진정한 교제로 나아가기를 기도한다.

그날은 완전 만석이었다. 찬양팀이 찬양을 인도하였다. 그날 예배를 여는 찬양은 아주 특별한 사연이 있는 찬양들이다.

"세상에서 방황할 때"

"이제 내가 살아도"

"오 신실하신 주"

"주님 손 잡고 일어서세요."

이 복음성가는 나와, 지금은 이미 소천해서 하나님 품에 안겨 있을 이재복 선교사가 개인 교회를 할 때마다 부른 찬양이다. 이 찬양을 할 때 내가 기타를 치고 이재복 선교사는 손뼉을 치면서 함께 찬양했다.

이재복 선교사는 찬양하면서 "목사님, 이 찬양을 할 때면 가사가 어쩌면 이렇게 내 마음에 착착 감깁니다. 너무 좋아요. 내 주제가로 정해야겠습니다."라고 하였다.

그날도 그때까지는 살아있어, 남자 사동에서 당뇨병 후유증으로 사투를 벌이고 있을 이재복 선교사를 생각하면서 열정적으로 찬양을 인도했다. 여기저기서 눈물 흘리면서 찬양하는 자매들의 모습들이 눈이 들어왔다.

언제나 느끼는 것이지만 여자 수용자 위로 예배는 눈물의 예배이다. 만감이 교차하는 분들이 많은 것이다. 자기들의 안타까운 현실이 슬퍼서 흘리는 눈물이기도 하지만, 자기들이 일으킨 사회적인 물의를 생각하면서 회개하는 의미의 눈물도 있을 것이라 생각한다.

가족이 그리워서 울고, 자기 신세가 처량해서 울기도 할 것이다. 담 밖에서는 이렇게 눈물로 예배드리는 교회와 예배를 찾아보기가 힘이 들지만, 이렇게 눈물로 예배드리는 사람들도 있는 것이다. 그러므로 교도소 예배의 필요성을 더욱 느끼게 한다.

그날도 말씀을 전하기 전에 내가 "하나님의 은혜"를 찬양했다.
그 찬양을 통해서 하나님께 영광을 돌리는 것은 물론, 참여한 자매들의 마음과 영혼을 열어 주실 것을 믿으면 찬양했다.
그리고 여호수아 6장 22~26절 말씀을 본문으로 "라합"이라는 제목으로 말씀을 전했다.
라합에 관한 얘기는 앞에 소개되었기에 잘 아시리라 믿는다.

많은 수용자들이 눈물을 닦으며 듣는 모습에 도리어 나 자신이 은혜가 되었다. 아멘 소리가 너무나 확연하게 들렸다. 그런 모습을 보면서 내가 한 가지 제안을 했다.

"자매님들, 은혜 많이 받으셨지요? 그러면 지금 여러분의 현실에 좌절하거나 포기하지 말고, 내가 매 주일 설교문과 주보를 보내 드릴 것이니, 주일 오후 2시에 여러분들 방에서 함께 모여 예배드리세요. 내 설교문과 주보를 받아 보기를 원하는 자매들은 내 주소를 적어 놨다가 내게 편지를 보내주시면 됩니다."

예배를 마치면 원래 규정상 그러면 안 되는데 자매들이 나에게로 우르르 달려 나와 손을 잡아 준다. 더구나 나는 서울구치소 교정위원이니 더 반갑게 감사의 뜻을 담아 손을 잡아 주는 것이라고 생각한다.

그래서 은혜를 전하러 왔다가 돌아올 때면, 더 은혜를 받았다고 함께 한 동역자들에게서 감사하다는 인사를 듣는다.

그리고 한 주일쯤 지났을 때였다.

겉봉에 유난히 예쁜 글씨로 편지를 보낸 자매가 있었다.

이름은 고은영(가명)이다. 나이는 26세, 키도 크고 얼굴도 아주 예쁘다. 예배 중에 눈이 마주쳤던 수용자들을 기억해 보니 어떤 모습의 자매였는지 어렴풋이 기억이 났다. 그때 고은영 자매는 안타깝게도 파란표찰(마약사범)을 달고 있었다. 그렇지만 유난히 예쁘고, 찬양 중에나 설교 중에 한순간도 눈을 떼지 않고 집중하던 자매이기에 기억이 난 것이다.

고은영 자매는 편지에 자신의 이야기를 솔직하게 적어 놓았다. 내가 목사지만, 여자로서 솔직하게 털어놓기 힘든 내용도 다 고백하는 솔직함도 있었다. 그날 내가 한 찬양과 설교에 너무나 큰 은혜를 받아 각자 방에 돌아가서 예배에 참여하지 않는 자매들에게 내 이야기를 했단다.

"목사님, 인기 짱이었어요. 소리 지르고 난리 났어요, 그래서 한 가지 부탁이 있는데 제가 목사님 딸 하고 싶어요."

그래서 딸이 또 하나 생긴 것이다. 그것도 예쁜 딸이다.

그렇게 몇 번 편지를 주고받다가 대법원 상고까지 형이 확정되어 수원구치소로 이감했다. 물론 나는 그곳까지 자주 가서 접견했다. 그리고 은영이는 거기서 2019년 8월 30일 새벽에 만기 출소했다. 그래서 생각해 보니 은영이와 나는 인연이 있나 보다. 8월 30일은 바로 내 생일이기 때문이다.

그런데 참 감사한 일이 현실로 일어났다.

수많은 수용자들과, 설교문과 주보, 그리고 편지를 주고받다가도 정작 출소를 하면 내게 전화를 하거나, 찾아오거나, 우리 교회에 나와 예배를 드리는 경우는 극히 드물다.

그런 상황을 수도 없이 겪은 나는, 이후부터 아예 기대도 하지 않는다. 출소하고 기거하는 곳 가까운 교회에 나가라고 평소 접견 때마다 이야기하기 때문이다.

그런데 은영이는 내게 너무 친근하게 다가왔기 때문에 내가 농담처럼 이야기했던 내용이 하나 있었다.

"사랑 교회, 사랑이 없고, 소망 교회 소망이 없고, 찬양 교회 반주자가 없단다."

그랬더니 은영이가 반색하며

"어, 목사님 저 피아노 그런대로 쳐요. 아주 잘 치지는 못하지만요."

귀가 번쩍 뜨이는 이야기였다.

"은영아, 그러면 출소하고 우리 교회에 와서 반주 좀 해 줄래?"

그러겠다고 고개를 끄덕여서 고맙게 생각했던 것이다.

그런데 내 생일 날 은영이가 출소했다는 전화가 왔었다.

주일이 되었다. 그런데 생각지도 않은 은영이가 교회로 찾아온 것이다. 어떻게 왔느냐 물었더니 매 주일 설교문과 함께 보내 주던 주보를 잘 간직했었단다. 그 주보를 보고 찾아 왔다는 것이다. 그래서 물었다.

"그런데 너 오늘 어디서 온 것이니?"

"목사님, 아니 아빠, 저 경북 의성에서 아침에 고속버스 타고 왔어요."

그 말을 듣고 너무나 고맙고 사랑스러워, 한여름임에도 불구하고 근처의 미역국 집에서 점심을 사주며, 예배 반주를 어떻게 해야 하는지 알려 주었다.

얼마나 하나님께 감사했는지 모른다. 나와는 물론 하나님과의 약속을 헌신짝처럼 여기던 다른 형제자매들과 다르게, 그 약속을 지키기 위해서 그 먼 곳에서 아침 7시 고속버스를 타고 올라왔다는 사실이 여간 고마운 것이 아니었다.

경북 의성이 얼마나 먼 곳인가? 그곳에서 서울 강남 고속버스 터미널 압구정역에 내려 5번 출구로 나와서 걸어오는 거리와 시간이 만만치 않은 것이다. 그것을 주일에 왕복하는 것은 웬만한 정성과 신의와 성의가 아니면 어려운 일인 것이다.

그런데 그 주일만 그렇게 하는 것이 아니었다. 몇 주 하고 말겠거니 했더니 그게 아니었다. 매 주일 오직 반주만을 위해서 그 먼 거리를 달려오고 다시 되돌아가는 것이다.

그래서 은영이가 매 주일, 올 때마다 예배 장소 근처에서 점심을 사주었더니 교회 형편이 어려운데 식사비가 아깝다고 하더니, 나중에는 나와 점심을 함께 먹겠다고, 새벽에 일찍 일어나 손수 밥을 지어, 내 도시락까지 싸서 달려오는 것이다. 메뉴는 대부분, 어묵국에다 김치볶음밥이었다. 그 먼 곳에서 가져오느라 많이 식었지만 나는 은영이의 아름다운 성의를 생각해 맛있게 먹어 주었다.

나의 친딸들도 그렇게 하기 쉽지 않을 것인데, 자기 영혼을 주께로 인도해 준 은혜에 보답하기 위해 한두 번도 아니고 매 주일 은영이는 그 먼 거리를 마다하지 않고 달려와서 반주만 하고 되돌아가는 것이다.

시간이 지나자 은영이의 반주는 나와 호흡도 잘 맞고 눈치 껏 반주하기에 예배를 인도하는 데 큰 도움이 되었다. 실제로 예배에서는 나에게 가장 큰 도움을 주는 사람이 바로 반주자 고은영인 것이다.

그뿐이겠는가? 나중에는 아내가 미국에 간 후에는 매 주일 목요일마다 "사단법인 세컨하프" 사무실에 나와서 주보와 설교문을 출력하고, 그 설교문과 주보를 접어 봉투에 넣고, 그 봉투를 풀로 붙이고, 겉봉에 우표를 붙이고 난 후에 월요일 오후에 200여 개의 전국 교정기관 감방 교회에 보낸다.

은영이의 소원은 현모양처다. 은영이에게 좋은 신랑감을 소개해 주기를 간구하고 있다. 반드시 그렇게 해 주실 것이라 믿는다. 여러분들도 은영이가 생각나거든 하나님께서 좋은 신랑을 허락해 주시기를 기도해 주기 바란다. 할렐루야.

chapter 35

목사님, 목사님

안녕하세요? 한재임입니다.

기온이 30도가 넘나드는 계절이 되었습니다. 며칠 전까지만 해도, 발바닥에 조그마하게 자른 핫파스를 붙이고 잠을 청하던 날이 엊그제 같은데 오늘은 31도라 합니다.

이곳은 겨울에도 난방을 제대로 해 주지 않는 곳이다 보니, 겨울에 다들 찜질팩을 하나씩 가지고 잠을 청하는데, 제 입장에는 그것조차 너무 사치인 듯 제 마음이 편치 않았습니다.

그러던 중에 발바닥이 너무 아파서 핫파스를 조그맣게

잘라서 발바닥에 붙이고 잤더니 발바닥도 아프지 않고 추위도 가시는 듯 해서 올겨울 1개 2,500원 하는 찜질팩 대신 2,300원하는 핫파스로 겨울을 이겨냈습니다.

그런데 요즈음은 또 더워지고 있습니다. 계절은 그렇게 어김없이 자신이 할 일을 하는 듯, 겨울이 가고 여름이 온 것 같습니다.

목사님께서 책을 출간하시기 때문에 서신을 보내지 못하실 것 같다는 내용을 받고, 제가 서신을 보내드리는 것이 지금 목사님께 혹 부담이 되지 않을까? 하여 지난 주는 서신을 보내지 않았는데, 어머니께서 목사님께서 저에게 서신을 보내지 못하셔도, 제가 잘 지내고 있는지 궁금하실 터이니 서신을 보내드리는 것이 마땅하다 하시기에 이렇게 또 한주 안부를 전해 드립니다.

목사님, 예배가 없는 삶이 어떤 삶인지, 영혼이 마른다는 것이 어떤 의미인지 저는 지금 체험하고 있는 것 같아요.

지난달 새로운 친구가 바로 옆 방에서 싸움을 하고 저희 방으로 오게 되었습니다. 일단 새로운 친구가 오게 되면 그 친구의 소문이 따라옵니다. 그런데 그 소문의 50%는 비슷한 것도 같습니다. 소문으로 사람을 판단하면 안 된다고 생각해 이런 소문은 한 귀로 듣고 한 귀로 내보냅니다. 그런데 평온하던 저희 방은 한 달이 지난 지금 지옥이 되었습니다.

눈을 뜨는 아침 6시부터 잠을 자는 저녁 9시까지 다툼이 끊이지 않습니다. 참지 못해 귀마개를 하고 있어도 그 소리가 들립니다. 정말 그만들 하라고 소리쳐서 말하고 싶습니다.

그러나 "예수님의 눈으로, 예수님의 마음으로 살아보자"는 제 믿음이 더 인내하라고 합니다.

처음에는 왕따도 막아보려고 했고, 싸움도 말렸는데 이런 일이 하루에도 몇 번 씩 계속되니 제 영혼이 말라가는 듯합니다.

그들의 싸움마저도 화해시키는 방법을 찾아보라는 하늘을 향한 제 마음과, 너도 하고 싶은 대로 소리치기라도 하고, 참지 말라는 땅의 마음이 저를 힘들게 합니다.

그러므로 제 영혼이 살길은 예배라는 것을 이제 알아갑니다.

예배를 드릴 수만 있다면 마음껏 주님을 찬양하고, 소리 내어 주님을 부르며 울고 싶습니다. 그래도 다른 사람들보다 더 인내하며 잘 견디어 낼 수 있는 것은, 일주일에 한 번도 빠짐 없이 전해주시는 목사님의 설교 말씀 때문입니다.

매 주일 목요일 오후에 전해지는 목사님의 말씀은 주보의 순서대로 혼자 기도와 찬양과 말씀을 읽으며 예배의 자리로 나아갑니다.

예전에는 일주일 동안 말씀이 오기 전에는, 그 전 주일 말씀을 매일 꺼내 읽었는데, 요즈음은 같이 살다가 원주교도소로 추가 건이 생겨 이송된 언니에게 일요일에 보내주고 있습니다.

강릉 사는 언니인데 올 12월이 출소라고 합니다.

목사님, 주만 바라보는 삶을 살고 싶습니다.

너무도 간절히 그렇게 살고 싶은 그것이 마음먹은 대로 잘 되지 않습니다.

하루속히 코로나 치료제가 나와서 코로나가 종식되어 예전의 모습대로 예배와 찬양이 이루어지길 소망합니다.

이곳의 예배당은 아무 때나 갈 수 있는 곳도 아니고, 아무 때나 찬양을 부를 수 있는 곳도 아니기에, 밖의 사람들이 너무 너무 부럽습니다.

제가 정황상 살인범으로 살게 된 상황도 주님을 마음껏 부르지도 못하는 상황, 방전되어 가는 자의 삶에, 하늘에 플러그를 꽂은 예배와 찬양은, 온전히 하늘의 하나님이 행하신 일들이 선포되고, 하나님의 이름을 거룩하고 거룩해 부르고 부르다 죽어도 좋을 만큼 저에게는 지금 그렇습니다.

예배가, 찬양이 영혼을 살찌운다는 그 말이 무슨 말인지 저는 이해가 됩니다.

지옥이란 곳이 이런 곳이겠구나, 싸움과 다툼과 욕설이 끊이지 않습니다. 이해와 용서가 없습니다.
그런데 그 상황이 꼭 제 모습을 보는 것 같아 속이 상하고 마음이 아픕니다.
이제 일주일 후면 대 전방이라 하여 다시 섞여서 방을 꾸리게 됩니다. 그때까지라도, 하늘을 보며 내 생각보다는 주님의 말씀을 더 앞세우며 생각하는 시간들로 이루어지길 기도합니다.

아버지의 뜻이 하늘에서와 같이, 땅의 맨 끝 이곳 교도소에도 이루어지길 간절히 기도합니다.

목사님, 저번 접견 오셨을 때, 500번 대의 송용회(가명)라는 친구를 말씀하셨는데, 제가 방으로 돌아와서 아무리 생각해도 500번 대의 수번을 가진 송용회라는 사람이 생각이 나지 않았습니다.

제가 목사님께 서신으로 말씀드릴 정도로, 그 수번과 이름을 들었을 때 떠올라야 하는데 아무리 생각해도 떠오르지 않아 걱정입니다.

목사님께서 바쁘신 가운데 영치금과 서신까지 보내 주셨다 해서 계속 생각하는데 떠오르지 않습니다. 죄송합니다.

송용회라는 말기 암에 걸린 친구를 제가 말씀드린 것은 기억하고 있는데, 그 친구는 무기수인 관계로 천 번대의 수번을 달고 있거든요. 몇 번인지는 정확히 알고 있지 않지만, 이곳은 형량과 죄명에 따라 수번의 앞자리가 달라지거든요.

외국인은 두 자리 수번, 마약사범은 파란색, 3년 미만은 200번 대, 상해치사 400번 대, 살인은 500번 대, 사기는 300번 대, 간혹 400번, 600번 대, 청주 미결이 기결된 경우에는 700번대 20년 이상 무기수는 1,000번 대 로 나눠집니다.

혹시나 800명의 수감자 중에 동명이인이 아닌가도

생각해 보기도 했는데 제가 더 신중히 생각해 보겠습니다. 서신에 답이 없다 하시니 더욱 죄송합니다.

목사님
출판하실 하나님의 용사 2권을 응원합니다.
책 제목이 완전히 목사님과 어울리겠다고 생각했습니다. 출판 될 목사님의 책이 또 다른 사람에게 소망과 희망으로 전해질 것이 분명합니다. 목사님은 그런 하나님의 용사입니다.

목사님 응원합니다. 기도하겠습니다.
제가 제일 먼저 사서 읽으려 합니다.

더욱더 인내하라는 하나님의 말씀을 전하는 오늘을 살아내겠습니다. 고맙습니다. 감사합니다.

2020년 6월 7일 한재임 올립니다.

chapter 36

천사들

200여 개 감방 교회가 매 주일 오후 2시에 예배를 드리려면 반드시 필요한 것이 있다. 바로 주보와 설교문이다. 이것을 가지고 각 감방에서 글로벌 찬양의 교회 주보와 설교문을 받은 리더가 예배를 인도한다.

그 예배에 참여하는 인원은 사형수나 독방을 쓰는 형제자매들은 혼자 드릴 것이고, 작은 방은 2인, 4인, 6인, 8인, 10인, 15인 등 방의 크기에 따라서 수용인원도 달라지는 것이니 어떤 방인가에 따라서 예배 인원이 정해질 것이다.

그렇다고 각 방에서 다 예배를 드리는 것은 아니다. 그중에는 불교도를 비롯한 타 종교를 가진 형제자매도 있을 것이고, 종교라면 고개를 절래절래 흔드는 형제자매도 있을 것이니, 같은 방에 있다 하더라고 모두 예배를 드리는 것이 아니라는 말이다.

어떤 방에서는 한두 명이 노골적으로 예배를 방해하는 경우도 있지만, 우리 형제자매들은 대부분이 그 방에서 봉사(감방장)를 하고 있어, 한 명이라도 더 함께 예배를 드리려고 애를 쓰는 것이다. 그러니 전국 200여개 글로벌 찬양의 교회 감방교회의 예배에 참여하는 인원은 얼마나 될까? 최소로 잡아도 200개이고 평균 두 명만 잡아도 400명이고 3명을 잡으면 600명이다. 그러니 그 숫자는 하나님만 아실 것이다.

그런데 이렇게 전국 200여 개 글로벌 찬양의 교회 예배 처소에 주보와 설교문을 보내는 일이 예삿일이 아니다.

맨 처음 몇 명일 때에는 전혀 어려운 일이 아니었다. 설교문은 A4지로 4장을 원칙으로 한다. 글씨는 10호, 줄 간격은 160%로 작성하여 프린트한다.

이것을 맨 처음 7년 동안은 집에서 아내와 큰딸이 함께 프린트하고, 편지 봉투에 보내는 사람 주소, 받는 사람 주소를 출력해서 붙이고, 우표는 400원짜리를 붙이고, 설교문과 주보를 접어 봉투에 넣고, 마지막으로 봉투에 풀을 붙여서 봉인하는데 걸리는 시간이 적지 않은 것이다.

맨 처음에 내 집에서 필요한 프린터를 산다는 게 구입 비용을 절약하고자 EPSON L455 복합기(프린트, 스캔, 복사)를 구입했는데, 잉크 값을 절약하려고, 리필용기가 붙은 잉크젯 복합기를 구입했다. 그런데 이 프린터는 INK-JET이기에 속도가 엄청나게 느렸다. 그러니 복사를 해도 스캔에 올려놓고 한 장씩 복사해야 해서 수십 장을 하려면 꼬박 서서 거의 한 시간 이상을 허비하여야 했다. 그런데 담 안의 형제들의 여러 가지 어려움을 도와주어야 하고 필요한 서류를 복사해 주어야 한다는 생각으로 새벽까지 고생했던 적이 한두 번이 아니다. 그리고 설교문을 출력할 때나 주보를 출력할 때도 시간은 완전히 완행열차이다. 우리의 사정을 전혀 고려하지 않는 프린터는 천천히 아주 천천히 제 고집대로 어슬렁거리며 출력이 된다.

그러다 보니 아내와 큰딸이 주일 저녁에 함께 앉아 밤늦게까지 이 일을 해야 하는 것이었다. 그러니 허리도 아프고, 다리도 아프고, 아무래도 비효율적인 이 일에 은근히 짜증을 낼 때도 있었다.

그런데 아내와 큰딸이 2020년 2월 3일에 미국으로 갔다. 큰딸의 두 아들은 미국에서 출생했기 때문에 미국 시민권을 가졌다. 그래서 초등학교 3학년과 2학년이 되니 미국에서 공부해야 하는 상황이 된 것이다. 할 수 없이 큰 딸은 자기가 공부했던 미주 장로회 신학대학원에 기독교 상담학 석사 과정을 공부하러 유학비자로 미국에 들어가게 된 것이다.

그러니 미국 생활을 아시겠지만, 부모 없이 어린아이들만 집에 있는 것도 불법이고, 아이들 등 · 하교길에 아이들만 학교에 오간다면 그것도 불법이어서 어쩔 수 없이 아내의 도움이 필요해서 미국으로 가서 함께 살게 되었고, 덕분에 나는 한국에 홀로 남게 되어 졸지에 '독거노인'이 되고 만 것이다.

그러다 보니 자연히 이렇게 주보와 설교문을 출력하고, 그것을 봉투에 접어 넣고, 봉투에 우표와 주소 라벨을 붙여서 우송하는 작업을 할 사람이 필요했던 것이다.

이렇게 아내가 막 미국에 갔을 때 4개월 동안은 우리의 귀염둥이 고은영 자매가 '사단법인 세컨하프'에 나와서 이 일을 감당했었다. 물론 자신이 담 안에 있을 때 받아 보았던 주보와 설교문이기에 남다른 마음으로 정성껏 봉사했다.

그런데 고은영 자매가 자신의 장래를 위해서 공부하러 고향인 경북 의성에 내려가게 되어 이 사역을 감당할 대체 인력이 필요했던 것이다. 그러니 막막했다. 고은영 자매가 없으니 글로벌 찬양의 교회는 반주자도 없어 내 기타로 예배를 드리고 거기에다 설교문과 주보 사역을 감당할 사람이 당장 필요한데, 없으니 얼마나 난감하고 당황스러웠겠는가?

그러나 예배를 받으시기를 원하시는 하나님 아버지께서 이런 우리의 사정을 아시고 미리 준비해 놓은 천사들이 있었다.

바로 '사단법인 세컨하프'의 이사 중의 한 사람인 안태성 이사가 출석하는 잠원동의 "늘 푸른 교회"의 통일 선교회 부원중에서 4명이 봉사를 해 주기로 자원한 것이다.

그 천사들은 바로 안태성 안수집사를 비롯하여 이선주 권사, 장계심 집사, 송정순 집사, 서안 자매이다.

그분들은 금요일 오전 10시에 '사단법인 세컨하프'의 사무실에 모인다. 다 모이면 내가 인도하여 간단히 예배를 드린다.

차를 한 잔 마시며 일을 시작하게 되는데, 각자 맡은 일을 하는 것이지만 이제는 숙련이 되어 익숙하게 해내는 것이다.

봉투에 우표를 붙이는 분, 우표를 붙이고 나면 설교문과 주보를 받아 볼 형제자매의 주소 라벨을 붙이는 분, 설교문과 주보를 봉투에 접어 넣는 분, 그리고 다 넣은 봉투에 풀칠을 해서 붙이면 완료되는 것이다. 그리고 난 후에 150미터 떨어진 강남 우체국에 가서 접수하면 된다.

그렇게 우편물을 금요일 오후에 보내면, 전국의 200여 개 감방 교회의 리더들에게는 다음 주 수요일쯤 도착하게 된다. 그러므로 아무리 작은 일이라도 하나님은 합력해서 선을 이루게 하신다.

예를 들자면 이렇게 많은 우편물이 전국에 보내지는 것을 알게 된 담 안의 형제자매들 몇 분이 우표를 보내오는 것이다.

통상 담 안에서는 현금 거래는 절대 금물이기에 우표가 현금을 대신하는 역할을 하는 경우도 있다. 그렇게 해서 모아 놓은 영치금으로 우표를 구입하고, 그것을 봉투에 넣어 편지와 함께 보내주는 것이다.

청주여자교도소의 한재임 자매는 몇 달을 모아서 거의 십 만 원에 가까운 우표를 보내주기도 하였다. 또 정읍교도소의 이영세 자매는 몇 번이나 아무 내용도 보내지 않고, 우표를 보내주어, 왜 그러는 궁금증을 자아내게도 하였다. 나중에 화상접견을 통해서 그렇게 한 이유를 들을 수가 있었는데, 자신이 지은 죄를 속죄하는 의미로 그렇게 했다고 하였다.

그런가 하면 고영수 형제는 사형수임에도 불구하고 영치금을 절약하고 절약하여 십일조라면서 우표를 대신하는 500원짜리 바코드를 보내주기도 했다.

또한 전국구 조직의 보스인 유흥덕(가명) 형제는 자신이 교도소에서 주최한 성경 퀴즈대회에서 1등을 해 상으로 받았다는 우표를 그대로 내게 보내주어 얼마나 감동이 되었는지 모른다.

그의 그런 순수한 마음이 고마워서 나는 그 우표를 사용하지 않고, 내 성경책 갈피에 끼워 놓고 수시로 보면서 한 영혼이라도 더 주님께로 인도하자고 다시 한번 다짐한다.

사람은 하나님의 피조물 중에 유일하게 영과 육을 가진 존재이다. "이 백성은 내가 나를 위하여 지었나니 나의 찬송을 부르게 하려 함이니라." 이사야 43장 21절 말씀이다.

살아계신 하나님께서 이 세상에 우리를 창조하신 목적을 이렇게 확실히 기록된 다른 말씀이 없다. 이처럼 우리는 하나님이 서로 사랑을 나누기 위하여, 그리고 하나님을 찬양하게 하기 위하여 창조된, 보시기에도 좋고 아름다운 피조물인 것이다.

그러므로 그들의 영혼이 원래 하나님의 창조 목적대로 회복 될 수 있도록 돕는 행위 모두는 하나님을 찬양하는 것에 해당한다. 이렇게 한 영혼이라도 더 살아계신 하나님을 만나게 하는 데에 마음을 모으는 것은 "너희가 서로 사랑하라" 하신 하나님이 주신 새로운 명령을 준행하는 귀한 일인 것이요, 찬양의 이유인 것이다.

이 우편물을 받아 보는 형제자매들이 한 명이라도 더 하나님을 만나고 수용되어 있는 동안에 예배자로 변화되어서, 인생의 후반전에는 승리자가 되는 은혜를 기대하며 간구한다.

다행히도 나의 설교문이 전국 교정기관에 수용된 형제자매들에게 큰 힘과 위로가 되고, 인기가 있어 한때 함께 수용되어 있다가 이감된 형제자매들에게 보내 달라는 요청이 오는 경우가 많다. 우리는 기꺼이 보내는 수고를 아끼지 아니한다.

형제자매들은 그들 나름대로 자신들을 과소평가하는 경향이 있다. 자신들을 존귀하게 여기지 않고, 그런 노력조차 하지 않는다. 여러 모양의 죄를 짓고 영어의 몸(囹圄)이 되었으니 지기 지신에게 기대할만한 것이 없다고 스스로 포기하기 때문이다.

그래서 생각한 끝에 주보도 A4지에 대충 출력해서 만드는 것이 아니라, 가장 깔끔하고 멋있는 디자인이 되어 있는 것을 구입해 인쇄한다. 그리고 편지 봉투도 최고급으로 만들었다.

비록 우리가 힘이 들더라도, 전국 54개 교정기관의 많은 형제자매들이 설교문과 주보를 더 많이 요청하여 주일, 오후 2시가 되면, 전국의 글로벌 찬양의 교회 담 안의 교회들이 일제히 한 마음과 한 목소리로 하나님을 찬양하고, 간절히 기도하여 그 소리가 하늘까지 닿아서 하나님을 기쁘시게 하면 그보다 더 좋은 일이 없겠다. 할렐루야!

담 안에서 드리는 예배의 열매로 형제자매들 한 영혼, 한 영혼이 애물단지에서 보물단지가 되고, 진정한 예배자가 되어 하나님께서 기쁨을 이기시지 못하도록 해 드리는 형제자매들이 되기를 간절히 간절히 기도드린다.

chapter 37

I LOVE MY FATHER

내가 지금까지 교정 사역을 하면서 담 안의 형제자매들과 아들과 딸의 관계를 맺은 경우가 적지 않다.

그만큼 외로운 형제자매가 적지 않다는 말이다. 그러다 보니 마음이 가는 나이 어린 형제는 나에게 부성을 느끼고, 또 마음이 외로운 어린 자매도 나에게 부성을 느끼는 경우가 있다.

그래서 자연스럽게 아들과 아버지, 딸과 아버지로 서로 마음과 사랑을 주고받으면서 지내게 된다.

비록 제대로 아버지 노릇은 잘못하지만 마음으로는 그들을 사랑하며 애틋한 마음으로 먼 길을 마다하지 않고 찾아간다.

그러다 보니 마음으로 낳은 아들이 2명, 딸이 2명이다.

그러나 우연이지만 공교롭게도 두 아들이 모두 현재 부산 교도소에서 복역 중이다.

아들 두 명 중의 하나는, 올해 30살로 살인을 저질러 15년 형을 받은 이원태(가명)이고, 또 하나는 체중이 130kg이나 나가는 이찬원(가명)으로 8년을 선고받고 복역 중인데, 죄목은 강도, 납치, 폭행이다. (사실 이런 죄목과 형량에 대해 본인은 많이 억울하게 생각하고 있다.)

두 딸 중의 하나는 앞에서 소개한 반주자 고은영(가명)이고, 또 하나는 경제범으로 4년을 선고받고 서울 구치소에서 원주교도소로 이감간 김경연(가명)이다.

그 중에 "I LOVE MY FATHER"라는 제목으로 편지를 보낸 아들은 이찬원(가명)이다.

아버지 5월 4일에 보내주신 따뜻한 마음을 5월 6일에 받았습니다. 그간 무탈하게 잘 계셨습니까?
얼마 전까지만 해도 겨울이더니 어느덧 여름이 다가왔습니다. 이렇게 또 법무부의 시계가 흐른다는 것을 느끼곤 합니다.

아버지, 코로나 19로 인해 중단되었던 접견이 5월 11

일부터 S3, S4도 접견이 허용되었습니다. 이렇게 된 것은 아버지의 깊은 바람이 큰 원인인 듯합니다.

철장 안에 있는 형제자매들이 엄청 좋아하겠지만, 아버지께서 가장 싫어하는 여름에 이곳저곳을 다니셔야 하는 현실에, 이 아들은 걱정부터 앞서곤 합니다.

건강은 계절의 영향이 크기에 더위를 무릅쓰고 전국의 여러 교도소를 다니시면서 위로하고, 격려해 주시는 아버지께서 여러 형제자매들을 생각하시는 깊은 마음에 또 한 번 감동 받게 될 것입니다.

아버지

사단법인 세컨하프에 대한 상황을 전해 들었지만 정말 걱정이 이만저만이 아닙니다. 저도 걱정이 되는데 아버지께서는 당사자시니 얼마나 실망감이 크시겠습니까?

아들인 제가 어떻게 짐작을 할 수가 있겠습니까마는 마음이 아픕니다. 모든 사람이 쉽게 노력 없이 무엇인가를 얻기 위한 이기적인 마음이 크지 않습니까?

돈이야 있다가도 없는 것이고, 없다가도 있는 것이지만 사람을 잃어버리고 느끼는 상실감이야 오죽하시겠습니까?

인간의 진심과 마음을 양쪽 저울에 올려놓고 볼 때, 수십 억을 올려놓고도 비교 대상이 아닐 것인데 말입니다.

아버지, 그래서 부자들에게는 돈밖에 없지만, 보통 사

람들에게는 인생의 벗이라는 영원한 그림자가 있지 않습니까?

그러니 부자를 부러워할 이유가 없는 것이지요.

그러기에 아버지의 삶에서, 아버지의 아들이자 그림자가 되고 싶습니다. 무엇을 바라거나 원하는 것이 아닌 가슴으로 우러러 나옵니다.

아버지께 받은 은혜와 마음을 보답하는 마음으로 말입니다. 저도 아버지처럼 많은 불우한 사람들에게 꿈과 희망이 되고 싶습니다. 아니 될 것이니 지켜봐 주십시오.

아버지, 아버지께서 이번 인터넷 서신으로 말씀해 주셨지 않습니까? "이 또한 지나가리라."

절대로 제 일이 아니라고 쉽게 생각하고 드리는 말씀이 아닙니다. 아버지께 닥친 현실이 분명히 좋은 기회로 바뀌게 될 것이라 믿습니다. 지금 당장은 경제적인 문제와 인간관계에 대하여 문제가 적지 않지만, 이 기회에 옥석을 가려내는 기회로 삼으시기 바랍니다. 진정 아버지와 뜻을 함께 이루실 분들과 아닌 분들이 나누어지는 기회라 생각해 주십시오.

아버지, 이 아들이 힘내시라는 말씀밖에 드리지 못하고, 아무런 도움이 되지 못해서 정말 죄송합니다.

그러나 멀리서나마 아버지를 위해 진실한 마음이 담긴 절실한 기도를 드리고 있습니다. 아버지는 절대로 못난 사역자가 아니십니다. 사람들이 욕심이 많고 이기적인 사탄의 욕심을 가졌기에 이겨내지 못한 것일 뿐입니다.

이기적이고 나쁘게 살아온 제 인생이 이렇게 바뀌고, 이제 아버지께 마음을 열었기에 항상 진실한 마음으로 다가가시는 아버지를 굳게 믿고 있습니다.

정말 제 인생의 모델이시자, 저의 목표이십니다.

아버지는 정말 주님의 마음을 느끼게 해 주는 훌륭하신 사역자입니다. 저도 신학공부를 열심히 해서 아버지처럼 하나님을 기쁘게 해 드리는 사역자가 되겠노라 굳게 약속드리며 오늘은 여기서 펜을 놓겠습니다.

아버지, 다시 한번 힘내 주시기를 간청 드립니다.

많이 보고 싶고, 늘 감사하고 사랑합니다. 아버지

2020년 5월 7일
부산에서 아들 찬원이가 드립니다.

찬원이는 소위 말하는 깡패였다. 그런 그가 나를 만나고, 주의 복음을 받아 드리고 난 후에 신학공부를 하게 되었다.

내 뒤를 이어가겠다고 시작한 발걸음이다. 여러분들의 기도가 필요하다. 찬원이의 인생 후반전이 기대된다. 할렐루야

chapter 38

해결사

내가 교정위원 중에서 유별나게 수형자들의 입장을 대변하는 성향의 사역자라는 사실이, 우리 글로벌 찬양의 교회 담 안 예배 처소의 형제자매들의 입을 통해서 전국의 여러 교정기관의 수형자들에게 전해졌다. 그러다 보니 억울한 경우를 당했다는 형제자매들이 내게 편지를 해 온다. 각자의 사연들을 적어서 억울함을 간절히 호소한다.

어떤 형제는 깨알 같은 글씨로 수십 장의 사연을 구구절절이 써서 보내온다. 그 엄청난 분량의 편지를 한 장 한 장 읽다보면 내 가슴이 답답해 온다. 수도 없이 생각하는 것이지만, 담 안의 형제자매들이 아주 크게 착각하는 것은, 나라는 존재를 자기 자신과 나, 그렇게 1대 1로만 생각하는 것이다.

더구나 내가 최소한 법무부 장관이나, 국회의원 정도의 영향력을 가진 것으로 생각해 이런 부탁을 하는구나, 생각이 들 정도로 요구사항이 대단할 때도 있다. 그러기에 자기의 억울함이나, 자기 자신이 죄를 지으면서 돌보지 않아 엉망진창이 된 가족, 특히 자녀들까지도 만나서 혼도 내주고, 사람이 되도록 가르쳐 달라는 형제들도 있다.

정말 안타까운 일이다. 자기가 엉망으로 살아서 저질러 놓은 일들을, 생면부지인 내게 바로 잡아 달라는 것은, 부탁을 들은 나로서는 정말 안타까운 일이다. 그런 사람들은 내가 자기 자신만 상대하는 사람으로 생각하고 그런 요청을 해 온다고 생각하니 난감하여 하늘을 올려다 볼 때가 한두 번이 아니다.

"아니, 하나님, 하나님께서 저를 너무 과대 평가 하신 것 아니신가요? 이런 일들까지 제가 어떻게 다 감당하겠습니까? 저 사람들만 불쌍히 여기지 마시고, 저도 좀 불쌍히 여겨 주세요."

그런데 그런 경우가 한두 사람이면 모르겠는데, 어떤 날은 한꺼번에 몇 명씩 그런 내용을 보내올 때는, 그것으로 인한 스트레스가 견디기 힘들 정도이다. 잠을 이루지 못할 정도로 부담스러울 때가 적지 않다는 말이다.

그렇지만 나는 어느새 그런 일들을 하나하나 해결해 주고 있는 내 자신을 발견하고 스스로가 어이없다는 생각을 할 때가 있다.

어떤 형제자매가 억울한 일을 당한 사실을 알게 되었을 경우 나도 모르게 그 일에 깊숙이 개입하는 나 자신을 느끼며 내가 이런 성향의 사람이라는 것을 깨닫게 된다. 그러느라고 생명인 시간은 물론, 경제적인 상당한 부담을 감내하면서까지 앞으로 치고 나간다. 그런 것이 도가 지나쳐 밤잠을 포기하면서까지 그런 일에 매달리기도 한다.

아마도 장담하건데, 법원이나 검찰에 탄원서나 진정서를 나만큼 많이 써낸 사람이 많지 않을 것이란 생각을 해 본다.

사실 교회의 재정이 넉넉하거나 별도의 특별한 후원자가 있는 것도 아니고 재정적인 문제를 걱정하지 않아도 되는 형편이 되어서 이런 일을 기꺼이 감당하는 것이 아니다. 스스로 이런 모든 것을 감당하면서 이 사역을 한다는 것은 정말 계산 할 줄 모르는 사람이나 할 수 있는 일이라 생각할 때가 많다.

chapter 39
가시고기

내가 중국과 아이티, 그리고 다시 중국에서 사역을 마치고 한국으로 영구 귀국을 하면서 하나님께 기도드린 내용이 있다.

"하나님, 한국에 가면 우리 교인들이 저에게 돈을 빌려 달라고 하지 않게 해 주십시오. 간절히 간구합니다."

내가 기도하면서도 나 자신도 참으로 이상한 기도를 하고 있다고 생각하지만 정말 이런 기도를 드렸다는 것이다.

그러나 어려운 형제자매들과 함께 동고동락(?) 하다 보니, 이런 일로 인해서 개인적으로 너무나 많은 어려움을 당해왔고, 내 성격상 앞으로도 그런 경우를 다시 당하게 될 것이 예상되기에 드리는 내 딴에는 절실한 기도를 드린 것이다.

중국에서 사역할 때도 수도 없이 경험한 일이다.

한국에서 중국으로, 거의 야반도주한 경우가 대부분이기에 당연히 경제적으로 어려운 형편의 형제자매들이다. 그런 그들에게 가장 부담이 되는 것은 기거할 곳의 임대료다. 그런데 중국은 전세의 개념이 없다. 모두가 보증금 한 달 분과 3개월 임대료를 한꺼번에 지불해야 입주가 가능한 경우가 대부분이다. 그러니 맨 처음 임대차 계약을 할 때 4개월분의 임대료를 지불해야 하는데 그렇게 한꺼번에 지불하기가 쉽지 않은 것이다.

그렇지만 어떻게 하겠는가?

중국인 집 주인에게 사정을 해 보았자 결과는 분명한 것이고, 그렇다고 길거리에 나 앉을 수는 없으니 주변에서 구하다구하다 구하지 못하면 내게 찾아와서 하소연하는 것이다.

"목사님, 집세를 내지 못해서 며칠 후에 쫓겨나게 생겼습니다.

한국에서 며칠 후면 돈을 보내준다니 며칠만 빌려주시면 감사하겠습니다."

이렇게 눈물을 글썽거리며 도와 달라는 교인들을 박절하게 내칠 목사가 어디 있겠는가? 그러니 아내 몰래 돈을 건네주기가 수십 차례였다. 그런데 그런 경우 한 번으로 끝나지 않는다. 대부분이 한국에서 그런저런 사건으로 고소당하고 구속 직전에 도망 나온 사람들이 중국에 왔다고 하루아침에 딴사람이 되어 정신 차리고 잘 살 수 있는 확률이 얼마나 되겠는가?

결국, 마음 약한 나는 빌려주고 만다. 그러나 그것으로 끝이 나는 게 아니다. 갚지 못해서 미안한 마음을 갖고, 어떻게 하든 약속을 지키겠다고 생각으로 갚으려 노력하는 사람은 극소수이다. 나에게 약속을 지키지 못한 사람은, 자신이 내게 약속을 이행할 처지가 되지 않는다고 판단하면 슬그머니 어이없는 소문을 퍼뜨리고 교회를 떠나고 만다.

"목사님이 너무 강성이야", "목사님이 사업을 하시면 안 되지"

자기들 사업을 도와주면 세상에서 제일 좋은 목사이고 다른 교인의 사업을 도와주면 목사가 사업을 한다고 트집을 잡는 것이다.

가장 비중이 큰 예배 장소 임대료와 부교역자들의 사택 임대료, 그리고 사례비 등 필요한 재정의 5분의 1밖에 감당할 수 없는 교회 형편에서, 내가 나머지 모두를 감당해야 하는 형편임에도, 교인들은 그런 사정을 뻔히 알면서도 내게 적지 않은 피해를 주면서 헛소문을 퍼뜨리고 교회를 떠난다.

그렇게 사례비 한 푼 받지 못하고 18년을 지나왔다. 그러다 보니 빚이 점점 늘어간다. 내 가족들에게는 하찮은 것도 마음대로 해주지 못하면서, 사역을 한답시고 겪는 경제적인 어려움은 말로 다 할 수 없다.

그런 상황이 정리되지 않은 가운데서 중국과 아이티의 사역보다 더 어려운 교정사역을 하니, 이제는 이전의 한 물 간 사기꾼들과 다른 한국 최고의 현역 사기꾼들에게 당하기가 일수라 정신을 치릴 수 없었다.

나는 거의 매일 전국의 여러 교도소와 구치소를 다니면서 수많은 담 안의 형제자매들을 만난다. 그들이 나를 만나자고 하면 당연히 천 리 길이라도 단숨에 달려갔다.

내 소유의 차가 없었을 때도 그 멀다는 청송교도소까지 고속버스와 시외버스 그리고 택시를 갈아타고 찾아갈 정도였으니 서울 근교의 교정기관은 말할 것도 없고 더구나 이제는 차가 있으니 그 어딘들 가지 못하겠는가?

한마디로 신나게 여기저기 다니게 된다. 한국보다 99배 큰 중국에서도 활개 치고 다녔는데 그 보다 아주 아담한 우리 조국 대한민국은 오죽하겠는가? 거기에다 한국은 세계에서 도로가 제일 잘 되어 있어서 일일생활권이니 홍길동과 성은 다르지만 성향이 비슷한 내가 얼마나 날아다녔겠는지 상상해 보면 짐작할 수 있을 것이다.

그러다가 형제자매 중에 말이 좀 통하고 순수해 보인다 싶으면 그때부터 나는 간도 쓸게도 다 내주고 마는 돈키호테가 되고 만다.

그러니 집중적으로 접견을 하고, 영치금을 넣어 주고 책을 읽고 싶다면 사서 넣어 주었다. 그리고 어떤 도움을 줘서라도 하나님의 은혜에 감사하게 하려고 정말 누구에게도 자신 있게 말할 수 있을 정도로 최선을 다했다.

그런데 그렇게 나의 관심과 사랑을 한몸에 받은 사람들이 출소한 후 우리 글로벌 찬양의 교회에 출석한다면 얼마나 그들이 고맙고 기특하게 생각이 되겠는가?

사역의 보람을 마음껏 느끼게 해 주는 그들이 너무나 고마워서 어떻게든 돕고 싶은 마음이 충만해지는 게 인지상정일 것이다. 그래서 어떤 부탁이든 죄짓는 일만 아니면 말이 떨어지기가 무섭게 즉시 도와주었다.

그러다가 누군가가 "그 사람 조심하라"하면 나는 도리어 호통을 치면서 "그 사람과 나 사이를 이간질 시키지 말라"고 성질까지 부린 적이 한두 번이 아니다. 그러니 내가 염려스러워서 조심스럽게 조언을 한 그분들이 도리어 민망해서 어쩔 줄을 모르고 난처해하는 경우도 많다.

물론 그런 모습을 본 우리 가족들이 조심스럽게 걱정할 때도 마찬가지였다. 그야말로 세상이 시끄러울 정도로 난리를 쳤다.

"왜 그렇게 사람을 믿지 못하고 선입견을 갖고 대하느냐?"고 호통을 쳤던 것이다.

그런데 그런 조언들이 대부분 들어맞았다.

바둑을 둘 때 비록 그 당사자들보다 몇 수 아래인 사람이라도 훈수를 잘 둘 수 있는 것처럼 내가 염려되어 충고한 분들의 눈에는 비정상적인 그들의 모습이 확연히 보였다는 것이다.

결국 나는 엄청난 어려움에 처하게 되고 그것이 눈덩이처럼 불어나 도리어 그런 것들이 사역을 가로막고 힘들게 하는 악재가 되어 내 목을 조른다. 그러니 나는 숨통이 막히고 기가 막혀서 감당키 어려운 지경에 이르게 되었다.

자기 스승이요 수많은 이적과 기적을 자기들 눈앞에서 행하신 예수님을 고작 노예의 하루 품삯에 해당하는 은전 삼십 냥에 팔아먹은 가룟 유다 같은 사람들이 내게는 서너 사람이 있다.

그들에게 입은 손해가 자그마치 몇억이나 된다. 그러니 한 푼 수입도 없는 사람이 어떻게 이리 막막한 현실에서 견뎌내겠는가? 말을 하지 않지만 한마디로 죽을 지경인 것이다.

이들을 어떻게 해야 할까? 이것이 내 사역의 딜레머다.

내가 사역을 시작한 뒤로 자주는 아니지만 어쩌다 옳은 말을 할 때가 있다. 그중에서 다음과 같은 말은 순전히 내 절실한 경험을 통해서 나온 말이다.

"내가 어렸을 적에는 사자가 무서웠다. 그 사나운 사자가 으르렁거리면 무섭지 않을 사람이 어디 있겠는가? 그런데 나는 몸도 크고 마음도 크니 사자는 무섭지 않았는데, 예수를 믿다 보니 알게 된 사실이 있는데, 사자보다 사탄이 무섭다는 사실이었다. 사탄은 영적인 존재이기에 우리가 상대하기에는 너무나 벅찬 상대였기에 사탄이 무서웠다. 그런데 목사가 되고 나니 이제는 사탄 같은 존재는 더 이상 무섭지 않았다. 왜냐하면 사탄은 목사가 "나사렛 예수 그리스도의 이름으로 명하노니 사탄아 물러가라." 하면 즉시 흔적도 없이 사라진다. 이것은 당연한 영적인 공식이다. 그러니 이제, 사탄은 더 이상 무섭지 않은데 사역을 하다 보니 사자보다, 사탄보다 더 무서운 존재가 있다는 사실을 알게 되었다. 그것은 바로 사람인 것이다. 사람은 사탄이 무서워하는 하나님도 무서워하지 않는다. 도리어 하나님보다 더 잘난체 한다. 왜냐하면 하나님은 오직한 분뿐이신데 한국에는 자칭 하나님이나 예수님이라는 사람이거의 70명 정도가 있으니 어찌 보면 사자보다, 사탄보다, 어쩌면 하나님보다 사람이 무서운 존재가 아닐까 생각한다.

그렇게 일장 연설을 늘어놓은 다음에 마지막 결론으로 한마디한다.

"여러분, 배반이 어떤 것인지 실컷 당해보고 싶으십니까? 그러면 목사가 되어 보십시오. 아주 신나게 배반당하실 것입니다."

그런 위태로운 모습을 본 가까운 사람들은 내가 걱정되어 조심스럽게 묻는다.

"목사님, 생활을 어떻게 하십니까?"

그 질문에 나의 대답은 한결같다.

"나도 잘 모르겠어요, 내 계산기는 고장 났으니까요. 그렇지만 확실한 것은 하나님의 은혜로 살지요."

요즘 자주 대두되는 목회자들 소득세 납부 문제를 주제로 방송에 출연한 목회자들이 갑론을박할 때 나는 혼자 중얼거린다.

"나 같으면 세금을 많이 내도 좋으니 그럴만한 사례비를 한 번이라도 받아 보았으면 소원이 없겠다."

이렇든 저렇든 분명한 것은, 살아계신 우리 아버지 하나님께서 나를 너무나 과대평가하고 계신 것이다.

그 부분에 대해서는 우리 아버지도 마찬가지셨다.

한번은 아버지께서 나에게 물으셨다. "홍기야, 내가 하나님께 갈 날이 머지않은 것 같아서 재산을 정리하려는데 어떻게 분배했으면 좋겠니?"

그 질문에 나는 아주 간단히 대답했다. 그렇지만 내 진심이었다.

"아버지, 저는 괜찮으니 형님이나 누님께 드리세요."

그때 아버지께서 말씀하셨다.

"그래 홍기 너는 어디에 내다 놓아도 살아낼 놈이다.

사내가 그래야지, 네가 나를 제일 많이 닮았단 말이야"

그러니 '가시고기'는 나를 두고 하는 말이라 생각한다.

chapter 40

사랑의 메신저

여러분은 여러분을 위하여 14년 넘게 기도해 주신 분이 있으신
가요? 있으시다면 그 분은 누구신가요?

내가 하는 교정사역에 자부심을 갖게 해 주는 분이 계시다.
이분은 지난 2006년부터 지금까지 매일 끊임없이 나와 내 사역
을 위해 기도해 주신다. 그것도 그 분의 중보기도 리스트 중에서
가장 중요한 부분에 들어있다고 하니 얼마나 감사한 일인가? 그
분은 바로, 이 시대의 "사랑의 메신저" 김하중 장로님이다.

내가 김하중 장로님을 처음 만난 것은 2004년 7월 북경에서 열

린 "코스타 차이나"(중국에서 유학중인 한국 대학생 중 크리스천들을 위한 집회)에서였다. 코스타가 시작된 첫 날 강사로서 김하중 대사님이 오셨는데, 북경에서 활동하는 교회협의회 목회자들이 대사님을 보고 얼마나 좋아하는지? 영문을 모르는 나는 좀 의아하게 생각했다.

그리고 2005년 12월 나는 김하중 대사님이 북경 교회협의회 소속 목사들을 위해 대사관저에서 마련한 송년 모임에 참석하고서 동료 목사들이 왜 그렇게 대사님을 좋아하는지 이해하게 되었다. 그 날 맛있는 저녁 식사를 끝내고 우리들의 요청에 따라 김 대사님은 몇 가지 간증을 해 주었다.

사실 그 자리에 모인 목사들은 이미 대사님에 대해서 잘 알고 있었지만, 북경에 열 번째로 한인교회를 설립하여 북경 교회협의회에 막 가입한 나로서는 동료 목사들과의 관계도 생소하여 편안한 분위기를 느껴볼 겨를이 없던 중에 김 대사님의 간증은 정말 충격적이었다. 진정한 기도의 사람, 그래서 더욱 힘 있고 용기 있는 신앙인이라는 감동으로, 인사를 하고 돌아와야 하는 시간임에도 불구하고 모두들 감동의 여운이 가시지 않는 그런 마음이 훈훈한 밤이었다.

나는 헤어질 때 감사 인사를 하면서 대사님께 말했다. "대사님,

나중에 저희 북경 찬양의 교회에도 한번 방문해 주십시오. 환영하겠습니다."

그렇게 말하면서 내 찬양 CD를 선물했다.

"알겠습니다. 기회가 되면 방문하겠습니다."

그리고 1년 후 김 대사님은 북경 찬양의 교회 추수감사예배에 참석하였고, 이를 계기로 대사님과의 개인적인 만남이 시작되었다.

그러던 중, 2008년 3월 1일 김 대사님은 통일부장관에 내정되어 청문회 준비 차 급히 귀국하게 되었다. 그 때 나는 대사님이 중국을 떠나는 것이 너무 서운했다. 그러나 내가 서운하다고 못가시게 붙들 수도 없는 일이었다. 나는 대사님이 중요한 통일부장관에 임명되셨기 때문에 나라와 민족과 남북통일을 위한 대임을 잘 감당하시도록 축복할 수밖에 없었다.

김하중 대사님이 귀국하는 4일 아침, 나는 하나님께 특별히 눈물로 간절히 기도했다.

"살아계신 하나님, 이 척박한 중국 땅에서 고생하는 우리 교민들과 특별히 이곳에서 사역하는 우리 한인교회와 목회자들을 위해 기도해 주시고 사랑해 주신 김하중 대사님을 축복해 주시옵소서, 그리고 간절한 부탁이오니 제가 대사님께 그동안 너무나 큰 사랑을 받았다고 직접 감사 인사를 드릴 수 있도록 기회를 주십시오."

그 때 휴대폰이 울렸다. 평소 기도하는 중에 전화가 왔다고 해서 기도를 중단하고 전화를 받는 목사가 어디 있겠는가? 그래서 전화를 받지 않으려다가 아무래도 김하중 대사님 전화일 것 같다는 생각을 하면서 조심스럽게 전화를 받았다.

"여보세요"

"아 여보세요. 안 목사님이시지요? 저 김하중 입니다."

세상에 이럴 수가 있을까? 내가 김 대사님께 직접 감사 인사를 할 수 있도록 기회를 주시라고 하나님께 기도하고 있는데 정말 대사님께서 나에게 전화를 해 주셨으니 말이다.

"목사님, 저 청문회 준비 차 귀국하는 길입니다. 지금 공항으로 가는 자동차 안인데 갑자기 마음에 "다른 사람은 몰라도 안홍기 목사님에게만은 전화를 해야 겠다"는 감동이 와서 이렇게 전화로 인사를 드립니다. 아무에게도 인사를 하지 못하고 급히 귀국합니다. 돌아가서 청문회가 끝난 다음에 다시 연락하겠습니다."

온 몸의 털이 곤두섰다. 세상에 이럴 수가 있다는 말인가?

이처럼 하나님은 살아계셔서 부족한 종의 눈물어린 기도를 들어 주시는구나 생각하니 전화를 받으면서도 흐르는 눈물을 주체할 수가 없었다.

"대사님, 그동안 대사님께 받은 사랑과 격려가 너무나 감사하여 대사님께 직접 감사하다는 인사라도 드릴 수 있는 기회를 달라고 눈물로 기도하고 있는 중인데, 대사님께서 이렇게 친히 전화를 주셨습니다. 하나님은 살아계십니다. 그동안 너무나 감사했습니다.

건강히 귀국하십시오. 저도 기도하겠습니다."

그렇게 김 대사님은 귀국했다. 그리고 장관으로 취임한 이후에도 내가 매주 토요일 노란 피켓을 들고 공항으로 전도하러 가는 것을 아는 것처럼 전화를 주시곤 하였다.

"목사님, 김하중입니다. 그동안 건강하셨지요? 기도하고 있으니 힘내십시오."

그래서 나는 사역을 하다가 힘이 들 때면 그 때를 생각해 본다. 하나님께서 그 많은 북경의 교민들 중에서도 하필이면 나에게? 나보다 먼저, 그리고 오랜 기간 동안 대사님을 뵙고 친밀한 관계였던 동료 목사들이 있는데도 왜 가장 돈키호테 같은 나에게? 청문회 준비 때문에 급히 귀국하는 김 대사님으로 하여금 공항으로 가는 자동차 안에서 왜 나에게만 전화를 하도록 하셨을까?

2006년 김하중 대사님이 북경 찬양의 교회를 처음 방문하고 난 후 지금까지 14년 동안 나는 김 장로님과 아주 특별한(?) 관계를 지속하고 있다. 그러다보니 그 긴 세월 동안 어느 누구보다도 김하중 장로님과 가장 많은 메일을 주고받았으며, 장로님으로부터 기도 중에 성령의 감동을 받고 작성한 격려문도 많이 받았다. 그것을 확인시켜 주는 확실한 증거가 바로 하나님의 대사 제 1권에 "천국은 침노하는 자의 것이다"라는 소제목으로 내가 북경에서 사역할 때 장로님과의 사이에 있었던 일들이 수록된 것이다.

아마 많은 사람들은 이해가 되지 않았을 것이다. 다른 사람도 아니고 어느 누구보다도 돈키호테 같은 안홍기 목사의 이야기가 김하중 장로님의 하나님의 대사 제 1권에 수록이 되었다는 사실을 정말 이해하기 힘들었을 것이다. 그건 나도 인정하지 않을 수 없다. 내가 생각해도 장로님이 나와의 이야기를 하나님의 대사 제1권에 써 넣어 주실 것이란 것을 상상이라도 해 보았겠는가?

그렇지만 어쩌겠는가? 2010년 하나님의 대사 제 1권이 출판사 규장에서 출간된 후 지난 10년 동안 항상 최고의 스테디셀러로 인기를 얻고 있는 책에 나와 장로님 간의 이야기가 수록 된 것은 주변 사람들로서는 충분히 놀랄만한 사건이었던 것이 분명하다.

살아계신 하나님께서 왜 그러셨을까?

"목사님, 저와 목사님은 학연도, 지연도, 물론 혈연도 전혀 없습니다. 그런데 기도할 때마다 성령님께서 제 마음에 '안홍기 목사를 축복하라'는 감동을 주십니다. 저도 하나님께서 왜 그러시는지 모르겠습니다."

그런데 이유 없는 성령의 감동이 어디 있겠는가?

장로님께서 말씀하셨다.

"아마도 목사님은 유난히 어려운 사역을 하시기 때문일 것이라고 생각합니다. 다른 목사님들은 교인들에게 대접을 받지만 목사님은 대접해 줄 교인들이 있지 않으니 하나님께서 저라도 목사님을 대접해 드리라고 하시는 것이라 생각합니다."

살아계신 하나님께서 특별한 능력도 없으면서 아무도 선뜻 나서지 않는 어려운 사역을 하느라고 애를 쓰는 나의 모습이 불쌍하니까 하나님의 대사요, 이 시대의 사랑의 메신저인 김하중 장로님을 보내어 돕도록 해 주신 것이라는 말씀이다. 할렐루야.

그러니 지금까지 14년 동안 나를 위해 끊임없이 기도해 주셨고, 지금까지 나에게 영적, 육적, 경제적인 후원자를 자처하셔서 너무나 힘들어도 결코 쓰러질 수 없는 충분한 이유가 되시는 유일한 후원자, 바로 김하중 장로님이시다.

한번은 유튜브에서 김하중 장로님의 간증 동영상을 보면서 눈물을 흘린 적이 있었다.

그 간증 내용은 바로 이렇다.

장로님에게는 자녀가 세 명(1녀 2남) 있는데, 그 세 자녀들이 결혼을 할 때 하나님께 기도하고 그 뜻에 따라 한 번도 청첩장을 돌리지 않았고 축의금도 받지 않았다는 내용이었다. 그런데 그런 분이 학연도, 지연도, 혈연도 없는 나에게 어떻게 그렇게 많은 후원을 해 주셨을까? 생각하니 눈물이 나면서 다른 분은 몰라도 사모님께는 정말 죄송한 생각이 들었다. 정말 만나 뵐 수 있다면 두 손 꼭 잡고 너무나 죄송하다고 말씀드리고 싶은 심정이었다. 그러나 지금까지 단 한 번도 사모님을 가까이서 뵌 적이 없다.

바로 이런 사연이 있었기 때문에 내 마음이 더욱 그러하다.

2018년 가을 어느 날, 저녁 무렵이었다.

장로님이 나에게 전화를 하셨다.

독자들은 잘 이해가 되지 않을 것이지만 전화는 언제나 장로님이 먼저 나에게 하신다. 내가 먼저 장로님께 전화 드리는 일은 없다. 왜냐하면 장로님은 항상 전화기를 꺼 놓고 있기 때문에 전화를 해도 통화를 할 수 없기 때문이다. 그 날도 장로님이 먼저 전화를 하셨다.

"목사님, 제가 어떤 분께 목사님 이야기를 했더니 감동이 되신다면서 헌금을 해 주신다는군요. 그래서 여쭙는데 목사님 계좌 번호가 국민은행 0000000-00-000000 이시지요?"

"예, 장로님, 그런데 장로님께서 제 개인 계좌 번호를 어디 적어 놓고 계십니까? 어떻게 그리 잘 아십니까?"

"예, 제가 목사님 계좌를 외우거든요."

"예? 장로님께서 제 개인 계좌 번호를 외우신다고요?"

"예, 제가 외우지요"

"아니? 장로님께서 어떻게 제 개인계좌 번호를 외우세요?"

"아니, 목사님, 목사님 계좌 번호를 제가 외우지 않으면 누가 외웁니까? 당연히 제가 외워야지요.

"그런데 목사님, 사실 저는 제 개인계좌 번호는 외우지 못합니다. 하하하"

김하중 장로님은 진정한 이 시대의 하나님의 사랑의 메신저이시다. 주의 사랑을 닮은 그 사랑으로, 나에게 뿐만이 아니라 이 시대에 힘들고 지치고 낙망하고 넘어진 사람들을 위해 조용히 다가가셔서 손잡아 주시는 이 시대의 진정한 사랑의 메신저이시다.

그래서 나도 자신 있게 외친다.
"저는 훌륭한 사역자입니다. 왜냐하면 훌륭한 후원자가 14년 동안 저를 위해 끊임없는 기도와 사랑과 격려와 위로를 해 주셔서 훌륭한 사역을 하도록 돕고 계시기 때문입니다."
그 분이 바로 이 시대의 사랑의 메신저 김하중 장로님이시다.
할렐루야!

사랑의 메신저 김하중 장로님은 앞으로도 계속해서 나를 위해 기도를 해 주실 것이다.
나는 믿는다. 그 기도와 격려와 사랑과 위로가 어렵고 힘든 사역을 감당해 보려 몸부림치는 나에게 큰 힘이 되고, 위로가 되고, 격려가 되어 어려움과 유혹에 무릎 꿇지 않고 다시 일어나 나아가게 해 주실 것이다.
그러므로 다시 한 번 더 다짐한다.
"정말 훌륭한 사역자가 되자. 장로님의 기도와 기대에 보답하자."

"새 계명을 너희에게 주노니 서로 사랑하라 내가 너희를 사랑한 것 같이 너희도 서로 사랑하라. 너희가 서로 사랑하면 이로써 모든 사람들이 너희가 내 제자인줄 알리라." (요한복음 13장 34~35절)

chapter 41

다니엘 21 기도회

2013년 11월 6일, 뜻하지 않은 초대를 받았다. 바로 오륜교회에서 매년 시행하는 '다니엘 21 기도회' 에서의 초대였다.

오륜교회는 광진구는 물론 서울에서도 대형교회에 속한다. 담임 목사는 김은호 목사시다. 이분은 내가 공부한 개신대학원 대학교를 졸업하신 분이고, 나보다 1살 연상이신 분이다. 그렇지만 내가 신학공부를 아주 늦게 했으니, 같이 공부하면서 알았던 것은 아니고, 초대받기 전에 단 한 번도 만나 뵌 적이 없는 분이시다.

그도 그럴 것이 나는 목사 안수를 받자마자 중국 북경에 가서 북경 찬양의 교회를 개척하고 중국에서 13년을 사역했으니 만날 기회가 없었던 것이다.

그런데 내가 유명한 것도 아니고, 누구에게 추천을 받아서도 아님에도 뜻깊은 기도회에 초대를 받은 것이 지금도 이해되지 않는다. 그러나 부르면 어디든지 가겠다고 다짐한 이상 못 갈 곳도 없고, 못 갈 이유도 없었다.

물론 기도회가 있기 전에 담당 교역자와 몇 번 통화하면서 자세한 안내를 받았다. 내 간증은 약 60분의 시간이 주어진단다.
나는 언제나 찬양을 한 곡 하고 말씀을 전하기 때문에 그래도 그 시간 안에서 찬양을 두 곡하기로 하였다.
설교 전에 "하나님 아버지의 마음"을 부르고 설교를 마무리하면서 "사명"을 부르기로 했다.
그러나 반주팀과 찬양을 맞추어 볼 시간도 없었고, 또 그렇게 하는 스타일도 아니기에, 그저 성령께서 이끌어 주시는 대로 하나님께 맡기고 찬양을 했다.

조금 일찍 도착해서 담임목사와 함께 식사하고 기도회에 참석하기로 하고 도착해 보니 담당 교역자가 주차장에서 나를 기다리고 있었다. 그분이 나를 안내하는 것을 보며 역시 대형교회는 모든 시스템이 잘 되어 있다는 것을 느끼기에 충분했다. 소위 의전이라는 것이 얼마나 중요한지 나는 잘 알고 있다. 아주 편안하게 안내를 받으면 강사는 당연히 마음이 편안해져서 예배를 인도할 때 편안한 마음으로 인도하게 될 터이니 그만큼 중요한 것이다.

식사 자리에 갔다. 김은호 목사님과 그날 강사를 대접한다는 집사, 그리고 몇몇 분이 합석하였다. 그 자리에 나를 수행한다는 명분으로 곽성훈 형제가 함께했다. 내 만류에도 불구하고 기어이 함께하겠다고 해서 허락하였는데 나중에 알고 보니 그럴만한 이유가 있었던 것이다.

일식집이었는데 아주 규모가 크고 깨끗하고 생선도 신선해서 좋았다. 그러나 마음에 걸리는 부분이 있었다. 너무 음식이 풍성했다. 음식값이 아주 많이 나올 거란 생각이다. 그래서 한마디 했다.

"목사님, 이렇게 하지 않으셔도 되는데 제가 부담스럽습니다." 김은호 목사님은 웃으시면서

"우리들의 마음이니 편하게 드시지요" 하셨다.

나는 유난히 현실적인 사고를 가진 사람인지라 뭐든지 낭비하거나 과소비하는 것을 좋아하지 않는다. 물론 당연히 써야 할 데는 큰돈도 아낌없이 쓰지만 나는 어릴 적부터 근검절약이 몸에 배어 있는 사람이다.

그날 음식은 참 맛있었다. 그러나 예배 인도를 위해서 많이 먹지 않았다. 훌륭한 목사가 되려면 반드시 많이 먹는 먹사가 되지 않아야 한다.

김은호 목사님과 여러 가지 이야기를 나누면서 식사를 했다.

주로 내가 경험했던 사역에 대한 이야기들이었다. 함께 한 분들

도 참 진지하게 들어 주셨다. 그러던 중에 김은호 목사님이 내게 한 가지 질문을 하셨다.

"목사님 말씀을 들어보니 참 수고가 많으셨네요. 그러니 목사님은 참 많은 생명을 살리셨군요."

뜻밖의 질문에 좀 당황스러웠지만 머뭇거리지 않고 대답했다.

"예, 목사님 생명을 살렸다면 살렸다고 봐야겠지요."

내 대답을 듣고 김은호 목사님이 말씀하셨다.

"목사님, 저는 사실 생명을 살리지는 못했습니다. 목사님이 정말 목회자이십니다. 우리는 그런 기회도 없고 용기도 없습니다."

참으로 겸손하신 분이다. 이런 대형교회를 섬기시는 분으로 이렇게 겸손하기가 쉽지 않은데 말이다. 대부분 대형교회에 초청받아 가면 담임 목사가 은근히 자기 교회의 교세를 자랑하는 경우가 대부분인데 김은호 목사님의 이 말씀 한마디가 그분의 인격을 짐작케 하는 말씀이었다. 대부분 대형교회 담임목사들은 강사들에게 좀 과시하는 경향이 있는데 이분은 절대로 그러지 않았다. 그래서 그날 기도회는 기쁜 마음으로 인도할 수 있게 되리라는 예감이 들었다.

내가 중국에 있을 때 누군가에게 김은호 목사에 대해 들었던 내용과는 전혀 다른 분이란 것을 알게 되고 잠깐이라도 오해했던 것이 죄송했다.

내가 들었던 이야기는 이렇다.

상해 어느 교회에서 김은호 목사가 집회를 하는데 집회기간 동안에 매번 넥타이가 바뀐다는 것이다. 그러면서 자기는 "한번 착용한 것을 두 번 착용하지 않는다." 하였다는 말을 들었다면서 아주 교만한 목사라고 비난하는 말을 들었기 때문이다.

그런데 그런 것을 과시하는 분도 아니고 교만한 분은 더욱 아니라는 사실을 이번 다니엘 21 기도회를 통해서 확실히 알게 되었다.

그런 겸손한 분이란 좋은 예가 있다.

기도회가 끝나고 3일 정도 되었을 때 김은호 목사님이 내게 전화를 했다.

"목사님 며칠 동안 좀 이상하다 싶었는데 아무래도 내 양복과 누군가의 양복이 바뀐 것 같습니다. 한번 찾아봐 주십시오."

이 말을 듣고 정말 어이가 없었다. 아니, 자기가 입던 양복이 바뀐 줄도 모르고, 남의 옷을 며칠 동안 입고 다녔다는 말씀인데 정말 그럴 수 있을까?

그래서 수소문을 했더니 나를 수행하고 간 곽성훈 형제와 옷이 바뀐 것이었다. 그러니 김은호 목사님도 무던하시고 곽성훈 형제도 무던한 사람이다. 나는 입어보면 금방 알았을 것을 이분들은 그만큼 옷이나 멋에 전혀 관심이 없는 분들이었다.

그런데 이런 분을 잘 알지도 못하는 사람들이 이처럼 정반대의 말을 만든다는 것이 정말 안타까운 일이라 생각하게 되었고, 그

일로 인해 김은호 목사님에 대해 존경의 마음을 갖게 된 것은 당연한 일이다. 그렇지만 기도회를 마친 이후로 단 한 번도 통화하지 못했다. 내 성격이 이처럼 멋이 없는 것이다.

식사를 마치고 기도회 전에 김은호 목사님과 사진 촬영을 하고 예배당에 입실했다. 그 큰 예배당에 아래층은 물론 2층, 3층까지 앉을 자리가 없어 큰 강단 좌우측까지 앉아 있는 모습을 보니 참으로 대단한 기도회라는 생각이 들었다. 수천 명은 족히 될 것으로 보였다. 그러니 얼마나 기도로 준비했는가를 알 수 있었다.

나중에 들은 이야기이다.

우리 자매 중에 김혜정 자매라는 분이 곽성훈 형제에게 꼭 나를 수행해서 가야 한다고 했다는 것이다. 그 이유는 "안 목사님이 평소에 작은 교회에서 설교만 하셨으니 오륜교회 같은 큰 교회, 그리고 수많은 교인 앞에서 위축이 되어 말씀을 제대로 전하지 못하실 것이니 나는 예배실에서 기도할테니 곽성훈 형제라도 목사님 곁에서 힘이 되어 드리라."고 하였다는 것이다.

정말 그럴까? 그 반대라는 사실을 자신의 눈으로 확인하고 안 목사님에 대해 정말 놀랐다는 고백을 들었다.

"목사님, 정말 대단하셨어요. 어쩌면 그렇게 회중을 마음대로 울렸다 웃겼다 이리저리 끌고 다니셨어요? 저는 얼마나 마음을 졸였는지 몰라요. 찬양도 우리 교회에서 듣는 것보다 훨씬 좋았어요."

김혜정 자매는 나를 몰라도 한참 모르는 분이다.

나는 목사가 되기 전에 이미 수천 번 찬양 간증 집회를 했고, 한국은 물론 미국, 중국, 일본 등 역사 깊은 교회나 대형교회에서 집회를 인도했던 경력이 있었고, 대형 무대에서 여러 차례 공연했던 경험이 있었다. 그러기에 나는 교회가 크고 사람들이 많을 때 뭐든지 더 잘하는 소위 끼가 있는 사람이었던 것이다. 그러니 잘 될 수밖에 없다. 더욱이 '다니엘 21 기도회'에 참여하기 위해 얼마나 기도를 많이 하고 모여 앉은 분들이겠는가 말이다. 그러니 내 능력이 아니라 성령님께서 모든 것이 은혜롭게 잘되도록 인도하셨던 것이다.

그때 '다니엘 21 기도회'에는 30여 개 교회가 참여했다고 들었다. 그런데 작년(2020년)에는 6천여 교회가 참여했다니 대단한 역사가 아닐 수 없다. 모두 하나님께서 하신 일이지만 김은호 목사님의 일관성 있는 노력도 한몫했을 것이라 믿는다.

내가 설교하러 강단에 등단하기 전에 간단한 동영상이 소개되었다. '하나님의 용사 1권'을 소개하기 위한 영상이었다. 나의 특별한 삶이 간단하게 소개가 되었다. 동영상이 마쳐지자 박수를 보냈고 사회자는 나를 강단으로 초청했다. 강대상 주변까지 들어앉은 예배 자들을 뚫고 강대상에 서서 인사를 하자마자 찬양 한 곡을 신청했다. "하나님 아버지의 마음"이었다.

내가 찬양을 하면 회중들이 두 번 놀란다.

먼저는, 내 생김새는 전혀 찬양할 사람같이 생기지 않았는데 찬양을 한다는 것이고 또 한 번은, 내 생김새와 전혀 다르게 목소리가 대단한 미성이라는 것이다.

나는 전형적인 테너이다. 정확히 말하면 낮은 음역은 바리톤의 음역에서 높은 음역은 테너의 음역을 소화해 낼 수 있는 것이다. 그래서 어떤 사람은 나 같은 스타일을 가리켜 "테리톤"이라 하기도 한다.

여하튼 설교하기 전에 찬양을 한 곡 하고 시작하면 회중들이 찬양을 통해서 마음을 활짝 열기에 다음에 이어지는 설교는 대부분 성공적이다. 바로 찬양의 놀라운 능력이라 할 수 있을 것이다.

사람들이 말한다.

"목사님의 찬양을 듣고 있노라면 어느새 눈물이 줄줄 흐르게 됩니다."

나는 찬양할 때마다 이런 모습을 수도 없이 목격했다. 이럴 때 나는 내가 살아계신 하나님께 귀하게 쓰임 받는다는 사실에 무한 감사드린다.

내가 이렇게 사역자로 쓰임 받게 되는 데에는 찬양 사역을 통해서 나를 사용하시는 하나님의 은혜를 깊이 체험했기 때문이다. 그래서 나의 소원은 하나님을 찬양하다가 그리고 설교하다가 하나님께 불림 받는 것이다. 하나님께서 나를 충성 되이 여겨 주신다면 나의 이 소망도 들어주실 것이라 믿는다.

그날 설교 본문은 "역대하 1장 1~13절"까지였다.

제목은 "이런 마음이 네게 있어서"였다.

솔로몬의 일천 번제에 관한 말씀을 전하면서, 내가 경험한 중국 사역부터 현재 조폭교회를 시작하게 된 동기를 예화로 들며 말씀을 전했다.

솔로몬은 자기 같은 서자 출신, 불륜의 씨앗에 불과한 사람이 왕 중의 왕, 다윗의 뒤를 이어 왕이 된 것을 하나님께 감사하여 한꺼번에 일천 마리의 번제물로 제사를 지내게 된 것을 전하면서 엿장수도 주워 가지 않을 우리를 하나님께서 불러 쓰시는 귀하신 은혜에 감사하면서 남은 인생을 솔로몬처럼 하나님을 감동시켜 드리는 신앙인이 되자는 내용의 설교였다.

사실 그 설교는 내가 나에게 하는 설교였다. 나 같은 못난 인간을 들어 써 주시는 하나님의 은혜에 무한 감사드린다. 나는 목사 안수를 받은 지 18년이 되었지만 지금도 어디를 가다가 "목사님"하고 부르는 소리가 나면 나를 부른다고 생각하지 않고 그냥 지나칠 때가 종종 있다. 왜냐면 내가 청력이 좋지 않아서도 그렇지만 아직도 내가 목사라는 것에 실감이 나지 않기 때문이다.

그래서 아이티 찬양의 교회 설립 예배에서 칼도마를 보고 주저앉아 울었던 기억을 떠올려 보았다.

"지구 최후의 날"처럼 폭삭 무너진 "아이티"의 수도 "포르토 프

랭스"에 "아이티 찬양의 교회" 설립을 위해 기도하며 준비했던 2010년 3월 28일에 "아이티 찬양의 교회" 창립 주일은 다가왔다.

많은 선교사님과 한국, 미국에 있는 교우들이 힘을 모았지만, 교회를 창립한다는 것이 생각만큼 쉽지는 않았다. 설령 모든 여건과 상황과 준비가 완벽하다 하더라도 정작 그 교회를 이끌어갈 담임목사의 몸과 마음과 생각이 뒤따라 주어야 한다. 이렇게 어렵고 힘들고 척박한 곳에서 단기 선교도 아니고 하나님만 바라며 모든 것을 버리고 포기하고 살겠다고 결단하기가 그리 쉽지만은 않다.

그렇지만 하나님은 결국 창립 주일의 아침을 허락하셨다.

아직 음식을 만들어 먹을 형편이 안 되어 늘 불규칙한 식사에 익숙해진 우리는 아침을 거르고도 아무렇지도 않았다.

다만 늦지 않으려고 부랴부랴 서둘러서 월드 그레이스 미션에 도착했다. 도미니카에서 공수해 온 의자가 정연하게 배치되어 있었고, 플라스틱 탁자를 이용한 임시 강대상이 마련되어 있었는데 참 인상적이었다. 탁자 위에 선풍기 박스 2개를 올려놓고 높이를 맞추려고 누구의 것인지도 모를 두꺼운 성경책 위에 칼도마가 비스듬히 세워져 있었다. 그 위에는 설교자인 권영삼 목사의 설교 원고가 가지런히 정리되어 있었다.

예배 시작 20분 전부터 주로 성령의 임재에 관한 찬양을 시작했다. 찬양이 이어지자 점점 참석자들은 마음의 문을 열고 예배에 몰입했다. 정각 11시가 되자 북경 찬양의 교회처럼 〈왕이신 나의 하나님〉을 두 번 부르면서 역사적인 "아이티 찬양의 교회" 창립 예배가 하나님께 드려지기 시작했다.

성령님이 오셔서 임재하심을 모두가 느낄 정도로 예배는 엄숙했고 뜨거웠다. 산토도밍고 교회의 권영삼 목사님이 "주님이 세우신 교회"라는 제목으로 사도행전 2장 42~47절로 하나님의 말씀을 대언해 주셨다.

그런데 뜻밖에도 대통령 궁 앞에서의 예배를 진행했던 샤뱅 목사와 레네 목사가 참석해 축사까지 해주었다. 뒤이어 이영희 목사의 축가, 김현철 선교사, 해외 파병부대(PKO)의 군목 마병도 목사, 백세현 선교사가 직접 축사까지 해 주니, 축하의 분위기가 절정에 달했다. 이윽고 내가 50여 명이 넘는 분들의 축하에 답사하려고 앞에 섰는데, 강대상으로 둔갑한 칼도마를 보니 표현하기 어려운 감동이 밀려와 눈물이 앞을 가렸다.

"저의 어릴 적 꿈은 조폭 두목이 되는 것이었습니다. 저처럼 목사가 되어서는 안 될 사람이 목사가 되어, 중국의 북경에서 7년간 쓰임 받고, 다시 그보다 더 어렵고 힘든 이곳 아이티로 보냄을 받았다는 것이 그저 감사할 뿐입니다. 마찬가지로 이 평범한 칼도마가 강대상의 성구로 변할 줄 누가 알았겠습니까? 어느 주부의 주방에서 칼로 난도질당해야 할 요리도구에 불과한 운명이었으나, 노종의 손에 들려지니 졸지에 창립 예배에 하나님의 말씀을 전하는 성구가 되었네요. 그런데 이 칼도마가 바로 저의 모습 같습니다. 어느 뒷골목에서 주먹질이나 하다 그야말로 바람처럼 왔다가 이슬처럼 사라질 운명에 불과한 사람인 제가 하나님의 손에 붙들리니, 그분의 말씀을 전하는 도구요, 아이티 최초의 한인교회의 설립 목사가 되었으니 말입니다. 얼마나 감격스러운지 모르겠습니다."

주님의 선한 목적에 의해, 이렇게 평범하다 못해 너무나 부족한 나를 주님의 도구로 사용하여 주시는 놀라운 축복을 생각할 때 형언할 수 없는 감동이 밀려들었다. 그래서 어른들이 이런 말씀을 하시나 보다. '남자 40살이면 불혹이요, 50살이면 하늘의 뜻을 비로소 깨닫는 다는 지천명'이라고.......

"제 나이가 어느덧 50대 중반이 되었습니다. 다시 말씀드리지만, 부족한 제가 이곳에 온 것은 어떤 충동이나 영웅심으로 결정한 일이 아닙니다. 다만 북경을 떠나기 전부터 제가 어떤 곳에서 어떤 형태의 사역을 통해서 하나님의 도구로 쓰임받기를 원하시는지 끊임없이 기도했던 것에 대한 응답이었습니다. 엿장수도 주워가지 않을 인생을 들어, 하나님이 당신의 도구로 쓰신다면 남극의 추위나, 사막의 폭염이나, 또 광야의 외로움이 밀려들지라도 그저 영광일 뿐입니다."

이상이 아이티 찬양의 교회 설립 예배를 드리면서 내가 고백한 내용이었다.

그리고 그 감동을 3년 6개월 후, 오륜교회의 "다니엘 21 기도회"에서 다시 간증한 것이다.

그날, 그 시간에 그 많은 회중이 내가 말씀을 전하는 중간 중간에 크게 아멘으로 화답해 주었고, 또 많이 웃어 주었고, 많이 은혜 받으시는 모습이 지금도 눈에 선하다. 정말 감사한 은혜의 시간이었다.

설교를 마치고 "사명"을 신청하여 찬양드렸다. 지금까지 전한 말씀의 의미를, 사명이란 찬양으로 다시 한 번 다지게 되었던 것이다. 잘 전하게 해 주시고, 함께 은혜받게 해 주신 하나님께 감사드리면서 강단을 내려오니 정확히 63분이 소요되었다.

말씀을 마치자 김은호 목사께서 기도회로 인도하셨다.

나는 담당 교역자의 안내를 받고 예배실 밖으로 나오니 미리 준비한 선물을 주었다. 예배실에 들어가기 전에 김은호 목사님과 찍은 사진을 액자에 넣어 주신 것이다. 그리고 수고비도 두둑하게 챙겨 주셨다. 감사한 밤이었다.

이 귀한 하나님의 은혜가 매해 마다 "다니엘 21 기도회"에 함께하여 주시기를 위해 기도드린다. 할렐루야.

chapter 42

방송출연과 기사

내가 목사 안수 받은 후에 많은 방송에 출연했다.

하나님의 용사 1권에서 소개했지만, 내가 제일 먼저 방송에 출연하게 된 것은 한국의 방송이 아니라 바로 중국 B-TV다. B-TV(Beijing-TV)는 중국의 국영 방송이다. CCTV(China Central TV)와 함께 중국을 대표하는 방송국이다.

2004년 12월은 이용식(가명) 목사가 교회를 분리해 나간 이후, 나 자신은 물론, 교회의 분위기도 극도로 불안정한 상황이었다.

그렇게 엄청난 스트레스를 받고 있을 때 뜻하지 않은 제안이 들어왔다.

"베이징 TV에서 외국인 예능 경연대회가 열리는데 한번 참여해 보시는 것이 어떨까요?"

당시 우리 북경 찬양의 교회에서 드럼을 연주했던 권우 집사는 중국 최고의 드럼 연주자였는데 눈치 빠른 그가 분위기를 전환 시키려 내게 제안한 것이다.

2005년 설날에 방송될 이 대회는 마침 방송 개국 10주년이기도 하여 매우 성대한 행사로 준비되고 있었다. 해외와 지방에서도 예선을 거쳐 북경으로 모이고 거기서 다시 예선, 준결승, 결승으로 이어졌는데 무려 6,800대 1의 경쟁이었다. 당연히 예선 기간도 무려 1년이나 되었다.

이 대회는 외국인들만 출전 자격이 있고, 마치 요즈음 한창 유행인 팬텀싱어나 갓 탈렌트 같은 방식으로 경연을 진행한다고 생각하면 된다.

한국인들도 가창 부분에 나를 포함해서 8명 출전하였다. 대개 대중가요였으며, 그 외에도 만담, 코미디, 연극, 무술 등 다양한 종목이 있었다. 예선에서부터 한국인들이 하나둘 떨어지더니 준결승에는 나를 포함해서 2명만 진출했다. 준결승에 나와 함께 올라간 자매는 노래도 잘하고 댄스 실력이 아주 뛰어났다.

나는 우리나라의 〈그리운 금강산〉과 같은 중국 민족의 자부심이 담긴 대표적인 중국 가곡인 〈양자강의 노래(長江之歌)〉를 불렀다. 그러자 방청객들은 기립 박수를 쳤다. 중국인들은 열광할 수밖에 없었던 것은, 그 노래는 반드시 성악적인 발성이 아니면 도전할 수 없는 노래였기 때문이다. 결국, 한국인은 나만 유일하게 결승에 올랐다. 결승에서는 특별히 B-TV의 소년소녀 합창단인 무지개 합창단과 〈바다는 나의 고향(大海 我 故鄕)〉이라는 곡을 불렀다.

그런데 문제가 있었다. 내가 당초부터 대회 참가 신청서 '직업'란에 '목사'라고 적었고, 예선부터 줄곧 '클러지 웨어'를 입고 노래를 부른 것이다. 중국의 대표적인 공중파 방송, 그것도 중국의 최대의 명절인 춘절(春節)에 16억 중국인들이 가족과 옹기종기 둘러앉아 시청하는 방송에 한국 목사가 '클러지 웨어'를 입고 출연하여 노래를 부르게 된다는 것은 그냥 넘길 수 없는 일이라는 것이다.

그래서 결승에 진출시키지 않으려 했으나 이전까지의 관중 반응 점수가 기립 박수에서 알 수 있듯이 최고였다. 그러니 담당 PD가 매우 곤란해진 것은 자명하다.

"이번 결승에서는 그 옷 대신 턱시도를 입고 출연하시면 좋을 것 같은데 어떠신가요?"

그때 좀 더 배짱을 부리려 했지만 그렇게 하겠다고 한발 양보했다.

또 다른 문제도 있었다. 예선에 통과하자, 준결승에 이어 결승 진출이 예상되는 사람들을 방문해, 평소 중국 생활에 적응하는 모습을 미리 촬영하여, 출연자가 무대로 나올 때 보여주는 장면이 있었다. 물론 나에게도 리포터와 카메라맨이 찾아와서 내가 체육관에서 운동하는 모습과 한국인들이 설날을 맞이하는 모습을 촬영했었다. 그리고 내가 평소에 노래하는 모습을 보여주는 것이 좋겠다고 제안했다. 그때 나는 〈낮엔 해처럼 밤엔 달처럼〉이란 복음성가가 번뜩 생각났고, 딸 드레에게 반주를 부탁하고 그 곡을 간절하게 불렀다.

"낮엔 해처럼, 밤엔 달처럼 그렇게 살 수 없을까?
욕심도 없이 어둔 세상 비추며 온전히 주를 위해 살듯이
나의 일생에 꿈이 있다면 이 땅에 빛과 소금되어
가난한 영혼 지친 영혼을 주님께 인도하고픈 데
나에 욕심이 나의 못난 자아가 아직도 커다란 짐 되어
받을 사랑만 계수하고 있으니 예수여 나를 도와주소서."

그들은 이 노래가 복음성가인지 몰랐으니 내가 준결승, 결승에서 무대에 오를 때 계속해서 이 노래와 그 장면과 함께 나를 소개했다. 운동 경력이 화려한 것을 알면서도, 신기하게 운동하는 모습보다는 찬양하는 모습을 더 많이 보여준 것이다.

그뿐만이 아니다. 이 프로그램이 구정 명절뿐 아니라, 거의 1년 내내 휴일마다 방영되었다. 그러니 중국의 공중파를 타고 한국의 복음성가가 공공연히 전 중국과 중국인들에게 울려 퍼진 것이다. 그리고 대회 결과는 우승장 획득이었다. 그 결과 B-TV가 전속계약을 하자 하여 전속계약을 체결하기도 하였고, 중국 전역을 여행

하는 VIP 티켓을 선물로 받았지만, 주변의 중국 친구들에게 선물해 버렸다.

이 일로 인해 나는 중국인들 사이에서도 유명해졌다.

어디를 가든 사람들이 나를 알아보았고, 조양구나 중국인들의 음악행사에 초청받아 노래했다. 심지어 거의 7년이 지난 후에도 알아보는 사람이 있을 정도였다. 이 프로그램의 영향력은 그렇게 크고 오래갔고, 그 뒤 나는 이 프로그램의 영향력을 발판으로 하나님의 뜻을 전하고자 했다.

찬양은 영혼을 움직이는 힘이 있다. 이 복음성가를 그 영적으로 험한 중국에서 들은 많은 사람의 마음이 어떠했을까? 하나님이 기뻐하셨을 것은 물론이고, 이 복음성가를 따라 불렀던 이들의 마음에도 영혼의 기쁨이 찾아 왔을 것이라 나는 믿는다. 어쩌면 하나님께서 크게 웃으실 대형 사고를 친 셈이고, 나는 그토록 어렵다는 중국, 그것도 북경에서 거침없이 선교를 한 셈이다. 나의 전도 스타일은 대략 이렇게 막무가내 정신에 바탕을 둔 것이었다.

두 번째는, 2010년 1월에 미국 LA의 CBS방송국에 출연해서 간증했다. 그러니 방송에 출연한 첫 번째와 두 번째를 중국과 미국에서 한 것이다. 내가 7년 동안 중국에서 사역한 이야기들을 주 내용으로 간증해 평이 아주 좋았다.

세 번째는 한국 CBS-TV였다. 그런데 이것은 2010년 3월경 CBS-TV의 정지훈 PD가 당시 인류 최악의 지진현장인 아이티에 와서 나를 집중 취재하여 방송하였던 것이다. 정작 방송이 나올 때 나는 아이티에 있었지만 CBS-TV의 "수호천사"라는 프로그램 1부와 2부에서 내 사연이 소개되었다.

그때 많은 시청자가 엄청난 모금을 했고, 방송국에서는 그 후원금을 모아 주었는데 거의 3천만 원가량 되었다. 정말 어려운 때였었는데 얼마나 감사하게 사용했는지 모른다. 후원자들께 이 기회를 통해서 다시 한번 감사드린다.

네 번째는 역시 2010년 10월에 아이티에 UN군으로 참여했던 단비부대의 1진이 귀국하는 비행기 편에 동승해 일시 귀국했을 때, 수호천사의 정지훈 PD 주선으로 CBS-TV의 임동진, 고은아 두 분이 사회를 보았던 "새롭게 하소서"에 출연하여 내 중국 사역과 아이티 사역을 소개했다. 그런데 이 방송을 보고 시청률이 좋아서 재방송을 하기도 했었다.

다섯 번째는 2010년 12월경에 CTS-TV에서 최선규, 정애리 두 분이 진행하는 "내가 매일 기쁘게" 출연하여 역시 중국 사역과 아이티 사역을 소개하는 간증을 했다. 정애리 집사는 내가 "내 어릴 적 꿈이 조폭 두목이었다"고 하자 "어떻게 조폭 두목이 꿈일 수 있느냐?" 하면서 신기하게 생각했다.

여섯 번째는 2011년 여름에 CGN-TV에서 진행하는 "빛과 소금"에 출연하여 역시 중국 사역과 아이티 사역을 소개했다.

정지훈 PD가 온누리 교회 CGN-TV에 스카웃 되어 갔는데 정지훈 PD의 담당 프로가 바로 "빛과 소금"이었던 것이다.

일곱 번째는 메이저급 신문에 기사화 된 것이다.

2012년도 7월 14일에는 '신동아'와 '동아일보'의 사회면에 "조폭들도 순한 양으로"라는 제목으로 대문짝만한 기사가 대문짝만하게 나왔다.

내가 앞으로 서울의 강남에 조폭 전용 교회를 설립한다는 내용의 기사가 나와 난리가 났던 것이다. 그날 포탈 싸이트 '다음'의 이 주간의 검색어 1위가 바로 '안홍기'였다.

이 기사를 쓴 기자는, 저승사자로 유명한 신동아의 한상진 기자(현재 뉴스타파)였다. 그날 한 기자의 메일에 독자들이 항의 메일을 보내와서 메일이 다운될 정도였다 한다. 그도 그럴 것이 당시 "다음"에 나온 내 기사에 1만 5천개의 악플이 달릴 정도로 난리가 났던 것이니 오죽 하겠는가?

여덟 번째는 2015년 8월 9일 자 '신동아'에 중국 청도의 인민 고등법원에서 사형당한 "한국인 사형수 장병선 사형"에 관한 기사가 나왔는데, 그때 내가 사형수 장병선의 유골을 인수하여 한국의 가족들에게 전달해 주는 내용의 기사가 기재 되었다.

아홉 번째는 2016년 6월 1일, 동아일보 사회면에 "유영철도 마음을 털어놓는 사형수의 대부"라는 기사가 게재되면서 또 한 번 사회적인 파장을 불러일으켰다.

뿐만 아니라 교정 당국에서도 난리가 났다. 내가 교정위원이기에 어떤 내용의 기사라도 사전에 교정 당국과 상의를 하고 나가야 한다는 것이었다.

그러나 나는 그 기사에 교정 당국과 교정위원이 하나가 되어 사형수도 교화시킨다는 긍정적인 면을 부각시켰지만 교정 당국에서는 상의하지 않고 기사가 나갔다고 난리가 난 것이다.

그래서 한바탕했다. 나 혼자 했지만 옳은 일이기에 최선을 다했다.

열 번째는 2017년 6월 5일에 KBS "아침마당"에 출연한 "내가 하고 싶은 이야기"를 주제로 하는 프로였는데, 나는 교정 사역을 소개했고 당시 그 프로에서 출연자들에 대한 시청자들의 인기투표로 인해 2위를 차지해, 출연료와 상금을 합해 120만 원을 받기도 했다.

열한 번째는 2018년 10월경, 개그우먼 정선희 집사가 진행하는 C-채널의 "힐링토크"에서 중국 사역은 물론, 아이티 사역, 그리고 한국에서의 교정사역을 간증했다. 정선희 집사의 재치있는 진행과 호흡이 맞아서 참으로 반응이 좋았다.

열두 번째는 2019년 7월경에 최선규, 김지선 두 분이 진행하는 "내가 매일 기쁘게"에 다시 출연하여, 중국과 아이티 사역은 짬깐 소개하고, 주로 "사단법인 세컨 하프"와 교정사역을 소개하는 간증을 하였다. 이때 진행자들의 요청에 따라 즉흥적으로 "사명"을 불렀는데, 모두가 환호하였고, 아침 시간에 계속해서 내 찬양을 들려주어 외국에서도 내 찬양을 듣게 된다고 연락이 오기도 하였다.

또한 방송 말미에 사형수 고영수 형제의 간증을 듣는중엔 진행자 김지선 집사는 기어이 눈물을 보이고 말았다. "하나님 차라리 나를 지옥으로 보내시고, 내게 억울하게 희생당한 사람들을 천국으로 인도해 주십시오."

바로 이 고백 때문이었다.

그런데 이때 방송으로 나갔던 내용이 2021년 5월에 유튜브(Youtube)에 떴다. 사실 다른 분들의 간증은 유튜브에 뜨는데 내가 출연한 방송은 유튜브에 뜨질 않는다고 정은혜 작가에게 말했더니 얼마 후에 그 내용이 유튜브에 나오게 되었다. 그리고 한 사람, 두 사람 시청을 하더니 금방 1만, 2만...... 그러다가 5만이 넘고 결국 16만 회가 넘어가는 것이다.

그러다 보니 유튜브의 전달효과가 새삼스럽게 느껴졌다. 내 사역을 소개하는 아주 효과적인 매체라는 사실을 부정할 수 없는 결과를 가져다 준 것이다.

그러고 보면 코로나가 우리에게 주는 것이 모두 부정적인 것만은 아니라는 생각이 든다. 코로나 덕분에 온라인으로 하는 것들이 호황을 이루는 경우가 대단하다. 어쩔 수 없다고 자포자기하지 말고 이런 상황에서도 어떤 돌파구가 있다고 생각하고 하나님께 지혜를 구할 때 하나님께서 자녀에게 어찌 좋은 것으로 주시지 않겠는가?

내친김에 사단법인 세컨하프를 유튜브를 통해서 널리 알려야겠다고 생각했다. 그렇게 생각하고 나니 여러 가지 방법이 떠올라서 흥분이 되었다. 외롭기만 한 나의 사역이 우리나라는 물론 온 세상에 널리 알려진다고 생각해 보라. 얼마나 가슴 벅찬 일인가? 그래서 교도소의 육척 담장 안에서 이루어지는 성령의 역사를 온 세상에 전하게 된다면 교정사역에 마음을 갖고 함께 일어설 교회와 사역자들이 적지 않을 것이라 생각한다. 하나님의 거룩한 음모는 구하고 찾고 두드리는 자에게는 실질적인 체험을 통해서 절실히 깨닫고 알게 될 것이다.

그리고 열세 번째는 정말 대형 사고이다.

전 세계적으로 유명한 영화 채널 Netflix Original에서 60분짜리 Documentary 3부작을 제작하는데 제목은 "용서, 과연 어디까지인가?"이다.

여기서 제 3부가 나를 주인공으로 사형수 유종철 형제를 공공의 적 1호로 보는 일반적인 시각에서, 그럼에도 그를 포기하지 않고 교화하려고 무진 애를 쓰는 돈키호테같은 사역자의 삶을 소개하게 된다고 했다. 결국 2020년 1월에 1차 촬영을 했고, 3월에 다시 2차 촬영을 하려 하였으나, 코로나 19의 여파로 무기한 연기되었다가 스탭들이 2주간 격리라는 전대미문의 상황을 딛고 7월 20일부터 2차 촬영을 하기로 했고 2020년 12월에도 다시 2주 격리를 감당하고 다시 3차 촬영을 완료한 상태이다.

그 외에 계간지 "아름다운 동행"에 몇 차례 나와, 내 사역에 관한 기사가 게재되었으며, 포항의 극동방송에 출연해 간증하기도 했었다.

이렇게 여러 번 매스컴과 인연을 맺었지만, 결코 나를 드러내려 노력한 결과물은 아니었다. 오히려 나는 나 자신을 드러내기보다 자연스럽게 드러나는 편에 속했다. 그리고 앞으로도 마찬가지일 것이다.

그리고 '하나님의 용사 2권'이 발간된 이후에 분명히 많은 곳에서 여러 형태의 출연 요청이 올 것이지만, 나는 결코 나를 드러내려 하지 않을 것이다. 나는 철저히 감추고 사역만 드러내고, 그리하여 살아계신 하나님과 우리 주님이 영광 받으시는 결과가 이루어지기를 기도드린다. 할렐루야.

이렇게 '하나님의 용사 2권'을 마쳤다.

7년 전에 쓴 '하나님의 용사 1권'은 내 성장기부터 2013년 2월 17일에 글로벌 찬양의 교회 개척하기까지의 이야기를 쓴 것이다. 거의 57년간을 살아왔던 내 삶의 내용이다.

정말 때와 장소를 넘나드는 내용이라고 해도 과언이 아닐 것이다. 그러다 보니 읽는 독자들도 아마 읽기도 쉬웠을 것이고, 진도도 빨랐을 것이다.

그런데 상황이 많이 변했다. 그때만 해도 '하나님의 용사 2권'을 써야겠다는 생각을 해 보지 못했을 만큼 앞으로 나에게 전개될 상황이 어떻게 변할지 나 자신도 알 수 없는 상황이었다. 어떤 일이 일어나고, 어떤 상황을 겪어야 할지를 전혀 모르는 상황에서, 하나님의 용사 시리즈로 나간다는 계획을 세울 수는 없었던 것이다. 그런데 그게 아니었다.

글로벌 찬양의 교회를 설립하고 열심히 형제자매들과 함께 뒹
굴다 보니, 뜻밖에도 전혀 생각지도 못한 상황에 직면하게 되었다.
내 사역 장소가 우리가 사는 사회에서, 교도소와 구치소, 그리고
경찰서와 검찰청, 법원과 같은 아주 특별한 곳이었고, 그 대상은
보통 평범한 사회인들에서, 한때, 대한민국과 사회를 떠들썩하게
하고, 모두를 경악시켰던 남녀 범죄자들과, 졸지에 어려움을 당하
게 된 그들의 가족들 주변으로 상황이 변한 것이다.

이런 상황의 변화로 이번 '하나님의 용사 2권'은 이렇게 담 안에
서 만난 사연 많은 형제자매들에 대한 사연을 주로 한 묵직한 주
제로 이어나가게 된 것이다.
그러나 정작 더욱 진하고 놀라운 만남과 사연은 사정상 다 기록
하지 못했다. 왜냐하면, 이분들의 사연은 아직 결론이 나지 않았기
때문이다. 부연 설명을 하자면 이미 대법원의 판결까지 완결되었
음에도 몇몇 형제자매들은 몇 년이 지난 지금까지도 "나는 진범이
아니다"라고 울부짖고 있다. 그래서 아직 진행형이라고 말할 수밖
에 없는 것이다.
그러니 결론이 나지 않은 그런 내용을 다루게 되면, 그 사건과 당
사자들에게 어떤 영향을 줄지 전혀 예상할 수 없다는 것이 이 책

에 소개할 수 없는 이유다.

또 다른 경우는 이미 항소심에서 무죄로 출소했지만, 몇 년이 지난 지금까지도 대법원 확정판결이 나지 않은 상황이라, 혹시 재판의 결과에 어떤 영향이라도 줄 수 있기에 소개할 수 없는 이유의 하나다.

이 책을 읽으면서 어떤 분들은 재미있게 읽은 분이 있을 것이고, 무릎과 가슴을 치며 공감하며 읽은 분들도 있을 것이다. 물론 경험자는 맞장구를 치실 것이고, 무경험자는 설마 하는 생각을 하면서 읽었을 것이다. 그러나 모든 내용은 사실이며 실제로 있었던 일들이다.

내 스스로 이 책을 쓰면서 정말 시공을 초월하는 느낌을 갖게 되었다.

2000년도 말부터 2009년도 말까지, 중국의 북경과 여러 도시에서, 그리고 2010년도와 2011년도 말까지 중남미의 아이티에서, 그리고 2012년 초부터 2019년 말까지 한국과 중국에서 신출귀몰하면서 사역을 하다가, 2013년도 하반기부터는 한국의 여러 교정기관에서, 수많은 사연과 기가 막힌 만남들을 써 내려가면서 나이 45세부터 65세까지 거의 20년을 망라한 것이기 때문이다.

결코, 용기나 배짱이 없어서가 아니었다. 내심 적나라하게 쓰고 싶지만 절제해야 하는 내용들이 생각보다 많았다. 그래서 많이 망설여야 했다.

'하나님의 용사 3권'에 이처럼 다 쓰지 못한 이야기와 사연들을 써야 할 것인지? 아니면 그냥 '하나님의 용사 2권'에서 만난 형제 자매들과 함께, 세계 선교를 위해 헌신하는 모습들을 써야할까? 아직도 고민하는 중이다.

그러나 분명한 것은 이것이다.
그동안 많은 열매를 맺었다는 것이다. 복음을 뿌리고 심었더니 복음의 열매가 많이 맺혔고, 그 복음의 열매를 많이 거두게 되었 다는 말이다. 그것도 이제까지 많은 사역자가 거두고 싶지 않았거 나, 거둘 생각조차 할 수도 없는 형제자매들을 거두게 되었다는 것 이니 정말 기쁘지 아니한가?

그러나 방심은 금물이다.
아직도 재범률은 여전히 많은 수치로 상승하고 있음을 보여 주 기 때문이다. 부지런히 전해야 한다. 꾸준히 전해야 한다.
진정성을 갖고 전해야 한다. 그러면 많은 열매를 맺게 해 주실 것 이다. 그러면 하나님의 용사 3권에도, 4권에도 고민하지 않고 써도 무방할 사연들이 넘쳐나게 될 것이다.

　나는 오늘도, 하나님의 거룩한 음모에 사로잡혀, 전국의 갇힌 자들을 찾아다니며, 그들과 함께 인생 후반을 승리로 장식하기 위해 뚜벅뚜벅 담장 안에 열린 교회를 세워나갈 것이다.

　할렐루야.

2021년 8월

안 홍 기

하나로 선
-사상과 문학-

초판1쇄발행 2021년 8월 30일

지 은 이 안홍기
펴 낸 이 박영률
펴 낸 곳 하나로 선 사상과 문학사
인쇄기획 엔 크

출판등록 제2012-000301호
주   소 서울시 마포구 토정로198 영풍@ 101동 상가 204호
전   화 02) 326-3627
팩   스 02) 717-4536

메일주소 holyhill091@hanmail.net

I S B N 979-11-88374-31-1 03230
정   가 13,000원

*인지는 저자와 합의하에 생략하며 잘못된 책(파본)은 교환해 드립니다.